本书受到中央高校基本科研业务费项目华东师范大学精品力作培育项
（Fundamental Research Funds for the Central Univers
（批准号：2023ECNU—JP001）资助

智慧养老治理研究丛书
ZHIHUI YANGLAO ZHILI YANJIU CONGSHU

ZHIHUI YANGLAO YU SHUZI JINENG

智慧养老与数字技能

曹艳春 叶怡君 著

上海人民出版社

总　　序

　　人口老龄化在我国乃至世界上都是一个客观的必然发展趋势,这种趋势在未来较长时期是不以人们意志为转移的。人口老龄化对我国社会经济的各个领域已产生重要的多元影响,这种影响随着人口老龄化发展而不断加深。其中,对养老服务的影响有多大、有多广是不言而喻的。养老服务面对人口老龄化既有很多的挑战,也存在巨大的机遇。当前养老服务领域中存在着诸多问题亟待解决,家庭照护者和社会养老照护人员的数量短缺与照护技能较低,老年人突发事件的难以预防、及时发现和尽快干预救治等,都是比较突出的问题,这不仅是传统的人工养老服务中长期无法解决的问题,也是各国面临的一个世界性难题。如何积极应对人口老龄化以及怎么克服这些难题,世界各国都在积极探索,其中探索高科技手段的运用是解决这些问题的重要路径之一。我国也不例外,也在勇于创新,把各种高科技产品纷纷嵌入养老服务领域,实现高科技与养老服务之间的高度融合,其目的在于提高全体老年人的晚年生活质量。在这种背景下,智慧养老应运而生。

　　人们普遍认为,智慧养老是今后养老服务发展的一个重要趋势和必然选择,但由于是一个新兴事物,当前在实践中还不成熟,达到成熟还需要有较长的路要走。实践的成熟需要丰富的理论研究成果来支撑,迫切需要大量科研人员精心钻研,以理论成果来引领和指导智慧养老实践的发展。

　　2023年,华东师范大学公共管理学院钟仁耀教授团队以华东师范大学国家智能社会治理特色(养老)实验基地为依托,申报了华东师范大学精品力作培育项目并获得学校批准立项。项目名称是"智慧养老治理研究丛书",该研究丛书共由六本著作构成,分别是《智慧养老服务绩效评估》《智慧养老与数字技能》《智慧养老伦理标准》《智慧老龄社会治理》《智慧养老情感关爱》和《智慧养老风险治理》,由钟仁耀、曹艳春、余飞跃、张继元、曲如杰和赵继娣六位老师分别负责。该研究丛书关注智慧养老实践和理论中的重大问题,并成为一定的理论逻辑体系;同时,该研究丛书在研究内容和研究视角等方面具有较强的创新性和开拓性,必将成为智慧养老学术研究和理论实践成果的重要组成部分。

该研究丛书获得华东师范大学出版资助,华东师范大学公共管理学院对该研究丛书的撰写和出版高度重视,该研究丛书的作者为著作的撰写付出大量的宝贵时间和精力。在此一一表示衷心的感谢!

该研究丛书是一套对智慧养老问题进行探索性的系列著作,肯定还存在一些不足之处。今后,华东师范大学国家智能社会治理特色(养老)实验基地的团队将一如既往地深耕于这片土地,将自己的绵薄之力奉献给智慧养老的实践创新和理论繁荣。

钟仁耀

2024 年 11 月

目　录

目 录

第一章

绪　　论

第一节　研究背景和意义

一、研究背景

（一）人口老龄化背景

21世纪以来,我国人口老龄化问题日趋严峻。根据国家统计局的数据,2000年,我国60岁及以上老年人口为1.26亿人,占总人口的比例为10.2%;65岁以上老年人口为0.88亿人,占总人口的比例为7.0%。20多年来,我国老年人口绝对数量及其占总人口的比例持续增长。2010年我国60岁及以上人口占总人口比例达到15.6%,65岁及以上人口占总人口比例达到11.6%,分别较2000年上升5.4个百分点和4.6个百分点。2020年,我国60岁及以上人口占比和65岁及以上人口占总人口比例分别较2010年上升3.1个百分点和1.9个百分点,达到18.7%和13.5%。我国人口老龄化程度达到联合国规定的"轻度老龄化"国家标准范围。

截至2021年底,60岁及以上人口增至2.67亿,占总人口的比例达18.9%。2022年末,全国60周岁及以上老年人口达到2.80亿,占总人口的比例为19.8%。截至2023年末,我国60岁及以上人口达到2.97亿人,占全国总人口的21.1%。

从65岁周岁及以上老年人口的情况来看,2021年开始,我国65周岁及以上老年人口占总人口比例超过14%,进入联合国划定的"中度老龄化"国家范畴。该年底,65岁及以上人口突破2亿,占总人口的比例达14.2%。2022年底,65周岁及以上老年人口数量高达2.10亿,占总人口的比例为14.9%。2023年,65岁及以上人口为2.17亿人,占全国总人口的15.4%。

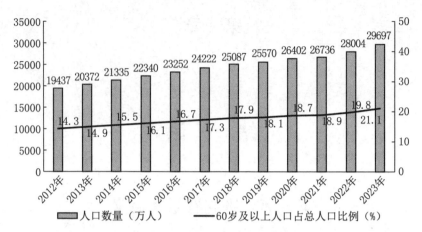

图 1.1　我国 2012—2023 年 60 岁及以上人口数量及其占总人口的比重
资料来源：作者根据国家统计局数据整理。

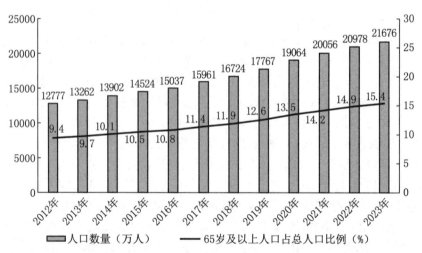

图 1.2　我国 2012—2023 年 65 岁及以上人口数量及其占总人口的比重
资料来源：作者根据国家统计局数据整理。

　　根据国家卫健委老龄司的测算数据，预计在"十四五"时期，中国 60 岁及以上老年人口总量将突破 3 亿。到 2035 年左右，60 岁及以上老年人口将突破 4 亿，占总人口的比例将超过 30.0%。根据联合国发布的《世界人口展望 2022》的预测，到 2050 年，我国 60 岁及以上老年人口将超过 5 亿人，65 岁及以上人口将占总人口的近三分之一。中国将进入重度老龄化阶段。

从地区对比来看,第七次全国人口普查数据显示,2020 年,我国大陆地区 31 个省份(省、直辖市和自治区)中,有 6 个省份,包括山东、四川、江苏、河南和河北等,65 岁及以上老年人口均超过 1000 万人。其中,山东省 65 岁及以上老年人口数量最多,达到 1536 万人。

从 65 岁及以上老年人口占总人口的比例来看,有 16 个省份(省、直辖市和自治区)的占比高于全国平均比例,包括:辽宁、重庆、四川、上海、江苏、吉林、黑龙江、山东、安徽、湖南、天津、湖北、河北、河南、陕西和北京等。其中,辽宁省 65 岁及以上老年人口占总人口的比例达到 17.4%,居全国最高。然而,65 岁及以上老年人口占总人口的比例低于 10.0%的也有五个省份,包括宁夏、青海、广东、新疆和西藏等。

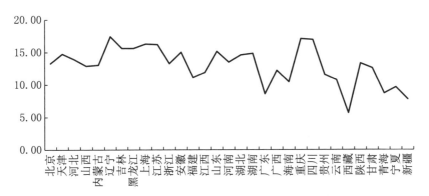

图 1.3　我国 2020 年各省 65 岁及以上人口数量及其占总人口的比重
资料来源:作者根据国家统计局数据整理。

从城乡对比来看,根据第七次人口普查数据,农村地区的老龄化程度显著高于城市地区。农村地区 60 岁及以上和 65 岁及以上人口占总人口的比例分别为 23.8%和 17.7%,比城市的相应比例分别高出约 8 个和 7 个百分点。

从老年人口的年龄结构来看,60 岁及以上老年人口中,60—69 岁的低龄老年人口约有 1.47 亿,占总人口的比例为 55.8%;70—79 岁的老年人口约为 0.81 亿,占总人口的比例为 30.6%;而 80 岁及以上的高龄老年人口约为 0.36 亿,占总人口的比例为 13.6%。由此可见,60—69 岁的低龄老年人口占据老年人口总数的一半以上。

人口老龄化程度的衡量,除了按照"人口老龄化现状"外,还可以按照"潜在老龄化程度"来衡量。从"潜在老龄化程度"视角来看,十年以后,

50—59 周岁的人口将成为"低龄老年人",而当前 60—69 周岁的老年人和 70—79 岁的老年人将成为"中龄老年人"和"高龄老年人"。随着人口老龄化的进程发展,"中龄老年人"和"高龄老年人"占老年人口总数的比例将逐步上升。

（二）人工智能与智慧养老发展背景

1. 人工智能发展概况

人工智能被视为第四次工业革命的核心技术。人工智能概念诞生于 1956 年。进入 21 世纪以来,各国纷纷制定人工智能发展国家战略,抢占科技制高点。目前,人工智能政策已成为部分国家促进数字经济发展的支柱政策,相关研究成果和实践成果的不断涌现也促使人工智能逐渐成为一个快速发展的领域。

人工智能时代具有"高技术"特点,使用高精尖数字产品,能极大地推动社会和经济高速发展。因此,我国把发展人工智能产业提高到国家战略高度,制定了一系列发展战略。2017 年,我国制定《新一代人工智能发展规划》,确立"三步走"目标,力争到 2030 年将我国建设成为世界主要人工智能创新中心。

2023 年 7 月,国家网信办联合国家发展改革委等七部门发布《生成式人工智能服务管理暂行办法》,要求促进人工智能健康发展和规范应用,维护国家安全和社会公共利益,保护公民尤其是老年群体的合法权益。2024 年 1 月,国务院常务会议研究部署推动人工智能赋能新型产业化有关工作。要求统筹高质量发展和高水平安全,以人工智能场景应用为牵引,加快行业智慧升级,高水平赋能各个行业,加快形成新质生产力,为网络强国和数字中国建设提供有力支撑。

2. 人工智能时代的智慧养老发展概况

人工智能时代,各国积极构建应对人口老龄化的"智慧养老模式"全新内涵。智慧养老模式实践建设包括智慧养老服务主体、服务对象、服务手段和服务环境等,典型模式有:法国 Sweet-Home 模式、德国 AAL 模式、芬兰 BAN 模式、美国 NORC 模式和瑞典 ACTION 模式。

2010 年以来,党中央、国务院把高质量智慧养老产业发展和高安全智慧养老服务建设提到国家战略高度,开始探索"智慧养老中国模式"的全新内涵。2012 年,我国首次提出智慧养老理念。2023 年,国务院发布《关于积极推进"互联网＋"行动的指导意见》,明确要大力推进智慧养老产业。2021 年,工信部等联合发布《智慧健康养老产业发展行动计划

(2021—2025 年)》,分批次稳步推进智慧养老服务示范项目。截至 2024 年 6 月,全国已开展六批智慧养老应用试点工程,智慧养老服务向全国推广。

（三）银发经济发展背景

2024 年 1 月,国务院办公厅印发《关于发展银发经济增进老年人福祉的意见》,提出 4 个方面共 26 项举措。作为我国首个以"银发经济"命名的政策文件,响应《"十四五"国家老龄事业发展和养老服务体系规划》与 2035 年远景目标,将 2.9 亿老年群体和为老龄阶段做准备的群体纳入高水平高安全智慧养老范畴。

银发经济,亦称老龄经济或灰发经济,指的是以老年人口为主要对象的经济活动及其相关产业体系。随着全球人口老龄化趋势的加剧,老年群体的数量和消费能力不断增长,推动银发经济的兴起。从覆盖范围来看,银发经济涵盖老年人在消费、生产、财富管理、服务需求等方面的各种经济行为和活动,并涉及与老年人相关的各类产品和服务的生产和提供。

我国银发经济的发展主要表现在四个方面:一是老年健康产业。健康产业是银发经济的重要组成部分,包括医疗服务、康复护理、老年用品、健康管理等多个领域。二是老年文化旅游与休闲娱乐。随着老年人生活水平的提高,文化旅游和休闲娱乐成为银发经济的重要组成部分。三是养老金融服务与保险。老年人对金融产品和保险服务有着特殊需求。四是信息技术与智慧养老。信息技术的发展为银发经济注入新的活力。智慧养老通过物联网、云计算、大数据等技术手段,为老年人提供智能化、便捷化的养老服务。智慧健康监测设备和服务、智慧情感关爱类设备和服务、智慧护理类设备和服务等的应用和普及,提高了智慧养老服务的效率和质量。

在银发经济发展过程中,人工智能和数字化技术逐步融入。物联网、大数据、人工智能等技术的应用,为老年人提供了更加便捷、智能的生活服务。随着智慧养老产品和服务深度融入老年人的养老生活中,例如通过智能穿戴设备监测老年人的健康状况,通过智能家居设备提升老年人的生活质量,通过远程医疗服务提供便捷的健康管理服务等,对老年人数字技能的要求日益提高。因此,银发经济发展的时代背景催生老年人提升数字技能。

（四）老年人网络使用和数字参与背景

根据中国互联网络信息中心(CNNIC)发布的历次《中国互联网络

发展状况统计报告》数据,截至 2020 年底,我国网民规模 9.89 亿,互联网普及率达 70.4%。截至 2021 年底,我国有 10.11 亿网民,互联网普及率约为 71.6%。网民规模突破 10 亿人,互联网普及率也高达七成。截至 2022 年底,我国网民规模达 10.67 亿,较 2021 年 12 月增长 3549 万,互联网普及率达 75.6%。而截至 2023 年底,我国网民规模进一步达到 10.92 亿人,较 2022 年底新增网民 2480 万人,互联网普及率达 77.5%。统计结果表明,我国网络发展速度远高于世界其他国家同期的发展速度。

然而,相比于年轻人,老年网民比例相对较低,使用网络存在更多困难。根据统计,2020 年,60 岁及以上网民达 1.10 亿,2021 年达 1.23 亿,2022 年达 1.53 亿,2023 年这一数据上升到 1.70 亿。然而,与全国网民规模的增加相比,老年网民的增加数量相对较少。

表 1.1　我国网民规模和老年网民规模对比

	2020 年	2021 年	2022 年	2023 年
全国网民规模(亿)	9.89	10.11	10.67	10.92
全国总体互联网普及率(%)	70.4	71.6	75.6	77.5
老年网民规模(亿)	1.1	1.23	1.53	1.7
老年网民占老年人总人数的比例(%)	41.7	46.0	54.6	57.2

资料来源:作者根据国家统计局数据整理①。

从全国网民规模占总人口的比例,也即全国总体互联网普及率与老年网民占老年人总人数的比例对比来看,全国总体互联网普及率从 70.4% 增加到 77.5%,老年网民占老年人总人数的比例从 41.7% 增加到 57.2%。老年网民的增速相对较快,体现了老年人对适应数字生活和智慧养老生活的需求和主观能动性较高。然而,从群体分析来看,与年轻人相比,虽然近年来老年人应用互联网的比例不断升高,但老年网民占总网民的比例仍相对较低。年轻群体更有能力或者更有兴趣使用网络,而老年群体使用网络的比例相对较低。

---

① 数据来源:根据历次《中国互联网络发展状况统计报告》整理(最近一次为第 53 次)。

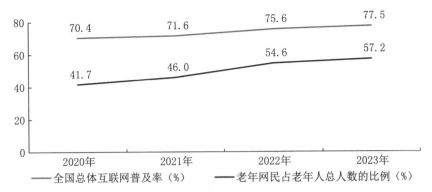

图 1.4　全国总体互联网普及率与老年网民占老年人总人数的比例对比
资料来源:作者根据国家统计局数据整理。

　　根据中国互联网络信息中心发布的数据,截至 2022 年底,我国 60 岁及以上的网民群体占总网民的比例为 14.3％,而 60 岁及以上人口占总人口比例为 19.8％,老年人占总人口的比例相对于老年网民占总网民的比例高 5.3 个百分点。这一统计数据表明,尽管互联网普及率在提高,但老年人群体的互联网使用率仍然相对较低。

　　《数智时代老年人社会参与现状报告》(2023 年)指出,总体来看,我国老年群体已初步跨越基础使用门槛,数字生活趋于多元化。老年群体数字生活体验多元丰富,社交、导航、短视频、资讯搜索、综合购物等常用 APP 已渗透到老年群体日常生活中。然而,尽管老年人的数字生活正在丰富起来,但他们在使用这些数字化服务时仍然可能面临困难和挑战。在使用 APP 时,60.7％的老年群体面临不会使用、字体看不清、无法求助、不会安装升级等现实困难。因此,提升老年人数字技能,促使老年人数字能力取得长足进步,是我国“十五五”到 2035 年期间的重要目标。

　　(五)推动老年人数字技能提升的政策和实践背景

　　进入人工智能和银发经济时代后,全民数字技能建设成为一个系统工程,不仅领导干部、公务员、教师、农民等劳动者要提升数字素养与技能,而且老年人也要提升数字素养与技能,数字中国建设离不开全体人民数字素养与技能的提升。而相对于其他人群,老年人可能是全民数字素养与技能提升进程中,最难和最后迈入数智时代的群体。因此,我国政府不断推出促进老年人智慧养老和数字技能提升的政策,推动老年人适应时代发展。

为贯彻落实积极应对人口老龄化国家战略,一方面,我国颁布了一系列政策文件;另一方面,推动试点和实践基地的普及和发展。

政策文件方面,2020 年,《国务院办公厅印发关于切实解决老年人运用智能技术困难实施方案的通知》(国办发〔2020〕45 号)和《全国老龄办关于开展"智慧助老"行动的通知》(全国老龄办发〔2020〕3 号)发布。同年,工信部《互联网应用适老化及无障碍改造专项行动方案》发布,标志着我国将提高老年人数字技能放到国家战略高度来考虑。

2021 年,国务院发布《关于印发"十四五"国家老龄事业发展和养老服务体系规划的通知》,要求根据《中华人民共和国国民经济和社会发展第十四个五年规划和 2035 年远景目标纲要》和《国家积极应对人口老龄化中长期规划》提升老年人融入数字社会的能力。这些政策文件旨在推动老年人在运用智能技术方面遇到的困难得到有效解决,广大老年人更好地适应并融入智慧社会。

实践方面,2021 年 9 月,中央网信办、国家发展改革委、教育部、民政部、生态环境部、国家卫生健康委、市场监管总局、国家体育总局 8 部门联合发布《关于国家智能社会治理实验基地入选名单的公示》,公布确定 10 家综合基地和 82 家特色基地,其中包括 10 家智能养老社会治理基地。2021 年 10 月,工业和信息化部等三部门以工信部联电子函〔2021〕154 号发布通知,并公布《智慧健康养老产业发展行动计划(2021—2025 年)》。要求在现有 500 个试点示范的基础上,面向不少于 10 个应用场景,再培育 100 个以上示范企业,50 个以上示范园区,150 个以上示范街道(乡镇)及 50 个以上示范基地,进一步强化示范智慧养老服务引领效应。

《智慧健康养老产业发展行动计划(2021—2025 年)》对智能养老服务提出了六个方面的要求:一是强化信息技术支撑,提升产品供给能力。二是推进平台提质升级,提升数据应用能力。三是做强智慧健康养老软件系统平台。四是丰富智慧健康服务,提升健康管理能力。五是拓展智慧养老场景,提升养老服务能力。六是推动智能产品适老化设计,提升老年人智能技术运用能力。

2022 年,国家卫生健康委和全国老龄办发布《关于深入开展 2022 年"智慧助老"行动的通知(国卫老龄函〔2022〕94 号)》。工业和信息化部办公厅、民政部办公厅和国家卫生健康委办公厅联合发布《关于组织开展2022 年智慧健康养老产品及服务推广目录申报工作的通知(工信厅联电子函〔2022〕303 号）》。同年,中央网信办等四部门联合印发《2022 年提升全民数字素养与技能工作要点》,提出到当年底要使提升全民数字素养与技能工作取得积极进展。由中央网信办、中央党校指导搭建的全民数字素养与技能提升平台正式上线。2023 年,中共中央和国务院印发《数字中国建设整体布局规划》,提出要构建覆盖全民、城乡融合的数字素养与技能发展培育体系。党中央、国务院高度重视数字中国建设,把提升全民数字素养与技能建设提高到国家战略高度。

综上所述,在全民数字素养与技能建设国家战略中,我国政府出台了一系列政策文件,实施了专项行动,加快老年人数字素养与技能的培育。

二、研究意义

(一)理论意义

首先,扩展数字素养和技能理论框架。本研究通过探讨智慧养老背景下老年人数字技能提升的机制与路径,扩展了现有的数字素养和技能理论框架。当前已有的数字素养和技能框架通常侧重于年轻人和职场人群的数字能力评估和培养,而本研究重点关注老年群体的特殊需求与面临的挑战,为数字素养理论增添了新的维度和视角。通过构建老年人多维数字素养和技能指数模型,为未来的数字素养和技能评估提供新的方法论支持,有助于填补当前研究中的理论空白。

其次,深化智慧养老理论研究。智慧养老作为一种新兴的养老模式,结合了物联网、大数据和人工智能等先进技术。本研究探讨了在实际应用中如何提升老年人的数字技能以便适应智慧养老技术,分析了这一过程中的支持与阻碍因素。这不仅深化了对智慧养老模式的理论理解,也为智慧养老理论的发展提供了实证支持和丰富的案例分析。

最后,丰富老年教育理论。传统老年教育多集中于健康、娱乐和基础生活技能培训,而本研究将目光投向老年人数字技能提升,探讨如何通过适当的教育培训帮助老年人融入数字社会。通过提出个性化、分级化的数字技能培育方案,本研究丰富了老年教育理论,特别是在数字时代背景下老年教育的内容和方法创新方面,具有重要的理论意义。

(二)现实意义

首先,推动智慧养老服务发展。在我国逐步迈入深度老龄化社会的背景下,智慧养老成为应对老龄化挑战的重要途径。通过本研究提出的老年人数字技能提升策略,可以显著提高老年人在智慧养老服务中的参与度和满意度,推动智慧养老服务的发展。这不仅有助于提高老年人的生活质量,还能减轻家庭和社会的养老负担。

其次,助力数字鸿沟的弥合。当前,数字鸿沟在老年群体中尤为显著,许多老年人因数字技能缺乏而无法享受数字化生活的便利。本研究通过详细分析老年人数字技能的现状与需求,提出了切实可行的提升策略。这些策略不仅可以帮助老年人克服数字障碍,还能促进老年群体更好地融入数字社会,实现公平的社会发展目标。

最后,为政策制定提供参考依据。本研究的成果为政府和相关机构制定针对老年人的数字素养与技能提升政策提供了科学依据。通过构建老年人数字技能评估模型和分级培育方案,本研究为政策制定者提供了翔实的数据支持和实践指导。这将有助于制定更加科学、合理和有效的老年人数字技能培训政策,推动国家在数字化时代的全面发展。

第二节　国内外研究综述

一、关于人工智能的研究

二十一世纪以来,我国高度重视人工智能的发展,从 2017 年首次将"人工智能"写入政府报告,后续又接连颁布了多个国家层面的发展政策,不断明晰我国人工智能发展的方向和目标,不仅促进了我国人工智能的快速发展,更有效地推动了社会的整体进步。

（一）人工智能概念界定

关于人工智能,《西方哲学英汉对照辞典》将其定义为"由机器通过程序来完成人类使用智力得以完成的任务,并通过计算机模拟人类思维以解决问题"。1956 年 8 月,达特茅斯夏季人工智能研究会议上正式提出"人工智能"这一概念,因此,1956 年也被称为人工智能元年。人工智能的发展不是由单一的学科发展起来的,而是依赖于跨学科的共同努力。不同学科都对人工智能发展做出了贡献,也从不同视角对人工智能的概念进行解读,因此人工智能的概念复杂且多样。我国工程院院士李德毅认为,人工智能与智能科学技术是同义词,都是人脑认知启发下发展起来的综合性学科；①多数教育学者认为，人工智能起源于使用机器模拟人类智能，后经深度学习等技术使人工智能在文字、语音、图像等多个领域取得突破性发展；②国际电信联盟 ITU 认为，人工智能是以多种不同方式使用的一系列技术及其应用；③J.麦卡锡（J. McCarthy）教授认为，人工智能是一种制造智能机器，通过智能计算机程序的科学与工程的使用来理解和模拟人类智力与思维。④当前，我国《人工智能标准化白皮书》和欧盟《人工智能法案》将人工智能定义为，一种基于机器的系统，设计为以不同程度的自主性运行，输出预测、内容、建议或决定等，包括数字计算机及其控制的机器和技术以及具体应用场景。

（二）人工智能层次分类

2024 年，国家互联网信息办公室将人工智能分为两个层面：作为总体技术的人工智能和作为特定领域的智能技术或产品。从产品类别来看，分为三种产品：弱人工智能（Artificial Narrow Intelligence，简称 ANI）、强人工智能（Artificial General Intelligence，简称 AGI）与超人工智能（Artificial Super Intelligence，简称 ASI）。⑤弱人工智能通常指某些领域的专用或特定的智能技术，如人脸识别、机器翻译等，尽管具备了自我学习的能力，但只能在单一领域使用，不能自主探索新的技术与方法。强人工智能又称通用人工智能，目前有两种理解，一种是能够处理很多任务的通用性人工智能；另一种是能够适应外界环境的变化，全方面均达到人类水平并完成人类所完成的所有任务的人工通用智能。超人工智能指在大多数领域如科学创造、社交技能等均可超越人类大脑的人工智能。当前社会，人工智能已在多个领域得以应用，如家具、交通、医疗等，但都处

①　李德毅：《AI——人类社会发展的加速器》，《智能系统学报》2017 年第 5 期。

②　徐晔：《从"人工智能教育"走向"教育人工智能"的路径探究》，《中国电化教育》2018 年第 12 期。

③　ITU, Artificial Intelligence（AI）for Development Series Module on AI. *Ethics and Society*. [2024-08-15]. https://www.itu.int/en/ITU-D/Conferences/GSR/Documents/GSR2018/documents/AISeries_GovernanceModule_GSR18.PDF.

④　J. McCarthy, What Is Artificial Intelligence?. [2024-08-15]. http://www-formal.stanford.edu/jmc/whatisai/node1.html.

⑤　李帅：《人工智能威胁论：逻辑考察与哲学辨析》，《东北大学学报》（社会科学版）2019 年第 1 期。

于弱人工智能阶段。①2018 年以来,依托海量数据并通过强大算力资源训练以适应需求的大规模预训练模型(简称大模型)实现了通用性人工智能,但仍然没有达到真正的人工通用智能阶段。

(三)人工智能发展阶段

人工智能发展阶段可以分为三个主要时期:人工智能萌芽期、人工智能发展期和新一代人工智能发展期。

1. 人工智能萌芽期

20 世纪 50 年代开始,麦卡锡教授等人在 1956 年的达特茅斯会议上提出人工智能概念,此次会议标志着人工智能的正式诞生。②人工智能概念一经提出,推动了人工智能的初步发展。1959 年,阿瑟·塞缪尔(Arthur Samuel)提出机器学习概念,计算机被广泛应用到数学、语言等多个领域来解决代数、英语等问题,取得不错的研究成果,也掀起人工智能发展的第一个高潮。但随着计算机能力和技术的限制,人工智能的发展缓慢,逐步走向低谷。

2. 人工智能发展期

20 世纪 70 年代开始,人工智能迎来第二次发展高潮,主要的研究成果体现的是构建专家系统。专家系统能够有效运用专家积累多年的经验和知识,通过模拟来解决只有专家才能解决的问题。该系统被应用在军事技术、地质勘探、医学救治等多个专业领域③,并且在很多功能上已经达到甚至超过人类专家的水平。但是专家系统面临着常识性问题无法解决的难题,这导致人工智能发展走向第二次寒冬。

3. 新一代人工智能发展期

1993 年开始,人工智能发展迎来第三个高潮期。以海量数据为基础,依托强大的计算资源和算法推动了深度学习的发展。1997 年,国际象棋机器人 Deep Blue 战胜人类国际象棋世界冠军加里·卡斯帕罗夫

---

① 张海、崔宇路、余露瑶、季孟雪、王以宁:《人工智能视角下深度学习的研究热点与教育应用趋势——基于 2006—2019 年 WOS 数据库中 20708 篇文献的知识图谱分析》,《现代教育技术》2020 年第 1 期。

② 梁迎丽、刘陈:《人工智能教育应用的现状分析、典型特征与发展趋势》,《中国电化教育》2018 年第 3 期。

③ 张妮、徐文尚、王文文:《人工智能技术发展及应用研究综述》,《煤矿机械》2009 年第 2 期。

（Garry Kasparov）。2016 年，Google 的 AlphaGo 战胜围棋九段棋手李世石，标志着人工智能的发展超出专家预测，仅用了不到 20 年的时间就已突飞猛进。2006 年，深度学习概念被提出，加上大数据的兴起，使得人工智能研究大爆发。各大公司和教育领域纷纷投入深度学习的研究和应用，大数据、云计算、互联网等信息技术的发展，算法和算力方面不断创新[1]，加速促进了人工智能在各个领域的应用和作用的发挥。至今，人工智能还未突破发展的瓶颈，现在的技术远未达到人类智能的水平，但未来人工智能的发展势不可挡。

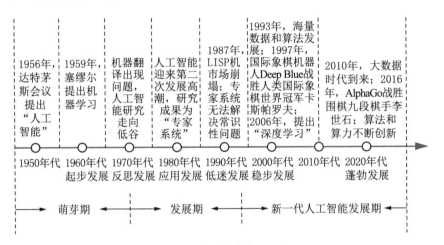

图 1.5　人工智能发展历程

资料来源：作者自绘。

（四）人工智能赋能

人工智能发展前期多聚焦于技术研究与应用，后期开始关注人工智能应用给各个领域赋能带来的经济效应。各领域应用人工智能技术，以提高产业自动化程度，实现"机器换人"，导致中等技能劳动力被替换，高低技能劳动者比例上升。[2]除了给就业带来的影响，人工智能的发展已广泛应用到

---

[1]　米加宁、李大宇、董昌其：《算力驱动的新质生产力：本质特征、基础逻辑与国家治理现代化》，《公共管理学报》2024 年第 2 期。

[2]　D. Acemoglu and D. Autor, "Skills, Tasks and Technologies：Implications for Employment and Earnings", //D. Card and O. Ashenfelter, "Handbook of Labor Economics", San Diego：Elsevier，2011.

物流、教育、交通、航天、养老等各个领域,相继开发了智慧物流、线上教育、智慧养老等人工智能领域的产品。①人工智能大规模赋能我国各个行业,如智慧医疗和智慧养老等,呈现体系化和开放化特点,追求高效且标准化的持续生产。人工智能技术的应用通过强化生产过程标准化、提高生产效率和创新、降低生产成本等特性提高企业的生产率,从而促进经济的发展。②

（五）人工智能风险治理与可信安全建设

人工智能的快速发展和巨大潜能有着可以改变人类命运的作用,但其巨大的安全风险仍不可忽视。究其根本原因,是由于人工智能技术发展之初未考虑相应的安全威胁,容易受到恶意攻击的影响,从而导致人工智能结果失准。尤其是在医疗、交通等关键领域,安全问题尤为重要。如果人工智能在使用过程中受到恶意攻击,会造成或轻或重的安全威胁,甚至会威胁到人身安全。除此之外,人工智能应用产生的伦理问题也是研究者尤为关注的话题。生成式人工智能会存在数据来源真实性存疑、隐私保护不严密等问题,产生侵犯个人信息、破坏系统、侵犯商业机密、危害国家安全等风险。③政府和学界逐步意识到人工智能技术引致的风险,需要加强以"软法"为导向的社会规范体系④和以"硬法"为保障的风险防控体系建设⑤,如欧盟理事会正式批准通过《人工智能法案》[Artificial Intelligence(AI) Act]⑥以缓解和降低人工智能引致的风险。

二、关于智慧养老的研究

智慧养老概念于 2012 年由英国生命信托基金首次提出,此后学界的

---

① 洪嵩、盛思晗、王茜:《人工智能的经济效应:现状、热点及展望——基于CiteSpace 的文献综述》,《科技管理研究》2024 年第 10 期。

② 罗良文、陈敏、肖莹慧:《人工智能与经济发展争议述评》,《社会科学战线》2021 年第 8 期。

③ 刘霜、祁敏:《生成式人工智能的刑事法律风险及其合规治理》,《河南社会科学》2024 年第 8 期。

④ 李泽西、黄进:《生成式人工智能与国家安全治理:发展趋势、潜在风险与应对思路》,《四川行政学院学报》2024 年。

⑤ 虞浔、魏健宇:《生成式人工智能赋能数字检察的路径、风险与纾解》,《太原理工大学学报》(社会科学版)2024 年第 3 期。

⑥ Artificial intelligence(AI) act：Council Gives Final Green Light to the First Worldwide Rules on AI-Consilium(europa.eu).

研究方向开始聚焦于智慧养老,重点关注其模式应用、技术发展、产生影响等内容。

（一）智慧养老概念内涵

智慧养老概念源于老年技术学,是指通过传感器、监测设备、机器人①和环境控制系统等技术与住宅基础设施相结合开展养老服务②,实现老年护理③与监控④,满足老年人安全⑤、独立、健康等生活需求⑥。有别于传统服务模式,智慧养老依托大数据分析,面对老人需求能够做出智慧决策并精准满足老人所需,为老年人提供便捷、专业、个性化的养老服务。⑦我国通信工业协会认为智慧养老是基于信息化技术,将互联网、大数据等技术,应用于养老行业,在数字信息服务平台的发展与传感网络系统的相互配合基础上,通过不断完善数据分析与应用,为老年群体提供更多样更高效的服务。⑧

（二）智慧养老形态与模式研究

英国生命信托基金会率先对"智慧养老"的未来形态提出构想。⑨随

---

① M. E. Morris, B. Adair and K. Miller, et al., "Smart-Home Technologies to Assist Older People to Live Well at Home", *Journal of Aging Science*, Vol.1, No.1, 2013.

② 左美云:《智慧养老产业发展前景和路径》,《人民论坛》2024 年第 13 期。

③ L. Liu, E. Stroulia and I. Nikolaidis, et al., "Smart Homes and Home Health Monitoring Technologies for Older Adults: A Systematic Review," *International Journal of Medical Informatics*, Vol.91, 2016.

④ 周凌一、周宁、祝辰浪:《技术赋能智慧养老服务的实践逻辑和优化路径——以上海市为例》,《电子政务》2023 年第 2 期。

⑤ A. Mclean, "Ethical Frontiers of ICT and Older Users: Cultural, Pragmatic and Ethical Issues", *Ethics and Information Technology*, Vol.13, 2011.

⑥ J. Barlow and T. Venables, "Will Technological Innovation Create the True Lifetime Home?", *Housing Studies*, Vol.19, No.5, 2004.

⑦ 龙玉其:《智慧居家养老服务协同治理的逻辑机理与实践路径》,《行政管理改革》2023 年第 7 期。

⑧ 杜鹏、汪斌:《互联网使用如何影响中国老年人生活满意度?》,《人口研究》2020 年第 4 期。

⑨ R. Camber, The iPad: A highly Technological Granny Flat for Your Digital Old Age. [2024-08-20]. https://www.dailymail.co.uk/news/article-561172/The-iPad-Ahighly-technological-granny-flat-digital-old-age.html.

着物联网技术与"平台及服务"理念的发展,智慧养老已经从最初的辅助老年人技术逐渐发展到为满足更高生活质量,鼓励主动参与,整合技术与服务的一种全新模式。①为满足居家、社区、机构不同场景下老年人的需求,智慧养老形成了智慧居家养老、智慧社区养老、智慧机构养老和三位一体智慧养老四种模式。智慧居家养老是在老年人居住的家中进行适老化改造,通过智慧养老产品,如智能手表、一键呼叫器、智能床垫等,将老年人的信息数据收集起来,利用现代信息技术将家庭、社区、养老服务供应商等主体连接起来,为家中老人提供便捷高效的居家养老服务,满足老年人足不出户的养老需求。智慧社区养老是基于社区资源实施的一种模式,一般以社区养老服务中心为依托,通过日间照料、老年助餐等形式为社区内的老年群体提供服务,并通过信息平台远程监控老年人的情况。智慧机构养老是指养老机构除了提供一般性的养老服务外,引入了互联网、大数据等信息技术搭建养老服务信息平台,并应用各类智能养老服务产品,如生命体征检测器、防跌倒预警系统等,为老人提供健康护理、康复锻炼等服务。三位一体智慧养老则是打破了居家、社区和机构的界限,通过服务站既具备机构的入住养老,又提供上门服务,还有日托照料等功能,将三方资源有效整合起来,并集中医疗服务、志愿服务、社会资源等,以一站式养老服务模式为老人提供多样化的养老服务。

(三)智慧养老技术研究

关于智慧养老发展的观点,包括狭义的"技术论"和广义的"服务论"。"技术论"强调物联网和人工智能等技术和网络平台在养老领域的实践②,"服务论"则重视利用智能科技整合养老信息,为老年人提供安全、适切、高质量的养老服务。③具体技术包括:智慧养老软件,如综合服务平台;智慧养老服务应用,如助餐、助洁;智慧养老硬件,如可穿戴设备和陪护机器人、监测设备等。④智能技术在智慧养老中的作用和地位毋庸置

---

① A. van Berlo, "Smart Home Technology: Have Older People Paved the Way?", *Gerontechnology*, Vol.2, No.1, 2002.

② 尹艳红:《数字治理助力养老服务的困境与策略》,《行政管理改革》2023 年第6 期。

③ 周凌一、周宁、祝辰浪:《技术赋能智慧养老服务的实践逻辑和优化路径——以上海市为例》,《电子政务》2023 年第 2 期。

④ 郑世宝:《物联网与智慧养老》,《电视技术》2014 年第 22 期。

疑。居家方面,通过智能家具、监控和识别系统等技术为载体①,为老人提供智慧养老服务②。互联网技术在整个智慧养老中协调着全社会养老资源,通过各种智能终端获取信息,然后进行处理分析,从而满足老人个性化的养老需求。③由于技术的参与,从上门服务到服务过程再到服务反馈,每个环节都有留痕,也都可追溯服务质量好坏及其成因。智慧养老借助现代信息技术,对传统的养老服务模式产生了转变,使得养老服务内容更丰富,质量更增强,从而能够更好地适应老人多样化多层次的养老服务需求。

（四）老年群体对智慧养老的态度研究

智慧养老具备功能齐全、操作简单、高效便捷等特点,并以帮助老年人拥有独立且有尊严的生活为目标,为老人提供专业化、个性化的养老服务。智慧养老借助先进的技术,能够创新养老服务供给模式,为老人提供新颖的服务内容。④除此之外,借助大数据分析等技术,智慧养老能够根据个性化的需求,为老人精准地提供服务内容。⑤同时,智慧养老的发展集合了多主体力量和社会资源,通过跨时空协调发展,能够为老人提供全过程的服务内容,并保质保量。⑥当老人遇到突发事故时,智慧养老也会通过预警机制及时发现,并快速判断老人情况,从而提供紧急救助和个性化服务。除了服务本身的作用,智慧养老的各类智能辅助工具能为养老服务人员提供很大的帮助。⑦智慧养老的发展对养老产业和

① M. Moraitou, A. Pateli and S. Fptiou, "Smart health caring home: A Systematic Review of Smart Home Care for Elders and Chronic Disease Patients", GeNeDis 2016: Geriatrics, 2017.

② 张泉、李辉:《从"何以可能"到"何以可行"——国外智慧养老研究进展与启示》,《学习与实践》2019 年第 2 期。

③ M. Daehnhardt, "Belief and Belonging in Later Life: The Lived Experiences of Coping among Older Rwandans", *Journal of Religion*, *Spirituality & Aging*, Vol.34, No.1, 2022.

④ 朱勇:《智能养老》,社会科学文献出版社 2014 年版,第 109 页。

⑤ 王晓慧、向运华:《智慧养老发展实践与反思》,《广西社会科学》2019 年第 7 期。

⑥ 梁昌勇、洪文佳、马一鸣:《全域养老:新时代智慧养老发展新模式》,《北京理工大学学报》(社会科学版)2022 年第 6 期。

⑦ G. Peng, L. M. S. Garcia and M. Nunes, et al., "Identifying User Requirements of Wearable Health Care Technologies for Chinese Aging Population," Smart Cities Conference, 2016.

养老事业的格局重构产生了一定影响,也为我国积极应对人口老龄化提供一定思路。①因此,部分老年人在面对智慧养老服务时会积极接受,并认为智慧养老的发展能够很好地满足自身需求。但智慧养老的应用也带来了很大的不确定性,容易让老人产生不信任,使得老人排斥智慧养老设备的使用。还有一些技术发展不成熟,抑或是只追求个性化、多元化,适老化改造程度不足,操作复杂、理解困难,又加深了老人的数字鸿沟问题,以致一些老年人无法很好地享受智慧养老带来的服务。②

（五）推动智慧养老服务发展的政策和手段研究

在政策的支持下,智慧养老发展迅速。2012 年,全国老龄办率先提出"智能化养老"的理念,并鼓励支持开展智慧养老的实践探索。2015年,国务院印发《关于积极推进"互联网＋"行动的指导意见》,其中明确提出要"促进智慧健康养老产业发展"。2017 年,工业和信息化部等三部门印发《智慧健康养老产业发展行动计划(2017—2020 年)》,提出 5 年内要建设 500 个智慧健康养老示范社区。鼓励发展信息平台,为老人提供实时、高效、智能化的养老服务。继三部门联合发布文件后,评选工作和智慧养老产品及服务推广先后开展。2021 年,《智慧健康养老产业发展行动计划(2021—2025 年)》启动实施。该文件明确提出,到 2025 年,智慧健康养老产业科技支撑能力显著增强,产品和服务供给能力与质量明显提升,为老人提供高质量的养老服务。除政策支持外,社会各界也通过多种手段不断促进智慧养老的发展。对于智慧养老的发展,除了整合养老服务信息与资源,必备的人才不可或缺。因此,注重人才队伍建设是智慧养老发展的基础也是关键。人才培养与发展可以通过构建和完善人才培养体系、强化人才培养力度、营造人才发展氛围等方式开展。③智慧养老的发展还离不开老人的接受,弥合老年人的数字鸿沟④,提高老人在使用

---

① 周凌一、周宁、祝辰浪:《技术赋能智慧养老服务的实践逻辑和优化路径——以上海市为例》,《电子政务》2023 年第 2 期。

② P. C. Santana-Mancilla, L. E. Anido-Rifon and J. Contreras-Castillo, et al., "Heuristic Evaluation of an IoMT System for Remote Health Monitoring in Senior Care", *International Journal of Environmental Research and Public Health*, Vol.17, No.5, 2020.

③ 孙丹:《日本养老服务人才队伍建设的发展与启示》,《西部学刊》2023 年第 4 期。

④ 王立剑、朱一鑫、马伟:《智慧健康养老产业的现实需求与发展进路》,《西安交通大学学报》(社会科学版)2024 年第 3 期。

智慧养老设备中的接受程度有利于智慧养老的可持续发展。①除此,政府层面需要加大政策扶持力度,对智慧养老从业组织提供场地、人才招聘等优惠和税收减免;加大技术支撑力度,加强网络基础设施建设,实现农村与偏远地区网络全覆盖,降低网络使用成本。②当然,最关键的是技术的发展以及智慧养老产品和设备设计时要操作简便,开发具备人文关怀的适老化智能终端,切实提高智能设备的便利性,提高老人的接受程度。③

三、关于数字素养和技能的研究

国外关于数字素养和技能方面的研究可以追溯到 20 世纪末。1995 年,美国意识到亟须重视公民数字素养教育以弥合数字鸿沟。2004 年,挪威教育部门发布"国家数字素养计划",将数字素养教育纳入挪威国家课程改革。2015 年,联合国教科文组织(UNESCO)将数字素养纳入 2030 年教育可持续发展目标(SDG4)监测指标体系,以期从全球层面衡量公民数字素养水平。目前,数字素养政策已成为部分国家促进数字经济发展的支柱政策,相关研究成果的不断涌现也促使数字素养逐渐成为一个快速发展的知识领域。近年来,国内对数字素养的关注日渐增多,但相关研究仍不充分,往往是对部分国家数字素养教育进展的评述,或是对相关数字素养框架的纵向剖析,缺少对整个研究领域的全面了解。随着互联网和计算机等信息通信技术的日益普及,缺乏数字素养,而非数字访问,正在成为人们在如何和为什么使用互联网方面存在不平等(即"二级数字鸿沟")的关键因素。④因此,劳动力越

---

① A. Leeraphong, B. Papasratorn and V. Chongsuphajaisiddhi, "A Study on Factors Influencing Elderly Intention to Use Smart Home in Thailand: A Pilot Study", The 10th International Conference on e-Business(iNCEB2015). 2015. http://www.inceb2015.sit.kmutt.ac.th/paper/P28Ekapong.

② 李静、郭烨凌:《智慧居家养老服务精准供给的德国实践与启示》,《河海大学学报》(哲学社会科学版)2024 年第 3 期。

③ 蒲新微、张馨康:《智慧养老服务高质量发展:现实障碍、建设逻辑与实现路径》,《西北人口》2024 年。

④ L. Pagani, G. Argentin and M. Gui, "The Impact of Digital Skills on Educational Outcomes: Evidence from Performance Tests", *Educational studies*, Vol. 42, No. 2, 2016.

来越需要具备有效应用数字信息的能力，而不再是仅拥有信息通信技术，数字素养成为衡量劳动力在市场中竞争力的重要指标。如城镇低龄老年人的再就业选择，也会受到其数字素养水平的影响。系统梳理相关领域的研究，数字素养和技能相关研究可以分为四部分：第一，数字素养和技能的概念与内涵；第二，数字素养和技能的评价框架建构；第三，素质素养和技能的提升路径研究；第四，老年群体的数字素养和技能研究。

（一）数字素养和技能的概念与内涵

目前，数字素养和技能并未形成统一的概念，国外学者一般从三个方面进行界定：第一，基于数字素养所需技能。2004年，以色列学者约拉姆·伊谢特-阿尔卡莱（Yoram Eshet-Alkalai）提出数字素养这一概念，并将数字素养的内涵概括为图片阅读技能、再创造技能、驾驭超媒体技能、信息处理技能和信息交流共享技能。[①]此后，保罗·吉尔斯特（Paul Gilster）则在《数字素养》（*Digital Literacy*）一书中进一步拓展了数字素养的内涵，认为数字素养是个体在数字化背景下对信息的有效掌握和运用的能力，是现代社会生活中的一项基础技能。[②]这两位学者对数字素养内涵的界定均涵盖知识维度、技能维度和态度维度。第二，基于不同学科特点的界定。比如在社会文化、计算机科学、教育学等领域，都有部分学者根据各自学科的特性对数字素养进行不同视角的解读。第三，基于不同情境的界定。2011年，欧盟基于特定情境，深入剖析了数字素养的核心理念，指出其不仅涵盖在工作、就业、学习中的信息技术应用，更延伸至休闲活动等。[③]与之类似，美国数字联盟强调，数字素养和技能是个体在访问或创造数字信息时，所展现出的理解、诠释和运用这些资源的能力。[④]

---

① Y. Eshet-Alkalai, "Digital Literacy: A Conceptual Framework for Survival Skills in the Digital Era", *Journal of Educational Multimedia and Hypermedia*, Vol.13, No.1, 2004.

② P. Gilster, *Digital Literacy*, New York: Wiley, 1997, pp.25—48.

③ 任友群、随晓筱、刘新阳：《欧盟数字素养框架研究》，《现代远程教育研究》2014年第5期。

④ 张晴：《数字素养：新媒体联盟地平线项目战略简报研究》，《图书馆工作与研究》2017年第5期。

国内学者在界定数字素养和技能的概念与内涵时,普遍以获取、使用、创造数字信息的能力为核心展开探讨,但侧重点各有不同,主要集中在以下三个方面:一是突出强调数字素养和技能的综合性特质,认为数字素养和技能包括数字信息获取和处理能力、创建新数字信息的能力、数字问题解决和交流协作能力、数字安全意识及数字内容创造等能力。[①]肖俊洪指出,数字素养不单单是纯技术性的数字操作技能,其内涵还包括认知技能、情感技能和社交技能等多个方面。[②]顾华芳认为,数字素养即在数字化环境中,借助信息技术手段和方法,实现信息的快速高效获取、评估、整合与交流的综合科技与文化素养。[③]二是着重强调批判创新性思维。程萌萌等提出,数字素养和技能不只是高效识别、检索和整合信息的能力,不仅需要掌握数字技术、学习操作技能,同时也代表着运用创新性思维整合信息资源,从而构建新的知识体系的能力。[④]三是与相近素养的关系角度界定。王佑镁等认为,数字素养是在媒介素养、计算机素养、网络素养等概念的基础上逐渐演变而来的,是一个集全面性、动态性、包容性于一体的概念。[⑤]2021 年,我国正式颁布了《提升全民数字素养与技能行动纲要》。纲要指出,数字素养与技能是数字社会公民在学习、工作和生活中所必备的一系列素质的集合,包括数字信息的获取、制作、使用、评价、交互、分享、创新,以及数字安全保障和伦理道德等方面的内容。[⑥]由此可见,数字素养和技能与科技进步的步伐紧密相连,不断演进和发展。

(二)数字素养和技能的评价框架建构

国外较早地关注了公民的数字素养和技能,一些学者和权威机构分

---

① 罗强强、郑莉娟、郭文山、冉龙亚:《"银发族"的数字化生存:数字素养对老年人数字获得感的影响机制》,《图书馆论坛》2023 年第 5 期。

② 肖俊洪:《数字素养》,《中国远程教育》2006 年第 5 期。

③ 顾华芳:《数字素养教育——数字时代图书馆新职能》,《江西图书馆学刊》2012 年第 1 期。

④ 程萌萌、夏文菁、王嘉舟、郑颖、张剑平:《〈全球媒体和信息素养评估框架〉(UNESCO)解读及其启示》,《远程教育杂志》2015 年第 1 期。

⑤ 王佑镁、胡玮、杨晓兰、王娟:《数字布鲁姆映射下的数字能力发展研究》,《中国电化教育》2013 年第 5 期。

⑥ 《提升全民数字素养与技能行动纲要》.(2024-08-20),中华人民共和国国家互联网信息办公室,https://www.cac.gov.cn/2021-11/05/c_1637708867754305.htm。

别构建了数字素养和技能的评价框架。

图 1.6　各类数字素养和技能的评价框架

资料来源：作者自绘。

　　2004 年,伊谢特-阿尔卡莱首次对数字素养概念进行解构,从信息素养、图片—视觉素养、再创造素养、社会情感素养、分支素养五方面构建数字素养框架。①2012 年,伊谢特-阿尔卡莱在此基础上新增了实时数字技能,使其成为最全面的数字素养框架之一。②2013 年,美国图书馆协会(ALA)指出,数字素养包含理解、评估、传播数字信息、检索和判断信息质量、个人隐私保护、沟通协作、社会参与等能力。③2014 年,英国联合信息系统委员会(JISC)提出《数字素养模型》。④欧盟委员会就公民数字能力框架开展了十余年的研究。2013 年,欧盟委员会提出《欧盟公民数字能力框架 1.0》(DigComp1.0),由信息、交流、内容创造、安全、问题解

---

①　Y. Eshet-Alkalai, "Digital Literacy: A Conceptual Framework for Survival Skills in the Digital Era", *Journal of Educational Multimedia and Hypermedia*, Vol.13, No.1, 2004.

②　Y. Eshet-Alkalai, "Thinking in the Digital Era: A Revised Model for Digital Literacy", Issues in Informing Science and Information Technology, Vol. 9, No. 2, 2012.

③　Digital Literacy, Libraries, and Public Policy. [2024-08-20]. https://districtdispatch.org/wpcontent/uploads/2013/01/2012_OITP_digilitreport_1_22_13.pdf.

④　Joint Information Systems Committee, Developing Digital Literacies. [2024-08-20]. https://www.jisc.ac.uk/full-guide/developing-digital-literacies.

决五个维度构成。①之后,于 2016 年、2018 年和 2022 年分别出台了 Dig-
Comp2.0②、DigComp2.1③ 和 DigComp2.2④ 版本。2018 年,联合国教
科文组织基于 DigComp2.0 版本新增了设备及软件操作和职业相关能力
两个维度,形成了《全球数字素养框架》(DLGF)⑤。2019 年,数字智联
CDI 发布《2019 年数字智商全球标准》。⑥

　　现阶段国内关于数字素养的测评框架研究大多建立于国外研究成果
的基础上,提出对具体群体的数字素养测评指标,尤其是教师群体,但缺
少对老年群体的深入调查评估。学者周凤飞、王俊丽参考欧盟评价框架,
构建起图书馆员的数字能力评价指标体系。⑦朱思苑、卢章平以欧盟数字
素养框架作为初步参考,认为将人文学者进行学术研究的数字素养细化

---

　　①　C. Joint Research, Y. Punie, A. Ferrari, et al., DigComp: A Framework for
Developing and Understanding Digital Competence In European. [2024-08-20].
https://op. europa. eu/en/publication-detail/-/publication/a410aad4-10bf-4d25-8c5a-
8646fe4101f1/language-en/formatPDF/source-255263556.

　　②　C. European, C. Joint Research, L. Brande, et al., DigComp 2.0: The
Digital Competence Framework For Citizens. [2024-08-20]. https://op.europa.eu/en/
publication-detail/-/publication/bc52328b-294e-11e6-b616-01aa75ed71a1/language-en/
formatPDF/source-search.

　　③　C. European, C. Joint Research, S. Carretero, et al., DigComp 2.1: The
Digital Competence Framework For Citizens With Eight Proficiency Levels And Exam-
ples Of Use. [2024-08-20], https://op.europa.eu/en/publication-detail/-/publication/
3c5e7879-308f-11e7-9412-01aa75ed71a1/language-en/formatPDF/source-search.

　　④　C. European, C. Joint Research, R. Vuorikari, et al., DigComp 2.2, The
Digital Competence Framework for Citizens: With New Examples of Knowledge,
Skills and Attitudes. [2024-08-20], https://op. europa. eu/en/publicationdetail/-/
publication/50c53c01-abeb-llec-83e1-01aa75ed71a1/language-en. format-PDF/source-25
3961346.

　　⑤　UNESCO, A Global Framework to Measure Digital Literacy. [2024-08-20],
http://uis.unesco.org/en/blog/global-framework-measure-digitalliteracy.

　　⑥　P. Yuhyun, DQ Global Standards Report 2019: Common Framework for
Digital Literacy, Skills and Readiness. (2019-03-22) [2024-08-20]. https://www.
dqinstitute. org/2021/12/10/worlds-first-global-standard-for-digital-literacy-skills-and-
readiness-launched-by-the-coalition-for-digital-intelligence/.

　　⑦　周凤飞、王俊丽:《天津市高校图书馆学科馆员数字能力现状研究》,《图书情
报工作》2015 年第 19 期。

为基本信息能力、技术运用能力以及交流共享能力三大维度。①

（三）素质素养和技能的提升路径研究

国家政府和国际组织为提升数字素养实施了诸多策略。一方面，通过战略支持的手段提供数字素养教育资源。2010 年，美国联邦通信委员会提出国家宽带计划，实施国家数字素养工程加强数字基础设施建设；②《英国数字化战略》将"帮助全民掌握必需的数字技能"提升到国家重大战略的高度。③另一方面，侧重标准框架的制定，如欧盟通过十余年的培育实践，提出《欧盟公民数字能力框架》。国外学者也从不同视角探索提升数字素养的方法，如教育层面的公共图书馆建设以及数字设施的完善，有力地支持数字素养的提升；④还有从政府支持、个体的主动学习、数字意识的培养等方面推动数字素养的提升。

国内的研究从顶层设计、基础设施建设、适老化改造、信息素养培养以及老龄友好型环境建设等多方面进行治理和提升。⑤首先，重视顶层设计、破解框架模糊是首要解决的问题。在相对乏力的实操性方面应当通过指标体系的明确和数字素养和技能评价框架的构建提供方向和标准。⑥其次，加强基础建设、破解资源受限是培育的有力支持。搭建多层次、易接入的数字教育资源平台，构建数字资源共享群落，为全民提供丰富的数字教育资源。⑦再次，开展数字素质与技能的教育。建议以家庭为

---

① 朱思苑、卢章平：《人文学者学术研究的数字能力现状分析》，《图书情报工作》2019 年第 17 期。

② Federal Communications Commission, National Broadband Plan Will Increase Digital Literacy. [2024-05-02]. https://knightfoundation.org/articles/national-broadband-plan-will-increase-digital-literacy/.

③ European Commission, The European Digital Strategy. [2024-05-02]. https://ec.europa.eu/digital-single-market/en/content/european-digital-strategy.

④ G. Rolan, T. Denison and C. Mackenzie, "Broadband, Digital Literacy and Public Libraries: The Mill Park Story", *Library Hi TechNews*, Vol.32, No.6, 2015.

⑤ 陆杰华、刘芹：《中国老龄社会新形态的特征、影响及其应对策略——基于"七普"数据的解读》，《人口与经济》2021 年第 5 期。

⑥ 耿瑞利、孙瑜：《面向战略需求的数字素养：概念内涵、框架体系与测评指标》，《图书馆理论与实践》2024 年第 2 期。

⑦ 项松林、杨彪：《数字化转型背景下公共文化服务人员数字素养的提升研究》，《图书馆理论与实践》2024 年第 2 期。

基础、社区为平台、社会为保障,实施数字素养教育;①搭建"数字联接桥梁";增强新媒体意识,提高数字素养水平;构建数字包容"支持圈"模型;创建和谐安全的数字生活环境;进行"数字反哺"②。最后,完善培育体系、健全评价机制是数字素养提升的保障。合理的评价机制可以有效反映数字素养培育的内容、效果和问题,适当的反馈机制也有助于及时调整和修正数字素养的培育过程③,避免数字素养培育项目形式化和资源浪费。

(四)老年群体的数字素养和技能研究

老年群体的数字素养和技能水平受到多种复杂因素的共同影响。数字素养和技能在学界常被视为解决老年人数字鸿沟的关键方法。韩云杰在深入研究数字鸿沟的解决策略时,明确指出老年人上网过程中遭遇的主要挑战在于基础性操作知识的掌握难题。④罗强强等在研究中,将数字素养定义为老年群体在数字化环境融合过程中,在技术、认知及情感不同维度所展现出的发展能力。包括老年人接触网络的条件与基础能力,他们使用数字技术的熟练程度,以及在数字安全意识和数字内容创造等方面的能力。该研究提出,数字素养对于老年人在数字社会中的获得感有显著正向影响,提升数字素养能够帮助老年人更好地适应社会。⑤凯文·芒格等(Kevin Munger et al.)指出,实用可操作的分析技能在数字化信息处理过程中是必不可少的,而数字素养能力在优化与互联网信息处理相关的过程中能够发挥积极作用,有助于提升个体在社交平台环境中的信息处理效率和准确性。⑥

---

① 沈冠辰、王东宝:《社会治理视角下老年人数字素养的提升》,《科技智囊》2022年第7期。

② 赵红勋、史可凡:《数字反哺农村老年群体的短视频实践研究——基于中部地区B村的学术考察》,《新闻与传播评论》2024年第1期。

③ 李艳燕:《智能时代的教育数字化转型:内涵、挑战与路径》,《阅江学刊》2024年第2期。

④ 韩云杰:《网络媒介环境下数字鸿沟演进态势与突破路径》,《今传媒》2021年第10期。

⑤ 罗强强、郑莉娟、郭文山、冉龙亚:《"银发族"的数字化生存:数字素养对老年人数字获得感的影响机制》,《图书馆论坛》,2023年第5期。

⑥ K. Munger, I. Gopal, J. Nagler, et al., "Accessibility and Generalizability: Are Social Media Effects Moderated by Age or Digital Literacy?", *Research & Politics*, Vol.8, No.2, 2021.

部分研究者主要聚焦于如何实质有效提升老年人的数字素养。王润珏、张帆在研究中发现,应当关注老年人数字素养提升机制的连续性和持久性。他们注意到,受到新冠疫情等事件影响,老年人群体对数字素养的重视程度和提升意愿在近年来得到了显著增强。然而,对于这一发展是否能长期维持,他们持有谨慎的态度,认为当前的提升可能更多是一种短期效应。据此,学者们指出,应当建立一套针对老年人数字素养提升的长效机制,从提高技术教育和培训、生活方式的调整、社交环境的优化以及心理支持的提供等多个维度综合施策,助推老年人数字素养的提升。[1]王敏芝、李怡萱在深入探讨如何提升老年群体数字素养的问题时,特别强调年轻一代对老年群体的"数字反哺"现象,即年轻一代积极向老年群体传授和分享自身的数字知识和技能。这种代际间的数字知识传递和共享,为提升老年人群体的数字素养适应数字化社会提供了新的视角和途径。[2]

四、研究述评

综上所述,面向全民数字素养和数字技能提升有较多的研究成果和政策措施,但具体针对老年人的数字素养框架和数字技能评估与提升研究成果不足,从全民数字素养框架和评估方案转向老年人专有评估和提升方案具有紧迫性和必要性,各国亟须建立面向老年人的专门政策。

国内学术史与政策演进表明,有四个方面亟须改进:一是仅仅聚焦于全民和教师、学生、公务员和图书馆员等数字素养较高的特定人群,对数字素养和技能提升最困难的老年群体的研究不足。二是缺少对老年群体数字素养和数字技能评估和提升的深入调查和研究,国内尚无相关大型调查成果。三是研究视角上,现有对老年人数字素养和数字技能不足的研究大多基于宏观视角,探讨社会环境和政策环境的作为和影响,较少立足于老年主体视角,探讨老年人数字素养和技能的评估。四是当前国内尚无对老年人数字素养和技能评估框架和指数,对老年人的数字技能培训没有根据老年人的基础和能力分级设置,导致能力不足的老年人听不

---

[1] 王润珏、张帆:《老年群体数字素养提升意愿及影响因素研究——以吉林省安图县为例》,《传播创新研究》2021年第1期。

[2] 王敏芝、李怡萱:《数字反哺与反哺阻抗:家庭代际互动中的新媒体使用》,《广州大学学报》(社会科学版)2022年第1期。

懂,能力强的老年人被"重复教育和培训",政策亟须得到改进。

第三节 国内外数字素养和技能框架演进

一、数字素养框架发展史

如第一章第二节所述,美国于 1995 年最早提出提升公民数字素养这一理念,并将数字素养的能力聚焦于"信息素养",主要应用于图书馆学,是指"理解并读懂电脑显示的各种数字资源及信息真正含义的能力"①。随着数字时代的发展,数字素养概念逐渐扩大覆盖范围,涵盖数字环境中的知识、技能、经验,以及相关的认知、价值观和态度。信息素养主要是指对各种信息资源的广泛理解和有效运用,数字素养则更强调在数字化环境中,如何高效地获取、精准地评估并创造性地利用信息,以此来解决问题、促进沟通、创造新颖内容,并在各个领域中开展工作的能力。这种能力的培养与提升,不仅对于个人在数字化时代中的生存与发展至关重要,也是构建信息化社会不可或缺的重要基石。

对公民数字素养进行系统性评估的整体框架,被称为"数字素养框架"。对数字素养框架进行发展史梳理,可以发现,全球数字素养或者数字技能框架的发展历程分为三个阶段。

(一)数字素养框架的起源与早期发展(2004—2013 年)

从实践来看,2004 年被称为"数字素养框架发展史的起点"。2004 年,伊谢特-阿尔卡莱首次提出数字素养的五个维度,构建数字素养框架。2012 年,伊谢特-阿尔卡莱在五维度基础上新增实时数字技能,构建六维度的数字素养框架。这一阶段的数字素养维度主要限于学术性讨论。

数字素养或能力框架的国家实践始于 2010 年欧盟开始启动的"欧洲公民数字素养框架(简称 DigComp 框架)"项目。同年,美国联邦通信委员会提出实施国家数字素养工程的建议。2012 年,墨西哥推出《墨西哥数字议程》,标志着拉丁美洲地区开始重视数字素养的培养。2013 年,美国图书馆协会(ALA)提出个人隐私保护,沟通协作,社会参与等五维度

---

① P. Gilster, *Digital Literacy*, New York: Wiley, 1997, pp.25—48.

数字素养框架,启动"联邦数字素养行动"。2014年,英国联合信息系统委员会(JISC)提出《数字素养模型》。同年,澳大利亚发布《国家数字素养计划》,旨在全面提高澳大利亚公民的数字素养水平,增强其在数字经济中的竞争力。这一阶段的数字素养框架也称为"数字能力框架",以"数字素养行动"和"数字议程"的方式,通过国家力量推动。数字素养已成为各国教育和政策的重要组成部分。

（二）全球数字素养框架完善和扩展时期（2015—2017年）

2015年开始,加拿大发布《数字素养教育框架》,进一步推动数字素养教育的本地化实践。2016年,加拿大修订了该框架,将高中阶段纳入其中,提出小学到高中各个阶段的学生所应具备的数字能力,并进一步明确了数字素养的内涵。德国则推出《青少年数字素养框架》,数字素养框架评估对象从全体公民细化到青少年,体现了德国对青少年数字能力培养的重视。

2016年,欧洲数字素养框架进一步深化和完善。欧盟推出《欧洲公民数字素养框架2.0》,标志着数字素养框架指标体系的全面化和细致化,数字素养框架能更好地应对新兴技术和不断变化的社会需求。

2017年,全球范围内的数字素养框架和宣言进一步推动数字素养框架的发展。国际图联(ITU)发布《国际图书馆协会和机构联合会数字素养宣言》,标志着数字素养的培养和提升已经成为国际社会的共识。

（三）全球化与多样化的数字素养框架发展（2018—2020年）

2018年,联合国教科文组织发布《全球数字素养框架》,这是数字素养在全球范围内得到广泛认同的标志性文件。该框架提出了全球范围内数字素养的基本标准,强调了不同文化背景下的适应性。同年,瑞典将数字技能纳入义务教育和高中课程,新加坡推出《数字化就绪蓝图》。这些文件体现了各国在教育领域对数字素养的重视,并将其纳入全国性课程体系中。

2019年,荷兰发布《中小学生数字素养学习框架》,专注于在中小学阶段培养学生的数字技能。这表明数字素养教育的重心向更低年龄段延伸,从小培养学生在数字世界中的适应能力。

2020年,英国发布《数字素养技能框架》,这是英国在推动全国范围内数字技能提升的重要举措。同年,澳大利亚发布《未来技能框架》,着眼于未来社会对技能的需求,特别是数字技能的培养,以应对全球数字经济的发展趋势。

（四）数字素养框架在中国的发展

2020 年,我国颁布"十四五"规划和二〇三五年远景目标,提出"要加快数字化发展,提升全民数字技能"。2022 年,中央网信办等四部门印发《2022 年提升全民数字素养与技能工作要点》,提出要"提升劳动者数字工作能力,促进全民终身数字学习"。2023 年,我国教育部发布《教师数字素养》,在推进国家教育数字化行动过程中,推出教育行业标准,为教师行业的数字素养提供参考依据。《教师数字素养》的颁布,是中国在数字素养框架制定方面的里程碑。同时,学者提出《公务员数字素养》,标志着我国数字素养框架的覆盖范围的扩大。

2004 年,伊谢特-阿尔卡莱首次提出数字素养五个维度。	2010 年欧盟开始启动"欧洲公民数字素养框架"项目;美国联邦通信委员会提出实施国家数字素养工程的建议。
2012 年,伊谢特-阿尔卡莱构建六维度数字素养框架;同年,墨西哥实施《墨西哥数字议程》。	2013 年,欧盟发布《欧盟数字素养框架》;美国实施"联邦数字素养行动"。
2014 年,英国 JISC 发布《数字能力框架》。	2015 年,加拿大发布《数字素养教育框架》,2016 年扩大到小学至高中范围。
2016 年,欧盟发布《欧洲公民数字素养框架2.0》。德国发布《青少年数字素养框架》。	2017 年,国际图联(ITU)发布《数字素养宣言》。欧盟颁布《欧洲公民数字素养框架2.1》。欧盟颁布《教育工作者数字素养框架》。
2018 年,联合国教科文组织发布《全球数字素养框架》。瑞典将数字技能纳入义务教育和高中课程;新加坡推出《数字化就绪蓝图》。	2019 年,荷兰发布《中小学生数字素养学习框架》。
2020 年,英国发布《数字素养技能框架》;澳大利亚发布《未来技能框架》。	2022 年,中央网信办等印发《提升全民数字素养与技能工作要点》。
2023 年,我国教育部发布《教师数字素养》。	学者提出《公务员数字素养》,标志着我国数字素养框架覆盖范围扩大。

图 1.7 数字素养框架发展史

资料来源:作者自绘。

从 2011 年到 2023 年的数字素养框架发展史展示了全球范围内对数字素养的日益重视。从欧盟和美国等发达国家的率先行动,到墨西哥和澳大利亚等国的积极响应,再到联合国教科文组织等国际组织的推动,数字素养已成为全球教育体系中不可或缺的一部分。随着人工智能和信息技术的迅速发展,数字素养的内涵不断丰富和深化。各国通过制定和实施数字素养框架,旨在提升全民的数字技能。然而,纵观所有数字素养框架,当前仍然缺少老年人数字素养框架和评估体系。

二、欧盟数字素养框架及其演进

（一）欧盟数字素养框架体系演进

2010年,欧盟委员会(European Commission)发起"欧盟数字能力框架(Digital Competence Framework)"项目,着手构建数字能力框架。从2013年到2022年,数字能力框架(也称为DigComp)的版本从DigComp1.0更新到2.0、2.1和2.2,一级指标和二级指标均不断完善和深化。

从表1.2可以看出,最初的DigComp1.0版本包括五个一级指标:信息域、交流域、内容创建域、安全意识域和问题解决域。1.0版本主要聚焦于基本的数字能力,涵盖信息处理、数字交流、内容创造、安全和问题解决五个方面的基本技能。

2016年,欧盟委员会将DigComp1.0版本更新为2.0版本,一级指标调整为信息和数据素养、交流和协作、数字内容创作、安全以及问题解决。2.0版本与1.0版本相比,在信息、交流、数字内容创作、安全和问题解决的基础上,强调了数字协作的重要性。

2017年,欧盟委员会推出DigComp2.1版本,保持了与2.0版本相似的一级指标维度,但推进了二级指标体系中具体数字技能的深度和广度。DigComp2.1版本对信息、交流、内容创建、安全意识和问题解决这五个维度进行重新审视和定义,以确保其与快速变化的数字环境相适应。

2022年,欧盟委员会发布最新的DigComp2.2版本,继续深化信息和数据、沟通与合作、数字内容创作、安全和问题解决的框架。DigComp2.2版本在前几个版本的基础上,进一步整合了最新的技术和社会发展趋势,对二级指标及指标含义进行了最新阐释,确保框架能够有效地指导欧盟成员国提升公民的数字能力。

表 1.2　欧盟数字素养框架体系及其演进

主体	框架名称	一级指标	发布时间
欧盟委员会	DigComp1.0	信息域	2013年
		交流域	
		内容创建域	
		安全意识域	
		问题解决域	

主体	框架名称	一级指标	发布时间
欧盟委员会	DigComp2.0	信息和数据素养	2016 年
		交流和协作	
		数字内容创作	
		安全	
		问题解决	
	DigComp2.1	信息	2017 年
		交流	
		内容创建	
		安全意识	
		问题解决	
	DigComp2.2	信息和数据	2022 年
		沟通与合作	
		数字内容创作	
		安全	
		问题解决	

资料来源:作者自制。

(二)欧盟数字素养框架二级指标的内容

以 DigComp2.0 版本为例,欧盟委员会数字素养框架包括五个一级指标。每个维度包括若干二级指标。五个一级指标分别是:信息素养与数据素养;沟通与协作;数字内容创作;问题解决和安全。合计包括 21 个二级指标,也即 21 种数字能力。

表 1.3 欧盟委员会数字能力框架 2.0 要求的 21 种数字能力

一级指标	二级指标(数字能力)
信息素养与数据素养	查找相关商品或服务信息; 寻找与健康相关的信息; 阅读在线新闻网站、报纸或杂志; 核实网络信息及其来源

一级指标	二级指标(数字能力)
沟通与协作	发送或接收电子邮件； 通过互联网打电话或视频通话； 即时通信； 参与网络社交； 在网站或社交媒体上就公共事件或政治问题发表意见； 参与在线协商或投票
数字内容创作	使用文字处理软件； 使用电子表格软件； 编辑照片、视频或音频文件； 在文件夹、设备或云端之间复制或移动文件 创建包含文本、图片、表格、图表、动画和声音等多种元素的文件； 使用电子表格软件的高级功能来组织、分析或修改数据； 使用编程语言编写代码
问题解决	下载和安装软件或应用； 更改软件、应用或设备的设置； 网上购物(过去 12 个月内)； 网上销售； 使用在线学习资源； 网上银行； 寻找工作
安全	检查提供个人数据的网站是否安全，以管理对个人数据的访问； 阅读隐私声明来管理对个人资料的访问； 限制或拒绝访问地理位置，以管理对个人数据的访问； 限制访问社交网站上的个人资料或内容来管理对个人数据的访问； 拒绝将个人数据用于广告，以管理对个人数据的访问； 更改浏览器的设置，以防止或限制任何应答设备上的缓存

资料来源：刘晓峰等：《迈向教育数字化转型的欧盟四版公民数字能力框架：演进、比较、特点和启示》，https://dys.njnu.edu.cn/info/1122/13338.htm，2023-11-24。

三、英国 JISC 数字素养发展框架

2013 年，英国 JISC 发布"数字能力框架"。到 2018 年，数字能力框架历经数次修订，发展为"数字素养发展框架"(Developing digital literacies)。一级指标体系包括七个方面。

一是媒介素养。媒介素养强调通过各种媒体进行学术和专业交流的重要性。现代社会中，媒体形式多样，从传统的文本、图像到现代的音视频，甚至是虚拟现实等。掌握媒介素养不仅要求个人能够理解和评估媒

体内容,还需要他们能够创造性地使用这些媒体进行表达和交流。

二是沟通与协作。沟通与协作维度强调通过数字网络进行学习和研究的能力。随着互联网的普及,数字网络已经成为获取信息、交流思想、合作研究的重要平台。英国 JISC 数字素养发展框架对沟通与协作非常重视,认为掌握这项技能意味着个人能够有效地利用网络资源,与他人进行高效的沟通和协作。

三是信息素养。信息素养是指个人查找、解释、评估、管理和共享信息的能力。这包括从多种信息源中查找有用信息,理解信息的意义,评估其可信度和价值,合理管理信息,并在合适的场合与他人共享。

四是职业与身份管理。职业与身份管理涉及管理个人的数字声誉和在线身份。随着社交媒体和其他在线平台的普及,个人的在线行为和形象越来越受到关注。有效管理在线身份不仅可以保护个人隐私,还可以提升个人的专业形象和声誉。

五是数字学习。数字学习强调参与依赖数字系统的新兴学术、专业和研究实践。数字技术的发展带来了新的学习和研究方式,如在线课程、虚拟实验室和远程协作等。

六是学习技能。学习技能是指在技术丰富的环境中有效学习的能力,包括正式和非正式的学习。现代技术提供了丰富的学习资源和工具,个人需要能够灵活运用这些资源,进行自我导向的学习,提升学习效果和效率。

七是 ICT 素养。ICT(信息和通信技术)素养是指采纳、适应和使用数字设备、应用程序和服务的能力。ICT 素养较高意味着个人能够熟练使用各种数字工具,提升工作和学习效率。

表 1.4　数字素养发展框架指标维度及其描述

指标维度	指标描述
媒介素养	认真阅读并创造性地通过各种媒体进行学术和专业交流
沟通与协作	参加数字网络进行学习和研究
信息素养	查找、解释、评估、管理和共享信息
职业与身份管理	管理数字声誉和在线身份
数字学习	参与依赖数字系统的新兴学术、专业和研究实践
学习技能	在技术丰富的环境中有效学习和学习,正式和非正式
ICT 素养	采纳、适应和使用数字设备、应用程序和服务

资料来源:作者自制。

四、联合国数字素养框架

联合国教科文组织在 2018 年发布了《全球数字素养框架》①，旨在建立统一的数字素养评估框架，助力全民融入数字社会。联合国教科文组织对数字素养框架的制定经历了四个阶段，分别是：文献回顾阶段、初始构建阶段、草案形成阶段和审查验证阶段。在文献回顾阶段，联合国教科文组织进行数字素养的相关概念梳理，并建立"媒介素养—信息素养—数字能力—数字素养"的概念流演变路径构建。在初始构建阶段，联合国教科文组织以欧盟数字素养框架为蓝本，综合各国的素养框架，研究各个国家和组织的数字素养评估框架的共同点和不同点，对其共性和差异性进行总结和归纳。在草案形成阶段，联合国教科文组织以具体案例验证的形式，进行低推理映射，形成较为完整的框架结构。在审查验证阶段，联合国教科文组织召集专家进行磋商和访谈，对指标体系进行多轮筛选，最终形成成熟的数字素养全球框架。

联合国教科文组织认为，数字素养是指"通过数字设备和网络技术，安全适当地访问、管理、理解、集成、通信、评估和创造信息的能力。这些能力包括计算机素养、信息和通信技术素养、信息素养和媒介素养"。联合国教科文组织制定的《全球数字素养框架》包括 7 个具有递进关系的素养域和 26 个具体素养。

表 1.5　联合国教科文组织制定的《全球数字素养框架》

素养域	具体素养
0. 操作域	0.1　数字设备的物理操作 0.2　数字设备的软件操作
1. 信息域	1.1　浏览、搜索和过滤数据、信息和数字内容 1.2　评估数据、信息和数字内容 1.3　管理数据、信息和数字内容
2. 交流域	2.1　通过数字技术交流 2.2　通过数字技术共享 2.3　通过数字技术获得公民身份 2.4　通过数字技术合作 2.5　网络礼仪 2.6　管理数字身份

① 吕建强：《数字素养全球框架研究及其启示》，《图书馆建设》2020 年第 2 期，第 119—125 页。

续表

素养域	具体素养
3. 内容创作域	3.1 开发数字内容 3.2 整合和重新阐释数字内容 3.3 版权与授权 3.4 程序设计
4. 安全伦理域	4.1 保护设备 4.2 保护个人数据和隐私 4.3 保护健康与福祉 4.4 保护环境
5. 问题解决域	5.1 解决技术问题 5.2 确定需求和技术反应 5.3 创造性地使用数字技术 5.4 识别数字能力差距 5.5 计算思维
6. 职业相关域	6.1 为特定领域操作专门的数字技术 6.2 解释特定领域的数据、信息和数字内容

资料来源：UNESCO Institute for Statistics(UIS)，2018c。转引自吕建强：《数字素养全球框架研究及其启示》，《图书馆建设》2020 年第 2 期，第 123 页。

五、我国《提升全民数字素养与技能行动纲要》框架

2021 年 10 月，中央网络安全和信息化委员会印发《提升全民数字素养与技能行动纲要》(以下简称《行动纲要》)，对提升全民数字素养与技能做出安排部署。《行动纲要》定义数字素养与技能为"数字社会公民学习工作生活应具备的数字获取、制作、使用、评价、交互、分享、创新、安全保障、伦理道德等一系列素质与能力的集合"。《行动纲要》秉持发展为了人民、依靠人民的理念，关注重点人群的需求和期待，厚植我国发展新优势。

《行动纲要》指出："数字素养是一个融合了自然科学数字、人文科学及社会科学等多个学科的一个开放性的综合性概念，是人们适应数字化外部环境所拥有的数字理念及其必备品质与关键技能，是数字思维、数字知识、数字行为、数字技能等维度的集成体。数字素养框架不仅应该包括数字获取、制作、使用、评价、交互、分享、创新、安全保障、伦理道德等内容，而且应该包括知识、技能、态度、情感、价值观等维度。"这是我国官方文件中第一次清晰界定"数字素养"，也反映了我国对国内外数字素养和

数字技能概念的概括和总结。①

六、我国教育部《教师数字素养》框架

2023 年,我国教育部发布的《教师数字素养》框架指出,教师数字素养是指"教师适当利用数字技术获取、加工、使用、管理和评价数字信息和资源,发现、分析和解决教育教学问题,优化、创新和变革教育教学活动而具有的意识、能力和责任"。《教师数字素养》框架包括五个一级指标、十三个二级指标和 33 个三级指标②。

五个一级指标,即数字化意识、数字化技术知识与技能、数字化应用、数字社会责任、专业发展。其中,数字化意识包括三个二级指标,分别是:数字化认识、数字化意愿和数字化意志。数字技术知识与技能一级指标下包含两个二级指标,分别是数字技术知识和数字技术技能。数字化应用一级指标下包括数字化教学全过程所需要具备的数字素养,分为四个方面:数字化教学设计、数字化教学实施、数字化学业评价和数字化协同育人。数字社会责任一级指标注重法律道德和数字安全,分为两个二级指标,分别是:法治道德规范和数字安全保护。专业发展一级指标则关注教师自身的发展和创新能力,下含两个二级指标:数字化学习与研修;数字化教学研究与创新。教育部发布的《教师数字素养》框架如表 1.6 所示。

表 1.6　《教师数字素养》框架

一级维度	二级维度	三级维度
数字化意识	数字化认识	理解数字技术在经济社会及教育发展中的价值
		认识数字技术发展对教育教学带来的机遇和挑战
	数字化意愿	主动学习和使用数字技术资源的意愿
		开展教育数字化实践、探索、创新的能动性
	数字化意志	战胜教育数字化实践中遇到的困难和挑战的信心与决心
数字技术知识与技能	数字技术知识	常见数字技术的概念、基本原理
	数字技术技能	数字技术资源的选择策略
		数字技术资源的使用方法

① 汪庆怡:《从欧盟数字素养框架(DigComp2.2)论全民数字素养的提升》,《图书馆杂志》2023 年第 3 期。
② 教育部发布的《教师数字素养》框架。

续表

一级维度	二级维度	三级维度
数字化应用	数字化教学设计	开展学习情况分析
		获取、管理与制作数字教育资源
		设计数字化教学活动
		创设混合学习环境
	数字化教学实施	利用数字技术资源支持教学活动组织与管理
		利用数字技术资源优化教学流程
		利用数字技术资源开展个别化指导
	数字化学业评价	选择和运用评价数据采集工具
		应用数据分析模型进行学业数据分析
		实现学业数据可视化与解释
	数字化协同育人	学生数字素养培养
		利用数字技术资源开展德育
		利用数字技术资源开展心理健康教育
		利用数字技术资源开展家校协同共育
数字社会责任	法治道德规范	依法规范上网
		合理使用数字产品和服务
		维护积极健康的网络环境
	数字安全保护	保护个人信息和隐私
		维护工作数据安全
		注重网络安全防护
专业发展	数字化学习与研修	利用数字技术资源持续学习
		利用数字技术资源支持反思与改进
		参与或主持网络研修
	数字化教学研究与创新	开展数字化教学研究
		创新教学模式与学习方式

资料来源:教育部发布的《教师数字素养》框架。

37

七、我国公务员数字素养指标体系

在我国政府数字化转型背景下,学者们研究了公务员数字素养指标体系。其内容如表1.7所示。分为六个一级指标和二十个二级指标。公务员数字素养指标体系与教师数字素养框架相比,增加了公务员所特别需要具备的内部治理域和外部协同域等二个一级指标。

其中,技术域涵盖了公务员对数字技术的认知、应用和评估能力。公务员需要熟悉大数据、人工智能、区块链和云计算等前沿技术,并能够有效利用这些技术工具提高工作效率。此外,评估技术应用效果并提出改进建议也是公务员的重要能力。

信息域强调公务员的信息获取、处理、发布和安全能力。公务员需要快速获取和整理信息,通过分析和加工提取有用信息以支持决策。同时,信息发布的准确性和及时性以及信息安全的保护措施都是公务员需要具备的基本素养。

交流域注重公务员利用数字化工具进行有效沟通和协作的能力。公务员应能够通过数字化工具进行内部和外部的沟通,确保信息传递的准确性,并与同事和相关部门进行协同合作,及时回应公众和企业关注的问题。

内部治理域涵盖公务员的数字化学习、管理、政务公开和服务优化能力。公务员需要不断通过数字资源进行学习,利用数字化手段进行行政管理,确保政务公开的透明度,并优化政府服务以提高公众满意度。

安全域强调信息保护、应急响应和风险管理。公务员需要具备保护个人信息和机构数据安全的意识和能力,能够快速响应信息安全事件,并制定和实施有效的风险管理计划。

外部协同域涵盖政企合作、公共服务和国际交流能力三个方面的技能。公务员应具备与企业合作推动数字经济发展的能力,通过数字平台提供高效的公共服务,并利用数字技术进行国际交流与合作,推动全球治理。《公务员数字素养框架》如表1.7所示。

表1.7 《公务员数字素养框架》

一级指标	二级指标	指标说明
技术域	技术认知	熟悉大数据、人工智能、区块链、云计算等数字技术及其发展前景
	技术应用	能够有效利用各种办公软件及数据分析工具,提高工作效率
	技术评估	具备评估和优化数字技术应用效果的能力,能够提出改进建议

续表

一级指标	二级指标	指标说明
信息域	信息获取	具备快速获取和整理信息的能力,能够利用多种渠道收集有价值的信息
	信息处理	能够对信息进行分析和加工,从中提取有用的信息,支持决策
	信息发布	了解如何通过适当渠道发布信息,确保信息的准确性和及时性
	信息安全	具备信息安全意识,能够采取有效措施保护信息安全
交流域	交流沟通	能够利用数字化工具进行有效的沟通和交流,确保信息传递的准确性和及时性
	协同合作	具备与同事及相关部门进行数字化协同工作的能力,能够共同完成工作任务
	对外联系	具备利用数字工具与公众、企业进行沟通和联系的能力,能够有效回应公众关切
内部治理域	数字化学习	具备利用数字资源进行自我学习和提升的能力,不断更新知识结构
	数字化管理	能够利用数字化手段进行行政管理,提高工作效率和管理水平
	政务公开	了解如何通过数字平台进行政务公开,确保信息透明
	服务优化	具备利用数字技术优化政府服务的能力,提高公众满意度
安全域	信息保护	具备保护个人信息和机构数据安全的意识和能力,采取有效措施防止信息泄露
	应急响应	能够快速响应信息安全事件,采取有效措施进行应对,减少损失
	风险管理	具备识别和评估数字化风险的能力,能够制定和实施风险管理计划
外部协同域	政企合作	具备与企业进行数字化合作的能力,共同推动数字经济发展
	公共服务	了解如何通过数字平台提供高效的公共服务,提高公众获得感
	国际交流	具备利用数字技术进行国际交流和合作的能力,推动全球治理

资料来源:作者根据相关资料整理。

第四节　研究内容和特色创新

一、研究内容

本书的研究内容是老年人数字技能提升。当前,我国已经进入数智时代。数智时代是指数字化与智能化结合的时代。其本质是万物互联,包括三个层次:第一层次是连接;第二层次是数据价值提炼;第三层次是效率应用赋能,数据的价值落地到应用场景。数智技术、数智装置、数智应用、数智理念、数智思维和数智逻辑不断嵌入与拓展到老年人生活的各个方面。

欧盟和联合国构建了全民数字素养框架,我国教育部发布了《教师数字素养框架》。然而,我国至今缺乏针对老年人和适合老年人的数字素养框架,也无针对老年人数字素养与技能进行评估和分级的大型调查,尚无对老年人数字素养与技能提升的研究。**本书将构建数智时代具有中国特色的本土化老年人数字技能指标体系,基于全国性的大型调查,对老年人数字技能进行评估,设计老年人数字技能提升方案,提出政策建议。**

第一部分,进行理论研究。阐述研究背景和意义;国内外研究综述;研究内容、思路和方法;创新之处;阐述老年人数字技能相关概念和理论基础。

第二部分,通过调查,构建我国老年人数字技能指标体系和评估模型,分析调查结果。包括:我国老年人多维数字技能指标体系和模型构建;我国老年人多维数字技能影响因素分析;我国老年人数字技能评估结果分析。

第三部分,进行我国老年人数字技能提升方案设计,构建面向老年人的数字技能提升政策支持系统。分为:数字技能分级提升课程体系;数字技能提升培育设施设备;数字技能提升服务保障;数字技能提升考核激励。

第四部分,构建面向教授者的数字技能提升政策支持系统。分为:面向教授者的数字技能提升的劳动收入补助;面向教授者的数字技能提升的精神物质激励;面向教授者的数字技能提升的教学能力培养;面向教授者的数字技能提升的其他配套措施。

第五部分,老年人数字技能提升长效机制建设。包括:大兴调查,做好全国范围内老年人数字素养调查和评估机制完善;加强激励,增强老年人提升数字素养和数字技能的主观能动性;配套政策,提升青年志愿者和老年朋辈的教学技能和教学积极性;协同治理,发挥政府部门、企业、社会组织和社区的合作力量。

二、研究创新

(一)理论创新

近年来国内对数字素养的关注日渐增多,但相关研究仍不充分,往往是对部分国家数字素养教育进展的评述,或是对相关数字素养框架的纵向剖析,缺少对整个研究领域的全面了解。

1. 构建本土化老年人数字技能模型,弥补我国当前尚无老年人数字技能评估框架的不足

截至目前,国内外已有研究构建了全民数字素养框架,我国教育部发布了《教师数字素养》框架,但唯独老年人数字素养框架仍是空白。老年人与教师、图书馆员以及青年学生等不同,具有独特的特点,不能套用《提升全民数字素养与技能行动纲要》框架或者《教师数字素养》框架,亟须构建一套完全适合老年人的多维数字素养框架,形成老年人多维数字技能评估模型。本书探索构建的本土化老年人多维数字技能模型包括五个维度:老年人信息和数据技能维度、沟通与合作技能维度、数字内容创造技能维度、安全与保护技能维度、数字问题解决技能维度。模型的构建为老年人数字技能评估找到一套方法和技术指标,有助于加快老年人数字素养与技能提升。

2. 对老年人数字技能进行分级,并构建起五级方案,为老年人数字技能提升提供一套标准体系

本书将老年人数字技能分为五级,分别是:一级、二级、三级、四级和五级。老年人数字技能分级的依据是十五个二级指标的得分,并依据 AHP 方法构建指标权重。根据对目标层"老年人数字技能"的重要性排序,十五个二级指标及其权重分别是:使用聊天软件交流(权重为0.2229);利用数字工具分享(权重为0.1422);识别网络安全风险(权重为0.1199);使用网络查阅信息和数据(权重为0.0940);保护个人数据隐私(权重为0.0790);利用网络购物就医(权重为0.0735);利用数字工具参与(权重为0.0583);辨别网络信息和数据真伪(权重为0.0550);避免网络信

息诈骗(权重为 0.0520);发布朋友圈或微博(权重为 0.0400);利用网络提升自我(权重为 0.0227);制作网络短小视频(权重为 0.0174);存储网络信息数据(权重为 0.0121);利用网络诊断问题(权重为 0.0069);利用网络平台直播(权重为 0.0044)。运用权重对十五个二级指标得分加总,可以获得每个老年人的数字技能得分。此外,对五个一级指标下的二级指标也运用 AHP 方法进行权重计算,最后加总每个一级指标的得分。根据得分,将老年人数字技能划分为一级(0,0.2];二级(0.2,0.4];三级(0.4,0.6];四级(0.6,0.8];五级(0.8,1.0]。

(二) 实践创新

本书立足数智时代,旨在构建一套本土化的老年人多维数字技能指标体系和评估模型,对老年人数字技能进行评估和分级,针对老年人不同数字能力级别制定提升方案,构建政策体系,推动老年人数字素养与技能提升,促进数字中国战略的实现。实践创新主要体现为两个方面。

1. 聚焦"数字中国战略",通过构建老年人多维数字技能指标体系和评估模型,有助于推动老年人数字素养与技能的提升

本书侧重老年人数字素养与技能提升,构建的指标体系和提升方案有助于帮助近 3 亿多老年人提高数字素养和技能。在数字技能指标体系的设置方面,贴近老年人的实际生活情况和需要,紧密围绕老年生活所必须具备的数字技能,设置数字技能指标体系,从而提出具有可行性和时效性的技能提升措施和方案,更加具有个性和针对性。

2. 有助于完善老年人数字素养和技能提升的政策体系构建

已有研究侧重于全民数字素养和教师数字素养以及学生数字素养等,从政策设计的视角对老年人数字素养和技能研究较为缺乏。本书致力于从政策设计视角探索构建老年人数字素养和技能提升政策支持系统,有助于进一步完善老年人数字素养和技能提升的政策体系构建。

第二章

概念界定和理论基础

第一节　概　念　界　定

一、数字化社会

数字化、网络化、大数据、人工智能等当代信息科技的快速发展和广泛应用，孕育了"数字化社会"，它可以被理解为一个由信息技术革命驱动的社会形态，其中信息和通信技术（ICT）在经济、政治、文化和社会生活的各个方面发挥着核心作用。[①]这种社会形态不仅体现在技术层面的变革上，也深刻影响着人类的交往方式、组织结构以及社会关系的构建。[②]"数字化社会"主要具备以下特征：

技术基础与社会转型：数字化社会是基于新一代信息技术的发展而形成的，这些技术包括但不限于互联网、大数据、人工智能等。这些技术的应用推动了社会从传统工业社会向信息社会的转型，这一过程中，数字化成为推动经济发展和社会进步的重要动力。[③]

社会结构与互动模式的变化：数字化社会的一个显著特征是社会结构和互动模式的变革。信息技术的应用促进了网络化、去中心化的社会组织形式的出现，同时也改变了人们之间的交流和合作方式。[④]这种变化不仅

---

① 蔡曙山:《论数字化》,《中国社会科学》2001 年第 4 期。

② 王飞跃:《社会计算与数字网络化社会的动态分析》,《科技导报》2005 年第 9 期。

③ 陈晓红、李杨扬、宋丽洁、汪阳洁:《数字经济理论体系与研究展望》,《管理世界》2022 年第 2 期。

④ A. Sundararajan, F. Provost et al., "Research Commentary—Information in Digital, Economic, and Social Networks", *Information Systems Research*, 2013.

体现在经济活动中,也深刻影响着政治、文化和社会生活的各个方面。

信息主体的角色转变:在数字化社会中,信息主体的角色发生了显著变化。传统的以物质资源为主导的社会逐渐转向以知识和信息为核心的社会,这要求个体具备更高的信息素养和能力。同时,随着数字技术的发展,新的信息主体——如"信息人"——开始出现,他们在社会活动中扮演着越来越重要的角色。①

治理与伦理挑战:数字化社会的快速发展也带来了治理和伦理上的挑战。随着大数据的应用,虽然可以提升社会治理的科学性、预测性和准确性,但同时也带来了信息孤岛、信息泄露和信息犯罪等风险。②这些风险不仅威胁到个人隐私,也对社会的稳定构成挑战。此外,数字空间的特殊性形成了数字弱势群体,例如老年人和数字技术发展较为落后地区的民众,这些人面临着巨大的数字鸿沟,形成了数字化社会排斥,从而造成了数字不平等问题。

"数字化社会"的主要组成部分包括:数字基础设施——高速互联网、云计算平台、物联网设备等,它们构成了数字社会的设备基础;数字经济——通过电子商务、金融科技、智能制造等实现经济活动的数字化;数字政府——政府利用数字技术提升公共服务效率和透明度,实现智慧城市管理等数字化治理;数字教育——通过在线教育平台和数字化教学资源,实现教育资源的共享和个性化教育;数字医疗——利用远程医疗、电子健康档案等技术提升医疗服务水平和可及性;数字文化——通过数字技术传播和保护文化遗产,促进文化交流和创新等。

总之,数字化社会是一个利用数字技术和信息通信技术来提升社会运行效率、改善生活质量、促进经济发展和社会进步的社会形态。它具有信息化、互联互通、智能化、共享经济、数字化服务和创新驱动等特征,但同时也面临技术挑战、社会公平、法律和伦理等方面的问题。

二、智慧养老

智慧养老是一种结合了现代信息技术和智能设施的新型养老服务模

---

① Yu A. Chernavin, "Digital Society: Theoretical Outlines of the Emerging Paradigm", *Digital Sociology*, 2021.

② 肖中华、邹雄智:《大数据时代社会治理面临的风险、成因及防范策略》,《企业经济》2020 年第 5 期。

式,通过运用物联网、云计算、大数据、人工智能等现代信息技术,为老年人提供全方位、多层次、个性化的养老服务和解决方案,旨在提升养老服务的质量和效率,改善老年人的生活质量和幸福感,以应对人口老龄化带来的挑战。它不仅依托于传统养老服务体系,更是对传统养老服务体系的升级和创新。①智慧养老主要具备以下特征:

技术支持与创新:智慧养老依托于现代信息技术的发展,特别是互联网、大数据、移动通信技术和人工智能等。这些技术的应用不仅提供了技术支持和动力,还促进了养老服务的智能化、信息化升级。②

资源整合与优化配置:智慧养老通过整合个人(家庭)、政府(社区)、机构与各项健康养老资源,实现资源的有效对接和优化配置。这种资源的整合有助于解决养老服务领域严峻的供需矛盾。③

社会参与与协同治理:智慧养老的发展需要政府、市场和社会的协同治理。这包括政策支持、资金保障及人才培育等方面的支持。④同时,智慧养老也需要多方主体的参与,明确主体间的责任及义务,形成合力。

精细化与个性化服务:在数字经济新技术的驱动下,中国智慧养老应用场景进一步明确与丰富,智慧养老呈现精细化发展趋势;智慧养老根据每位老年人的健康状况、生活习惯、兴趣爱好等,提供定制化的服务和护理计划。

智慧养老的主要组成部分包括:智能健康管理——利用可穿戴设备、智能医疗设备等,实时监测老年人的健康状况,提供健康评估和管理服务;智能家居——通过智能家居设备,提升老年人的居住环境安全性和舒适性,如智能门锁、智能照明、智能家电等;远程医疗——通过远程医疗平台,提供在线问诊、健康咨询、慢病管理等服务,方便老年人就医;紧急救援——配备紧急呼叫系统和定位设备,及时响应老年人的紧急求助,提供快速救援服务;社交娱乐——通过智能设备和平台,提供丰富的社交和娱乐活动,促进老年人的社会参与和心理健康;生活照护——利用智能设备

---

① 杨芳:《智慧养老发展的创新逻辑与实践路向》,《行政论坛》2019 年第 6 期。

② 彭聪:《中国智慧养老内涵及发展模式研究》,《广西社会科学》2021 年第 1 期。

③ 任国征、徐晓娜:《构建智慧养老服务体系的建议》,《中国国情国力》2020 年第 10 期。

④ 吴雪:《"十四五"我国智慧养老发展的态势分析与实现路径》,《经济体制改革》2022 年第 3 期。

和系统,提供日常生活照护服务,如饮食管理、洗浴照护、家务协助等。

在我国,智慧养老的发展经历了从起步到逐步完善的过程。自 2012 年起,我国开始推行"智慧城市"建设,将"智慧城市"的发展理念引入养老服务领域,提出了"智慧养老"的新型养老服务发展模式。①2023 年,国务院印发《关于积极推进"互联网+"行动的指导意见》,明确提出要"促进智慧健康养老产业发展"。2017 年,国务院发布了《关于推进智慧健康养老发展的行动计划(2017—2020 年)》,标志着智慧养老正式成为国家战略的一部分。这一政策的出台,展示了中央政府对信息化、数字化社会建设的决心,也为智慧养老产业的发展提供了政策支持和指导。

在实践中,我国智慧养老的发展呈现出多样化的模式,包括智慧居家养老服务、智慧社区养老服务和智慧机构养老服务等。②这些模式的实施,不仅提升了养老服务的质量和效率,也提高了老年人的生活质量。未来,随着人工智能、大数据、区块链、云计算等新一代信息技术的不断发展,智慧养老在我国将迎来更加广阔的发展前景。

三、老年人数字技能

2021 年 10 月,中央网络安全和信息化委员会印发《提升全民数字素养与技能行动纲要》,对提升全民数字素养与技能作出安排部署。纲要指出,数字素养与技能是数字社会公民学习工作生活应具备的数字获取、制作、使用、评价、交互、分享、创新、安全保障、伦理道德等一系列素质与能力的集合。③这是中央层面对公民数字素养与技能作出的定义。

但是在学术界,对于如何定义数字技能,现阶段并未形成共识。时燕妮④和易法敏等人认为数字技能与信息能力、数字能力和数字素养等概念在核心上是一致的,指的是在工作、学习、娱乐和日常生活中,主动并富

---

① 席恒、任行、翟绍果:《智慧养老:以信息化技术创新养老服务》,《老龄科学研究》2014 年第 7 期。

② 金昱希、林闽钢:《智慧化养老服务的革新路径与中国选择》,《兰州大学学报》(社会科学版)2021 年第 5 期。

③ 中央网络安全和信息化委员会:《提升全民数字素养与技能行动纲要》,2021 年 11 月。

④ 时燕妮、石映辉、吴砥:《面向未来教育的新能力发展:ICT 素养内涵、演化及其启示》,《比较教育研究》2018 年第 3 期。

有创造性地应用数字技术的能力。①②

　　本书认为,数字技能是指在数字化时代,个人或组织为了有效使用数字技术、适应数字社会生活而必须具备的一系列能力。这些技能使人们能够利用数字设备和工具来获取、处理、分析和呈现信息,并在数字世界中进行有效沟通和协作。除了掌握和运用数字技术的能力,数字技能也应涵盖适应数字社会生活的情感、态度、素质与价值观。③相应地,老年人数字技能是指老年人群体在数字环境中有效使用数字技术的能力,主要包括以下五大能力:

　　数字信息处理能力:老年人需要能够有效地处理和管理数字信息,这包括使用电子邮件、社交媒体和其他在线平台来接收和发送信息④,还包括使用数字设备搜索与查询信息;

　　数字沟通协作能力:老年人应该能够有效地与他人进行数字互动,包括通过视频通话软件与家人和朋友保持联系⑤,以及在线参与社区活动乃至与他人进行数字协作完成一定的工作任务;

　　数字安全管理能力:随着网络犯罪的增加,老年人需要了解如何保护自己的个人信息不被泄露或被滥用。这包括设置强密码、识别钓鱼邮件和欺诈性网站等⑥;

　　数字自主学习能力:鉴于技术的快速发展,老年人需要具备一定的自主学习能力,以便能够跟上新技术的学习和应用。这包括了解如何更新软件、管理应用程序以及如何利用在线资源进行自我教育;⑦

---

① 易法敏:《数字技能、生计抗逆力与农村可持续减贫》,《华南农业大学学报》(社会科学版)2021年第3期。

② 王玉娟、黄思佳:《农户数字技能赋能乡村振兴:理论机理与实证检验》,《决策与信息》2024年第6期。

③ 刘晓、刘铭心:《数字技能:内涵、要素与培养路径——基于国际组织与不同国家的数字技能文件的比较分析》,《河北师范大学学报》(教育科学版)2022年第6期。

④ Susana Agudo-Prado, María de los Ángeles Pascual-Sevillana et al., "Uses of Digital Tools among the Elderly", 2012.

⑤ A. Sixsmith, Becky R. Horst et al., "Older People's Use of Digital Technology during the COVID-19 Pandemic", *Bulletin of Science*, *Technology* & *Society*, 2022.

⑥⑦ 李媛:《老年人数字化学习能力结构研究》,华东师范大学2022年硕士学位论文。

数字创新应用能力：老年人应该学会如何利用数字技术来提高生活质量，例如使用智能家居设备来提高生活便利性，或者使用健康追踪应用来监测自己的健康状况。①

老年人数字技能的提升不仅有助于他们更好地适应现代社会，享受数字化带来的便利，还能增强他们的社会参与度和生活质量。随着信息技术的不断发展和老龄化社会的加速到来，提高老年人的数字技能也变得愈发重要。

第二节　理 论 基 础

一、技术接受模型

（一）技术接受模型的内涵与发展

技术接受模型（Technology Acceptance Model，简称 TAM）是一种用于解释用户如何接受和使用信息技术的理论框架。它最初由弗雷德·D.戴维斯（Fred D. Davis）在 1986 年提出，并在 1989 年由戴维斯、巴戈齐（Bagozzi）和沃肖（Warshaw）进一步发展和完善。TAM 主要基于理性行为理论（Theory of Reasoned Action，简称 TRA），通过分析用户对技术的态度和行为，来预测他们对新技术的接受程度。

TAM 的核心假设是，用户对技术的接受主要受到两个主要因素的影响：

1. 感知有用性：用户认为使用某种技术会提高其工作绩效的程度。感知有用性是用户接受技术的主要驱动力。

2. 感知易用性：用户认为使用某种技术不需要付出太多努力的程度。感知易用性影响用户对技术的感知有用性，进而影响他们对技术的接受程度。

技术接受模型认为系统使用是由行为意向决定的，行为意向是由某人想用的态度和感知的有用性共同决定的，想用的态度是由感知的有用

① Uba Backonja, Amanda K. Hall et al., "Older Adults' Current and Potential Uses of Information Technologies in a Changing World", *The International Journal of Aging & Human Development*, 2014.

性和感知的易用性共同决定的,感知的有用性是由感知的易用性和外部变量共同决定的,感知的易用性是由外部变量决定的,同时外部变量为技术接受模型中存在的内部信念、态度、意向和不同的个人之间的差异、环境约束、可控制的干扰因素之间建立起了一种联系。①

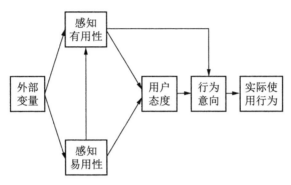

图 2.1　技术接受模型(TAM)②

资料来源:作者自绘。

随着时间的推移,TAM 模型经历了多次扩展和改进。例如,2000年,V.文凯特希(V. Venkatesh)和戴维斯对改进的 TAM 进行扩展并将新模型命名为 TAM2。TAM2 模型引入了社会影响和认知工具过程作为额外的影响因素,进一步丰富了模型的理论基础。③此外,还有研究尝试将 TAM 与其他理论模型结合,如计划行为理论(Theory of Planned Behavior,简称 TPB)和创新扩散理论(Innovation Diffusion Theory,简称 IDT),以形成更为全面的统一技术接受与使用理论(Unified Theory of Acceptance and Use of Technology,简称 UTAUT)。UTAUT 模型通过整合多个模型的核心要素,并引入适度变量来考虑不同情境下的影响,从而提高了模型的适用性和解释力。④

---

① 鲁耀斌、徐红梅:《技术接受模型及其相关理论的比较研究》,《科技进步与对策》2005 年第 10 期。

② 张培:《技术接受模型的理论演化与研究发展》,《情报科学》2017 年第 9 期。

③ V. Venkatesh, Fred D. Davis, "A Theoretical Extension of the Technology Acceptance Model: Four Longitudinal Field Studies", *Management Sciences*, 2000.

④ V. Venkatesh, Michael G. Morris et al., "User Acceptance of Information Technology: Toward a Unified View", MIS Q, 2003.

（二）技术接受模型在老年人数字技术学习中的应用

鉴于老年人在生理和心理层面与年轻一代存在显著差异，他们对新技术的接纳程度及使用意愿易受多种因素所左右。首先，依据技术接受理论，感知有用性在老年人群体中可能成为决定性因素。他们倾向于更加关注技术是否能够提升其生活质量、维系与亲朋好友的联系，以及简化日常事务。若老年人认为数字技术能够为他们带来切实利益，他们接纳并使用这些技术的可能性将显著提高。

其次，感知易用性对于老年人群体而言亦至关重要。随着年龄的增长，老年人可能会遭遇认知能力的衰退以及手眼协调能力的减弱，这可能导致他们在掌握复杂的操作界面和功能方面遇到困难。因此，若技术设计能够充分考虑到老年人的特殊需求，并具备直观易用的特点，那么老年人对技术的接纳程度亦将相应提升。

由于感知有用性和感知易用性受到外部变量的影响，因此在面向老年人推广数字技术的时候，需要重点关注这些外部变量在其中发挥的作用，将有利变量的价值最大化，将不利变量的负面影响最小化，要根据老年人的身体健康特征、个体经济水平、社会网络关系、可获得的学习资源等因素增强他们对数字技术的感知有用性和感知易用性。一方面，要让他们深入了解智慧养老时代背景下数字技术的益处与学习必要性，增强感知有用性；另一方面，不仅要降低数字技术的学习门槛，更要提升他们的学习能力，努力培养老年人的数字素养，从而增强老年人对数字技术的感知易用性。

二、社会认知理论

（一）社会认知理论的内涵与发展

社会认知理论（Social Cognitive Theory，简称 SCT）是心理学、社会学、教育学等多个学科跨域融合的经典理论之一。该理论主要研究个体如何通过观察和模仿他人的行为来学习新的行为模式，并将这些行为模式内化为自己的行为习惯。此外，社会认知理论还探讨了个体如何通过自我反思和自我评价来调整自己的行为和态度。

社会认知理论的起源可以追溯到 20 世纪 60 年代，由美国心理学家阿尔伯特·班杜拉（Albert Bandura）提出。班杜拉最初在行为主义的基础上，通过观察学习（observational learning）的概念，提出了社会认知理论的雏形。他强调了模仿和学习在行为发展中的重要性；随着研究的深入,班杜拉将理论扩展到更广泛的社会认知领域,包括自我效能(self-efficacy)、结果预期(outcome expectations)和自我调节(self-regulation),形成了一个包含相互决定论、观察学习和自我效能三个核心部分的理论体系。①这一理论强调了个体在社会环境中的主动性和创造性,认为人们不仅是外界刺激的被动接受者,而是能够主动选择和解释信息,并根据这些信息做出相应的反应。

该理论涉及四个核心概念,其中"观察学习"是指个体通过观察他人的行为及其后果来学习新的行为模式,这种学习不依赖于直接的强化,而是通过模仿和内化过程实现;"自我效能"指个体对自己完成特定任务的能力的信念。自我效能感影响个体的行为选择、努力程度和持久性;"结果预期"是个体对特定行为可能带来的后果的预期,这些预期可以是积极的或消极的,影响个体的行为决策;"自我调节"指个体通过自我监控、自我评价和自我强化来调节自己的行为,以达到目标。

长期以来,研究者一直认为个体的行为是由个人本身的内部因素和外部的环境因素决定,即个人决定论和环境决定论,班杜拉批判继承前人理论的基础上,深刻探讨了个人、环境及其行为之间的动态的相互决定关系。他将个人因素、环境因素、行为因素视为相互独立、同时又相互作用从而产生相互决定的理论实体,如图 2.2 所示,在三元交互决定论中,个人通过自己的主观信念、能动性来引导支配个体的行为,行为产生的结果又反过来影响个体的主观情绪变化。个人通过个体的主观特征来引起或激活环境的反应,不同环境的反应也会引起个人主观情绪的变化。行为充当人与环境的中介,是个人用来改变环境,适应环境的手段,行为不仅受个人的支配,也受环境的制约。从以上论述可以深刻说明个人、环境、行为是相互决定的。现在研究者对社会认知理论的内涵理解,有时候也把行为作为一个影响因素的一部分,即影响人类行为的因素不仅包含个人因素、环境因素,还有行为本身的因素②。

---

① 龚珊珊:《班杜拉社会认知理论对教学的启示》,《黔东南民族师范高等专科学校学报》2006 年第 5 期。

② 徐顺:《基于社会认知理论的大学生数字公民素养影响因素及提升策略研究》,华中师范大学 2019 年博士学位论文。

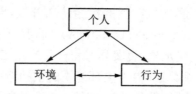

图 2.2　社会认知理论三元交互决定图①

资料来源：作者自绘。

（二）社会认知理论在老年人数字技能学习中的运用

根据社会认知理论，老年人在学习数字技能的过程中同样可以受益于观察学习、自我效能、结果预期和自我调节这四个核心概念。

首先，观察学习在老年人数字技能学习中尤为重要。由于老年人可能缺乏与年轻人相同的接触新技术的机会，他们可以通过观察家人、朋友或专业培训人员使用数字设备和应用程序来学习。这种学习方式不仅减少了对直接指导的依赖，而且还可以通过观看他人成功操作的示范来增强信心。

其次，自我效能感在老年人学习数字技能中起着关键作用。许多老年人可能由于缺乏自信或担心无法掌握新技术而犹豫不前。通过积极的反馈和小步骤的成功体验，可以逐步提高他们的自我效能感，从而鼓励他们继续学习和实践。

再次，结果预期对于老年人来说同样重要。他们需要了解学习数字技能可能带来的积极结果，如提高生活质量、与家人朋友保持联系、获取信息和娱乐等。这些积极的结果预期可以激发他们学习的动力。

最后，自我调节是老年人在数字技能学习中实现目标的关键。他们需要学会自我监控学习进度，通过自我评价来调整学习策略，并通过自我强化来维持学习动力。例如，他们可以设定小目标，每完成一个目标就给自己一些奖励，从而保持学习的积极性。

在实际应用中，社会认知理论可以指导设计适合老年人的数字技能培训课程。课程设计应注重观察学习的机会，提供积极的反馈机制来增强自我效能感，明确展示学习数字技能的积极结果预期，并鼓励老年人进行自我调节，以实现持续的学习和进步。通过这些方法，老年人可以更好地适应数字化社会，享受数字技术带来的便利和乐趣。

---

① 　徐顺：《基于社会认知理论的大学生数字公民素养影响因素及提升策略研究》，华中师范大学 2019 年博士学位论文。

三、成人学习理论

（一）成人学习理论的内涵与发展

成人学习理论是一个多维度、跨学科的研究领域，它关注于成人如何学习以及如何通过教育干预促进成人学习。它是以成人的生理心理特征、学习欲望和系统为基础而总结的专门指导针对成人培训的教育理论。成人学习理论的发展经历了多个阶段，涵盖了多种理论和模型。

在早期阶段，成人学习理论的研究主要集中在成人学习者的特征上。其中，马尔科姆·诺尔斯（Malcolm Knowles）的成人教育学理论认为成人学习者具有四个方面的突出特征：一是随着个体的不断成熟，其自我概念将从依赖性向独立性转化；二是成人在社会生活中积累的经验为成人学习提供了丰富资源；三是成人学习的计划学习目的内容方法等与其社会角色人物密切相关；四是随着个体的不断成熟，学习目的逐渐从为将来工作准备知识向直接应用知识转变。[1]因此他强调成人学习者的自我指导、生活经验丰富、准备应用新知识以及内在的学习动力。

艾伦·塔夫（Allen Tough）、西里尔·O. 霍尔（Cyril O. Houle）等人的自我指导学习理论则认为成人学习者作为独立的个体，具有自我驱动的学习动机，能够自主规划和指导自己的学习过程，他们倾向于根据自己的需要和兴趣选择学习内容；[2]杰克·麦兹罗（Jack Mezirow）的嬗变学习理论强调成人教育应该帮助成人去实现他们的潜能，使其更自由、更有社会责任感和成为自主学习者，这个转变过程不是一般的知识的积累和技能的增加，而是一个学习者的思想意识、角色、气质等多方面的显著变化，其本人和身边的人都可以明显感受到这类学习所带来的改变。[3]这三大理论也是成人学习理论中最为经典的理论。

随后，研究者开始关注成人学习的多维性和情境性。情境学习理论提供了一个新的视角，强调学习是在特定的社会文化背景中发生的，学习

---

① 张招存：《论成人学习理论在企业员工培训中的应用》，《产业与科技论坛》2013 年第 17 期。

② D. McGuire，"Adult Learning Theories"，The SAGE Encyclopedia of Higher Education，2020.

③ 王海东：《美国当代成人学习理论述评》，《中国成人教育》2007 年第 1 期。

内容与实际工作或生活经验紧密相关。①此外,体验式学习理论也得到了发展,它强调通过直接体验和反思来促进学习。②近年来,成人学习理论的研究更加注重学习者的多样性和个性化需求。例如,质变学习理论探讨了理性质变、社会质变及个性化质变的概念,强调成人学习是一个涉及多个层面的复杂过程。③同时,成人学习策略的研究也显示出成人学习者在教学设计、内容选择和评价方法等方面的需求差异。④

（二）成人学习理论在老年人数字技能学习中的应用

老年人作为社会中的一个特殊而重要的群体,其学习需求与特点在成人学习理论的框架下显得尤为突出。随着年龄的增长,老年人在生理、心理以及社会角色上都经历了显著的变化,社会生活经验也在不断积累,这些变化不仅影响了他们的学习目的、学习内容、学习方法,也赋予了他们独特的学习价值和潜力以及学习资源。成人学习理论在老年人学习中的应用如图2.3所示：

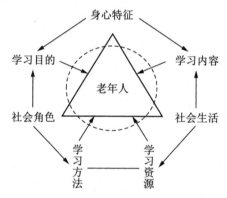

图 2.3　成人学习理论在老年人学习中的应用

资料来源:作者自绘。

首先,从生理层面来看,老年人可能会面临视力、听力等感官功能的

---

① 应方淦、高志敏:《情境学习理论视野中的成人学习》,《开放教育研究》2007年第 3 期。

② 项丽娜:《体验式学习理论及其对成人教育的启示》,《中国成人教育》2017 年第 3 期。

③ 魏静:《成人质变学习理论述评》,《全球教育展望》2006 年第 12 期。

④ 冉芳、王天虎:《成人学习策略研究》,《中国成人教育》2018 年第 16 期。

衰退,以及记忆力和反应速度的下降。这要求我们在设计针对老年人的学习活动时,充分考虑这些生理变化,采用大字体阅读材料、清晰的音频提示以及适度重复的练习等方式,确保信息的有效传达和吸收。同时,鼓励老年人参与身体活动相结合的学习项目,如太极、瑜伽等,既能锻炼身体,又能促进心理健康。

其次,在心理层面,老年人往往拥有丰富的人生经验和深厚的情感积淀,这些宝贵的资源可以成为他们学习的重要动力。成人学习理论强调学习者的自我指导性和内在学习动力,对于老年人而言,他们更倾向于基于兴趣和需求进行学习,追求精神上的满足和自我实现。因此,在课程设计上,应注重挖掘老年人的兴趣和潜力,提供与他们生活经验紧密相关的学习内容,如历史回顾、文化传承、家庭理财等,激发他们的学习热情和积极性。

再次,老年人在社会角色上也发生了转变,他们逐渐从职场退出,更多地参与到家庭和社区生活中。这种社会角色的变化使得老年人对学习的需求更加多样化,他们不仅希望学习新知识、新技能以保持与社会的联系,还渴望通过学习来增进与家庭成员、社区邻里的沟通和交流。因此,在成人学习理论的指导下,我们可以为老年人设计一系列旨在促进社交互动和情感交流的学习活动,如兴趣小组、社区讲座、志愿服务等,让他们在学习中感受到归属感和价值感。

最后,需要指出的是,老年人在学习过程中可能会遇到更多的困难和挑战,如学习速度变慢、自信心不足等。因此,教育者和支持者需要给予他们更多的耐心和鼓励,帮助他们建立正确的学习观念和方法,克服学习中的困难和障碍。同时,我们还需要关注老年人的个体差异和个性化需求,为他们提供个性化的学习支持和指导,确保每个老年人都能在学习过程中获得成长和进步。

四、社会支持理论

(一)社会支持理论的内涵与发展

社会支持理论起源于 20 世纪 70 年代的精神病学领域,最早与个体的生理、心理和社会适应能力联系在一起,后经不断发展,社会支持的应用范围逐渐扩大,被广泛运用于社会学、心理学、教育学、医学等众多领域。

虽然诸多学者从不同领域的视角出发对社会支持内涵作出了不同的

理论界定,但从其共同性质来看,社会支持系统就是一个由主体、客体、内容和手段等诸要素构成的复杂多维体系。其中主体指社会支持的给予者,客体指社会支持的接受者,社会支持的内容与手段指给予者提供支持时付出的具体内容和采取的给予方式。①

早期,我国学者主要将社会支持界定为帮助弱势群体摆脱生存和发展困境的社会行为的总和。再后来,社会支持理论逐渐走出弱势群体的范围,认为人们在发展过程中都可能会面临一些不可预知的挑战和困难,这时候就需要调动社会资源来应对这些困境所带来的消极影响。②因此,社会支持理论以社会网络为基础,认为一个人的社会关系网络越强大,其抵御外来风险的可能性也就越大,对于社会中的弱势群体来说,社会支持理论认为应该强化其社会网络,增强社会支持的功能。

具体而言,社会支持是指社会各方面家庭、亲友、同事等个人或组织所给予的物质和精神上的支持。根据支持内容和形式的不同,卡特纳和罗素将社会支持分为情感支持、社会网络支持、满足自尊的支持、物质支持和信息支持五大类。③根据支持来源的不同,可以将社会支持划分为正式的社会支持、准正式的社会支持、专业的社会支持以及个人社会网络提供的社会支持。

关于社会支持的衡量,目前国内外都采用量表的形式对社会支持进行评定。如外国学者艾尔文·G.萨拉索(Irwin G. Saraso)设计的社会支持问卷(Social Support Questionnaire,简称SSQ)将个人获得的社会支持分为两个维度:社会支持的数量和对获得社会支持的满意程度;林恩·亨德森(Lynn Hendeson)采用社会交往调查表(Interview Schedule for Social Interaction,简称ISSI),将社会支持分为可利用度和自我感觉到的社会关系的适合程度两个维度。国内最常用的社会支持量表是由1986年肖水源编制的《社会支持评定量表》,该量表包括客观支持、主观支持和对社会支持的利用度等三个维度,共10个条目。

---

① 周林刚、冯建华:《社会支持理论——一个文献的回顾》,《广西师范学院学报》2005年第3期。

② 张未平:《老年人数字鸿沟弥合的社会支持研究》,上海工程技术大学2020年硕士学位论文。

③ 李兵、田云、李冬、袁敏、李莉:《安宁疗护中社会支持相关理论的研究进展》,《医学与哲学》2020年第5期。

（二）社会支持理论在老年人数字技能学习中的应用

社会支持在老年人学习数字技能的过程中发挥着至关重要的作用，根据社会支持理论，我们可以从支持主体与支持内容两个维度进行分析，分析的理论框架图如图 2.4 所示。

从支持主体上来看，首先是政府主导的正式支持。政府主导的正式支持为老年人提供了学习数字技能的基础平台和资源。例如，通过开展老年人数字技能培训项目，提供免费或低成本的课程，以及建立老年人数字学习中心等，政府为老年人提供了接触和学习新技术的机会。此外，政府还通过制定相关政策，鼓励和引导社会力量参与到老年人数字技能的培训中来，形成全社会共同关注和支持的良好氛围。

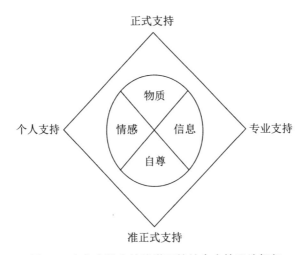

图 2.4　老年人数字技能学习的社会支持理论框架

资料来源：作者自绘。

准正式的社会支持则体现在社区层面，通过社区组织的活动，老年人可以在日常生活中接触到数字技术。例如，社区中心可以设立专门的电脑室，供老年人使用，并安排志愿者或专业人员进行指导。此外，社区还可以组织相关的兴趣小组，让老年人在交流和分享中学习和提高数字技能。

个人社会网络提供的社会支持在老年人学习数字技能中同样不可或缺。家庭成员、朋友和邻居可以成为老年人学习数字技能的直接帮助者。他们可以通过耐心的指导、分享学习经验或提供学习资料等方式，帮助老年人克服学习过程中的困难。此外,老年人之间也可以形成互助小组,相互学习、相互鼓励,共同进步。

专业的社会支持则来自专业的培训机构和组织。这些机构可以提供系统化的课程和专业的教师,帮助老年人从基础到进阶逐步掌握数字技能。同时,专业机构还可以针对老年人的特殊需求,设计更加符合他们学习习惯和接受能力的课程内容。

从支持内容上来看,老年人在学习数字技能的过程中,学习平台、学习场所、学习资料等物质支持是最为基础的,除此之外,老年人还需要情感、自尊、信息等方面的支持。

一方面,老年人在学习数字技能的过程中,许多老年人在面对新技术时,常常会感到焦虑和不安,担心自己无法跟上时代的步伐。此时,家人和朋友的理解和鼓励显得尤为重要。子女可以耐心地向父母解释数字技术的便利性,帮助他们消除对技术的恐惧感。同时,社区也可以组织一些老年人数字技能交流活动,让他们在交流中互相学习、互相鼓励,增强学习的信心和动力。

另一方面,老年人受限于身体机能的老化与学习能力的下降,在学习过程中很可能因为学习进度慢、操作不熟练而感到沮丧。因此,学习环境应充满包容和尊重,避免让老年人感到被嘲笑或被轻视。教师和志愿者应具备足够的耐心和同理心,给予老年人充分的肯定和鼓励,帮助他们树立自信心。

不仅如此,老年人需要了解哪些数字资源是适合他们的,如何安全地使用这些资源。因此,提供针对老年人的信息支持也非常重要。例如,教会他们如何识别网络诈骗、保护个人隐私等,使他们在享受数字技术带来的便利的同时,能够保护自己的权益不受侵害。

综上所述,老年人学习数字技能不仅需要物质上的支持,更需要情感、自尊和信息等多方面的支持。只有在这些支持的共同作用下,老年人才能更好地适应数字化社会,享受数字技术带来的便利和乐趣。

第三章

中国老年人数字技能现状调查分析

第一节　老年人数字技能调查设计

一、问卷设计

（一）问卷设计的基本原则

关于老年人数字技能的调查问卷,本书在设计过程中遵循五个原则:简明通俗原则、合适舒适原则、适量适中原则、简洁简短原则和准确无歧义原则。

1. 简明通俗原则

考虑到老年人的年龄结构和学历背景等情况,本书在设计调查问卷时遵循简明、通俗和容易读懂等原则,尽量不使用过于专业的词汇,或将专业词汇转化成通俗易懂的文字。调查问卷题目让老年人一目了然,部分过于专业的词汇或提问在调查时配备相应解释或辅助答题。

2. 合适舒适原则

本书设计的老年人调查问卷在字体大小、行间距等方面都做了规划,力求使老年人阅读和答题时感觉舒适。整套问卷使用三号字体,行间距保持 1.5 倍行距,A3 版面印制,老年人可以清楚地看见每一个字,答题时有舒适感。

3. 适量适中原则

本次调查问卷的题量保持在一个适中和适量的水平,以确保老年人完整地回答问题,不使其感到厌烦。一般来说,适合老年人的问卷题量应控制在 50 道题以内,或者按照老年人答题的速度应控制在 30 分钟之内,不使老年人产生疲劳为宜。本次调查问卷的总题量共 49 道小题,老年人基本上在 30 分钟能全部答完。

4. 简洁简短原则

适合老年人的提问不宜过长,应简短明了,且容易回答。本次调查问卷的大部分问题均比较简洁明了,题目的回答难度不大。

5. 准确无歧义原则

针对老年人的调查问卷应定义准确,避免多重理解。本次针对老年人的调查问卷在设计过程中特别遵循准确原则,题目总体上没有歧义,方便老年人准确理解题意,快速作答。

(二)问卷构成

本次关于老年人数字技能的调查问卷由五部分构成,共49道小题。第一部分为老年人的基本信息;第二部分是老年人的家庭结构和社会支持情况;第三部分是老年人数字技能水平状况;第四部分是老年人在使用数字技术过程中寻求帮助情况;第五部分是老年人数字技能的自我效能感状况。

1. 老年人基本信息

问卷第一部分主要收集老年人的基本信息,包括性别、年龄、婚姻状况、受教育程度、户籍类型、个人月收入和从业状况等,共8道小题。这些信息有助于分析不同背景老年人在数字技能方面的状况和差异性,为制定相应的技能提升策略提供基础信息。

2. 老年人家庭结构与社会支持

问卷设计了关于老年人家庭结构和社会支持等多个问题,包括老年人是否为家中其他老人提供日常生活照料、与谁同住以及在需要帮助时可以依赖的家人或朋友数量等,共有3道小题。这些问题有助于评估老年人的社会支持网络和家庭照料情况,了解老年人在日常生活中遇到困难时的支持系统,对老年人数字技能提升的家庭支持政策以及社区服务规划政策具有重要参考价值。

3. 老年人数字技能水平

第三部分问题是本次调查问卷的主体。问卷中详细调查了智慧养老背景下老年人数字技能水平状况,包括学会上网年数、每天上网时长、接受过的数字技术指导和培训情况以及数字技能水平等,共18道小题。其中数字技能水平部分的提问由一组量表提问构成,共包括15道小题。这组量表提问综合了《欧盟公民数字素养框架》、英国JISC《数字能力框架》、联合国《全球数字素养框架》和我国教育部《教师数字素养》框架的维度划分情况,结合我国老年人的情况进行本土化和适老化修正,编制形成本次关于智慧养老背景下老年人数字技能的五个一级指标和 15 个二级指标的具体问题,涵盖网络查阅、信息辨别、数据存储与提取、在线交流、数字分享、数字参与、网络制作、网络发布、网络直播、网络安全识别、数据隐私保护、信息欺诈规避、利用网络购物就医、利用网络自我提升、利用网络诊断自我问题 15 个方面。这些问题旨在全面评估老年人的数字技能水平,了解其在智慧养老背景下使用数字技术的实际情况。

4. 老年人数字技能使用中寻求帮助情况

问卷设计了一组题目,共由 6 道小题构成,旨在了解老年人在学习和使用数字技术时获得来自朋友、家人、亲戚、邻里、社区工作人员、政府组织以及手机服务商等的帮助情况。问题的设置有助于评估现有针对老年人的数字教育和培训项目的效果,识别老年人数字鸿沟的程度,并制定针对老年人数字技能提升的计划,有助于今后优化老年人数字技能内容和提升效果。

5. 老年人数字技能的自我效能感

老年人数字技能自我效能感测量由一组量表构成,包括 14 道小题,旨在通过老年人对这组量表提问的回答,了解老年人在使用网络过程中的信心程度。问卷设计了一系列问题,包括是否知道网上健康信息和资源的具体类别、能否评估健康信息的质量、是否有信心使用这些信息做出决策等。这部分内容反映了老年人在数字管理中的信心程度,揭示他们在获取和利用网络信息过程中遇到的挑战和障碍,有助于今后更好地帮助老年人提高数字技能自我效能感,推动老年人融入数字社会。

二、样本选取与调查实施

(一)样本选取

本次问卷调查从 2023 年 11 月开始到 2024 年 5 月结束,长达半年时间。参照中国综合社会调查(Chinese General Social Survey,简称 CGSS)方法开展抽样调查,从我国东部、中部和西部地区选取代表性省份进行深入调查。其中,东部地区选取上海、江苏、浙江和广东 4 个省(直辖市),中部地区选取安徽、江西、湖南、河南 4 个省,西部地区选取广西、甘肃、贵州、云南 4 个省(自治区)。上海、江苏、浙江、广东 4 个省(直辖市)作为东部地区代表,经济发达、城市化程度高,老年人拥有较高的生活水平和更好的养老设施和服务,智慧养老也相对发达。安徽、江西、湖南、河南 4 个省作为中部地区代表,经济发展水平中等、城乡结构较为均衡,老年人生活和养老保障程度中等,智慧养老服务正在整体推进。广西、甘肃、贵州、云南4个省(自治区)作为西部地区代表,经济发展水平和城市化率正在加速发展,但这些省(自治区)农村人口比例较高,面临着较为严峻的养老压力,智慧养老水平也有待提高。

(二)调查实施情况

调查过程中,采取分层随机抽样方法,根据老年人性别、年龄、经济状况和教育背景等因素进行分类,确保样本能全面反映不同地区、城乡老年人口的多样性。共发放调查问卷4200份,回收有效问卷3754份,问卷的有效回收率为89.4%。样本地区分布情况见图3.1。

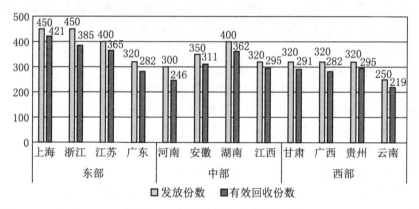

图3.1 问卷发放和回收情况

资料来源:作者自制。

分地区来看,东部地区的上海市共发放450份问卷,有效回收421份,有效回收率为93.6%。上海作为中国的经济中心,老年人的数字素养相对较高,对问卷调查的配合度也较高,回收率名列前茅。浙江省有效回收率为85.6%,江苏省有效回收率为91.3%,广东省有效回收率为88.1%。中部地区的河南省有效回收率为82.0%,安徽省有效回收率为88.9%,湖南省有效回收率为90.5%,江西省有效回收率为92.2%。西部地区的甘肃省有效回收率为90.9%,广西壮族自治区有效回收率为88.1%,贵州省有效回收率为92.2%,云南省有效回收率为87.6%。

第二节 中国老年人数字技能状况调查结果分析

一、被调查老年人的基本情况

（一）被调查老年人的基本信息

1. 被调查老年人的性别分布

从性别分布来看，被调查的男性老年人共有 1721 人，占总数的 45.8％；被调查的女性老年人共有 2033 人，占总数的 54.2％。被调查的老年人性别比例与当前我国老年人的总体比例基本吻合。被调查老年人的性别分布如表 3.1 所示：

表 3.1　被调查老年人的性别分布

性别	人数	比例
男	1721	45.8％
女	2033	54.2％
合计	3754	100.0％

资料来源：作者自制。

2. 被调查老年人的年龄分布

年龄分布上，参与本次调查的老年人主要是 60—69 岁的低龄老年人，占总数的 51.0％，其次是 70—79 岁的中龄老年人，占总数的 40.9％，而 80 岁及以上的高龄老年人占总数的 8.2％。被调查老年人的年龄分布如表 3.2 所示：

表 3.2　被调查老年人的年龄分布

年龄段	年龄分布	人数	百分比
低龄老年人	60—69 岁	1913	51.0％
中龄老年人	70—79 岁	1535	40.9％
高龄老年人	80 岁及以上	306	8.2％
合计		3754	100.0％

资料来源：作者自制。

低龄老年人是参与数字化学习和使用的主要群体,他们的数字技能和接受新技术的能力相对较强。中龄老年人则处于逐步适应数字化环境的阶段,他们的需求和使用习惯对于数字素养提升计划具有重要的参考价值。高龄老年人的比例虽然较小,但他们的需求往往更为特殊和迫切,需要特别关注其数字技能培训和支持服务。

从图 3.2 的年龄分布散点图(横轴代表被调查对象数,纵轴代表年龄,框内代表年龄分布的集中和离散趋势)可以看出,被调查的老年人主要集中在 60—79 岁,80 岁及以上的老年人相对较少。

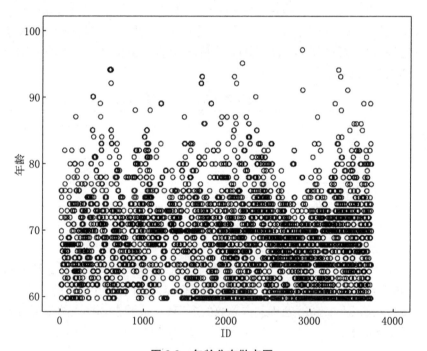

图 3.2　年龄分布散点图

资料来源:作者自绘。

3. 被调查老年人的婚姻状况

婚姻状况方面,被调查老年人中已婚有配偶的老年人数最多,共2922 人,占总数的 77.8%,这表明大多数老年人在退休后仍与配偶共同生活,家庭结构相对稳定。丧偶的老年人共有 723 人,占 19.3%,这一比例较高,显示出老年人群体中失去配偶的情况也较多,这部分人群可能面临较大的情感和生活照料需求。离婚的老年人有 61 人,占 1.6%。

从未结婚的老年人有46人,占1.2％,这些群体在被调查的老年人中占比较小。其他婚姻状况仅有2人,占0.1％。被调查老年人的婚姻状况如图3.3所示:

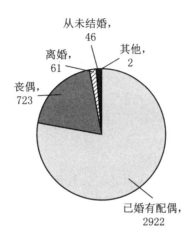

图3.3　被调查老年人的婚姻状况

资料来源:作者自制。

4. 被调查老年人的受教育程度

被调查老年人的受教育程度存在显著差异。其中,受教育程度为初中的人数最多,共1142人,占总数的30.4％;其次是受教育程度为高中的老年人,有881人,占23.5％;小学教育程度的老年人有826人,占

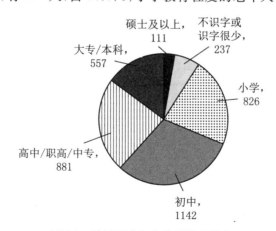

图3.4　被调查老年人的受教育程度

资料来源:作者自制。

22.0％;大专/本科教育程度的老年人有 557 人,占 14.8％;不识字或识字很少的老年人有 237 人,占 6.3％;硕士及以上学历的老年人最少,仅有 111 人,占 3.0％。被调查老年人的受教育程度如图 3.4 所示。

这一受教育程度分布反映了老年人群体中普遍存在的教育背景差异。大多数老年人的教育水平集中在初中和高中阶段,而接受高等教育(大专及以上)的人数相对较少。这一现象与我国过去的教育发展历史和社会经济状况密切相关。受教育程度对老年人的数字素养和技能提升具有重要影响。教育水平较高的老年人在接受新技术和新知识方面具有相对优势,而教育水平较低的老年人可能在学习和使用数字技术时面临更多困难。

5. 被调查老年人的户籍情况

户籍方面,具有城镇户籍的老年人数量略多于农村户籍的老年人。具体而言,城镇户籍的老年人有 2053 人,占总数的 54.7％;农村户籍的老年人有 1701 人,占 45.3％。表 3.3 显示了被调查老年人的户籍情况。

表 3.3 被调查老年人的户籍情况

户籍	人数	百分比
农村	1701	45.3％
城镇	2053	54.7％
合计	3754	100.0％

资料来源:作者自制。

6. 被调查老年人的经济收入状况

图 3.5 显示了被调查老年人的收入状况。从图 3.5 可以看出,老年人每月收入水平存在较大差异。每月收入在 2000 元及以下的老年人最多,共有 1015 人,占总数的 27.0％。每月收入在 2001 至 3000 元的老年人有 692 人,占 18.4％;收入在 3001 至 4000 元的有 569 人,占 15.2％;收入在 4001 至 5000 元的有 584 人,占 15.6％。每月收入在 5001 至 7000 元的老年人有 499 人,占 13.3％;收入在 7001 至 10000 元的有 244 人,占 6.5％;收入在 10001 元以上的有 151 人,占 4.0％。

7. 被调查老年人退休状况

图 3.6 显示了被调查老年人的退休状况。63.1％的被调查老年人处于完全退休状态,这一比例清晰地表明了大多数老年人在达到法定退休

年龄后选择停止全职工作,享受退休生活。此外,值得注意的是,有 9.5%的老年人虽然已正式退休,但他们并未完全脱离劳动市场,而是通过返聘或从事兼职工作的形式继续发挥着余热,这反映了部分老年人在身体条件允许的情况下,愿意并保持一定的社会参与度和经济活动能力。剩余27.4%的老年人则选择了在农村地区继续务农,这一数据不仅揭示了农村地区老年人生活方式的特点,也体现了农业活动对于他们生活的重要性。这部分老年人可能由于经济需求、生活习惯或是对土地的深厚情感,选择在退休后继续从事农业生产活动,从而维持或补充家庭收入,同时也保持了与自然和社会的紧密联系。证明另有 9.5%的老年人退休,但返聘或兼职工作,其余 27.4%的老年人农村务农。

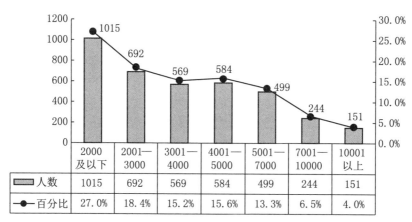

图 3.5 被调查老年人的经济收入状况

资料来源:作者自制。

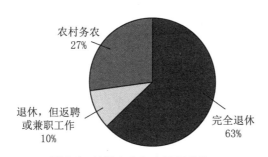

图 3.6 被调查老年人的退休状况

资料来源:作者自绘。

8. 被调查老年人退休前从业状况

图 3.7 显示了被调查老年人退休前从事的工作情况。其中 5.3% 的老年人曾是单位负责人,9.8% 的老年人担任过专业技术人员,17.6% 的老年人为办事员,20.2% 的老年人从事过商业/服务类人员,9.9% 的老年人从事过农林牧渔业/生产运输设备操作工作。37.2% 的老年人回答其他工作,这里包括了大量从事农村务农工作和其他工作的老年人。

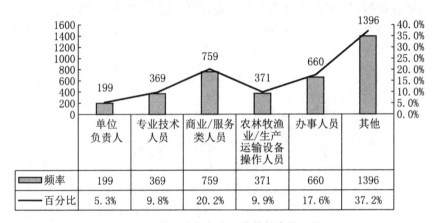

	单位负责人	专业技术人员	商业/服务类人员	农林牧渔业/生产运输设备操作人员	办事人员	其他
频率	199	369	759	371	660	1396
百分比	5.3%	9.8%	20.2%	9.9%	17.6%	37.2%

图 3.7　被调查老年人退休前从事的工作

资料来源:作者自绘。

(二)被调查老年人家庭结构和社会支持情况

1. 被调查老年人家庭居住状况

图 3.8 显示了被调查老年人的家庭结构状况。从居住状况看(多选),大部分老年人与配偶居住在一起,占比为 60.8%。其次是与儿子/儿媳居住在一起,占比 30.3%。排在第三的是与(外)孙子或其配偶居住,占比 23.4%。其他的居住方式包括独居(8.9%)、与女儿女婿居住(12.3%)、与父母的父母居住(4.1%)、与兄弟姐妹居住(2.4%),其他还包括与保姆居住(2.1%)、与未婚伴侣居住(1.0%)等。

2. 被调查老年人是否为家中老人提供日常生活照料

关于是否为家中老年人提供日常生活照料,42.8% 的老年人(1607人)表示他们为家中老人提供日常生活照料,57.2% 的老年人(2147人)表示他们不提供日常生活照料。是否为家中老年人提供日常生活照料情况见表 3.4。

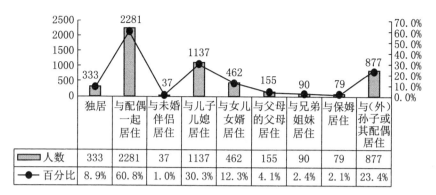

图 3.8 被调查老年人居住状况

表 3.4 被调查老年人为家中老人提供日常生活照料情况

是否为家中老人提供日常生活照料	人数	百分比
是	1607	42.8％
否	2147	57.2％
合计	3754	100.0％

资料来源:作者自制。

3. 被调查老年人获得社会支持情况

在被问及需要帮助时能够获得多少个家人或朋友的帮助时,其中回答最多的是 3—4 个,占比 26.5％。其次 2 个和 5—8 个,占比分别为 20.7％和 20.3％。被调查老年人获得社会支持情况见图 3.9。

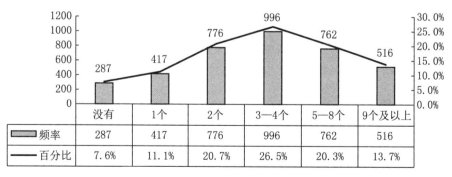

图 3.9 被调查老年人获得家人或朋友支持情况

资料来源:作者自绘。

69

二、被调查老年人数字技能掌握情况

（一）被调查老年人数字培训情况

1. 学会上网年数

从图 3.10 可以看出,老年人学会上网的年数分布较为广泛。其中,学会上网 1 年以内的老年人最多,共有 919 人,占总数的 24.5%。这表明有相当比例的老年人是近期才开始接触和学习使用互联网的。学会上网 1—2 年的老年人有 620 人,占 16.5%;学会上网 2—3 年的老年人有 774 人,占 20.6%。学会上网 3—5 年的老年人有 474 人,占 12.6%;学会上网 5—8 年的有 369 人,占 9.8%;学会上网 8—10 年的有 222 人,占 5.9%。这几个时间段的比例逐渐减少,表明在更早时期开始学会上网的老年人数量相对较少。学会上网 10 年以上的老年人共有 376 人,占 10.0%,这部分人群在老年人中占较小比例,但他们可能对互联网和数字技术有更深的理解和更丰富的使用经验。

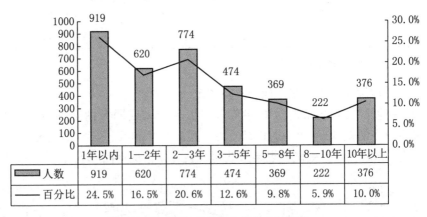

	1年以内	1—2年	2—3年	3—5年	5—8年	8—10年	10年以上
人数	919	620	774	474	369	222	376
百分比	24.5%	16.5%	20.6%	12.6%	9.8%	5.9%	10.0%

图 3.10　被调查老年人学会上网年数

资料来源:作者自制。

2. 每天上网时长

老年人每天上网时长情况见表 3.5。从表 3.5 可以看出,总体上看老年人一天上网时长集中在 5 小时以内,占比超过 90%,达到 97.2%。上网时长最多的(众数):上网时长为 1 小时的有 658 人,上网时长为 2 小时的有 1064 人,上网时长为 3 小时的有 578 人,上网时长为 4 小时的有 400 人,上网时长为 5 小时的有 263 人,其他时长均小于 200 人。还有 386 人未上过网,上网时长为 0。

表 3.5　每天上网时长(小时)

每天上网时长(小时)	选择人数	百分比
[0, 3]	3152	83.9%
(3, 5]	502	13.3%
(5, 14]	100	2.8%

资料来源:作者自制。

从每天上网时长来看,大部分老年人属于短时上网(0—3 小时],占比高达 83.9%,这表明,大部分老年人使用网络的频率较低,可能受限于技能水平或对网络的需求不高,因此上网时间偏短。每天上网时长超过三小时的人数占比不足 20%,中等时长上网(3—5 小时]占比 13.3%。5 小时以上占比 2.8%,这部分老年人对网络有较高的使用需求,呈现出较高的网络依赖,可能需要频繁使用数字工具或因兴趣爱好长导致在线时间更长。

图 3.11 是老年人上网时长的散点图,展示了老年人每天上网时长的分布情况,其中横轴代表个体 ID,纵轴代表每天上网时长(小时)。

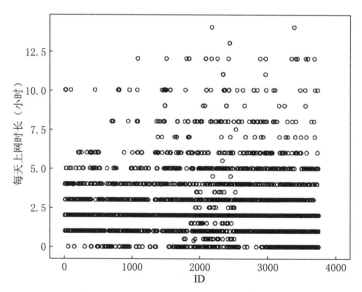

图 3.11　老年人每天上网时长(小时)散点图
资料来源:作者自绘。

从散点图可以看出,老年人上网时长在 2 小时及以下的点较为密集,表明大多数老年人的上网时长较短;另一个显著的集中区域是 3 小时。但也有一个较为密集的区域为 0 小时,表明还有很多老年人未上过网。从离散情况看,少量散点集中在 6 小时以上,表明有少数老年人每天上网时长较长,甚至达到 10 小时以上。极少数散点在 12 小时以上,显示出极个别的老年人可能高度依赖网络。

3. 接受过的数字技术培训情况

被调查老年人接受过数字技术培训的情况存在显著差异(见图 3.12)。其中,接受过非常少或没有培训的老年人最多,共 1280 人,占总数的 34.1%。这表明相当比例的老年人在数字技术培训方面的参与度较低,缺乏足够的培训机会和资源。接受过比较少培训的老年人有 905 人,占 24.1%;接受过一般培训的老年人有 1165 人,占 31.0%。这两个群体的比例较高,表明在老年人群体中,有相当一部分人接受过一定程度的数字技术培训,但培训深度和频率可能不足。接受过比较多培训的老年人有 259 人,占 6.9%;接受过非常多培训的老年人有 145 人,占 3.9%。这两个群体的比例较低,显示出在老年人群体中,能够频繁参与数字技术培训的人数相对较少。

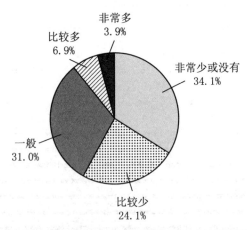

图 3.12　被调查老年人接受过数字技术培训情况
资料来源:作者自制。

(二) 被调查老年人数字技能掌握情况

表 3.6 显示了被调查老年人数字技能掌握情况。从表 3.6 可以看出,老年人数字技能掌握情况总体上不容乐观,其中"使用网络查阅信息和数

据""辨别网络信息和数据真伪""存储网络信息数据""使用聊天软件交流""利用数字工具分享""识别网络安全风险""保护个人数据隐私""避免网络信息诈骗""利用网络购物就医""利用网络提升自我""利用网络诊断问题"11项提问中表示"不会"的比例均超过20%,"利用数字工具参与"和"发布朋友圈或微博"2项提问中表示"不会"的比例超过30%,而"制作网络短小视频""利用网络平台直播"2项提问中表示"不会"的比例更是达到了40%,甚至超过50%。从比较的视野,只有"使用聊天软件交流""利用数字工具分享""识别网络安全风险""保护个人数据隐私""避免网络信息诈骗"5项提问中表示"熟练"的比例高于其他提问项,均超过10%。这些回答结果表明最为常用的聊天工具已经被老年人较为熟练地掌握,另外由于国家和社会长期的防诈骗宣传,老年人在防诈骗、保护数据隐私等方面的数字技能掌握情况也较好。

表3.6 被调查老年人数字技能掌握情况

数字技能	不会	不太会	一般	有点会	熟练
使用网络查阅信息和数据	961(25.6%)	760(20.2%)	1216(32.4%)	465(12.4%)	352(9.4%)
辨别网络信息和数据真伪	807(21.5%)	815(21.7%)	1292(34.4%)	501(13.3%)	339(9.0%)
存储网络信息数据	1060(28.2%)	706(18.8%)	1161(30.9%)	467(12.4%)	360(9.6%)
使用聊天软件交流	819(21.8%)	522(13.9%)	1148(30.6%)	667(17.8%)	598(15.9%)
利用数字工具分享	1050(28.0%)	693(18.5%)	1136(30.3%)	462(12.3%)	413(11.0%)
利用数字工具参与	1161(30.9%)	734(19.6%)	1066(28.4%)	455(12.1%)	338(9.0%)
发布朋友圈或微博	1322(35.2%)	782(20.8%)	905(24.1%)	407(10.8%)	338(9.0%)
制作网络短小视频	1574(41.9%)	748(19.9%)	836(22.3%)	317(8.4%)	279(7.4%)
利用网络平台直播	1942(51.7%)	718(19.1%)	660(17.6%)	248(6.6%)	186(5.0%)
识别网络安全风险	858(22.9%)	672(17.9%)	1204(32.1%)	558(14.9%)	462(12.3%)
保护个人数据隐私	906(24.1%)	680(18.1%)	1056(28.1%)	638(17.0%)	474(12.6%)
避免网络信息诈骗	908(24.2%)	695(18.5%)	1155(30.8%)	572(15.2%)	424(11.3%)
利用网络购物就医	1095(29.2%)	759(20.2%)	1032(27.5%)	525(14.0%)	343(9.1%)
利用网络提升自我	1021(27.2%)	832(22.2%)	1155(30.8%)	456(12.1%)	290(7.7%)
利用网络诊断问题	1020(27.2%)	779(20.8%)	1169(31.1%)	453(12.1%)	333(8.9%)

资料来源:作者自制。

三、被调查老年人数字技能使用中寻求帮助情况

（一）被调查老年人在学习和使用数字技术过程中得到帮助情况

本次调查评估了老年人在学习和使用数字技术过程中得到帮助的情况。在老年人学习和使用数字技术的过程中，获得帮助的来源呈现出多样化的特点。由图3.13可知，年纪相仿的朋友成为了老年人获取帮助的主要力量，其中"比较多"和"一般"两个类别的帮助次数尤为显著，分别达到802次和1418次，显示出同龄群体间互助的深厚基础和重要性。其次，家人和邻里的帮助同样不可忽视，他们在"非常多""比较多""一般"三个类别中的帮助次数均较高，尤其是"比较多"类别达到了1112次，表明家庭和社会环境在老年人技术学习中扮演着至关重要的角色。并且在专业服务领域，手机、电脑维修人员的服务也受到了老年人的青睐，尽管在"非常多"类别中次数较少，但"一般"类别的高频次（1234次）表明老年人在遇到技术难题时，倾向于寻求专业人员的帮助。

此外，社区工作人员和政府或社区组织也通过举办培训班等方式为老年人提供了重要的帮助。尽管这些帮助在"非常多"类别中的占比不高，但它们在推动老年人数字素养提升方面发挥了积极作用，特别是在"一般"类别中，社区工作人员的帮助次数达到了1196次，政府或社区组织举办的培训班帮助次数也有920次。

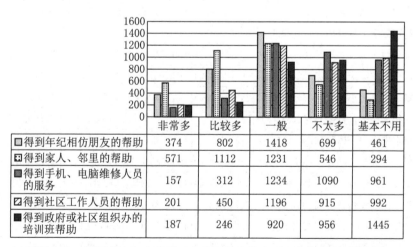

	非常多	比较多	一般	不太多	基本不用
☐得到年纪相仿朋友的帮助	374	802	1418	699	461
⊞得到家人、邻里的帮助	571	1112	1231	546	294
■得到手机、电脑维修人员的服务	157	312	1234	1090	961
▨得到社区工作人员的帮助	201	450	1196	915	992
■得到政府或社区组织办的培训班帮助	187	246	920	956	1445

图3.13　被调查老年人在学习和使用数字技术过程中得到帮助情况
资料来源：作者自绘。

综上所述,老年人在学习和使用数字技术时,得到了来自家人、朋友、社区以及专业人员的多方面帮助。这些帮助不仅体现了社会对老年人的关爱和支持,也为他们跨越数字鸿沟提供了有力保障。

通过对老年人在学习和使用数字技术过程中得到帮助情况的分析,可以看出老年人依赖多种资源来获取技术支持。家人、邻里和年纪相仿的朋友是主要的帮助来源,而专业维修服务、社区工作人员和政府或社区组织的培训班也提供了重要支持。公共管理部门和相关机构应继续优化这些资源的利用,特别是加强培训班的推广和效果,提高老年人数字素养的全面提升。

(二)被调查老年人遇到互联网使用困难时是否愿意向他人求助

图 3.14 展示了被调查老年人在遇到互联网使用困难时向他人求助的意愿情况。根据调查结果,当面对互联网使用困难时,有 3025 位老年人表示愿意求助,占总数的 80.6%。相比之下,仅有 375 位老年人不愿意向他人求助,占比 10.0%。另外,有 354 位老年人表示自己没有遇到过互联网使用困难,占 9.4%。

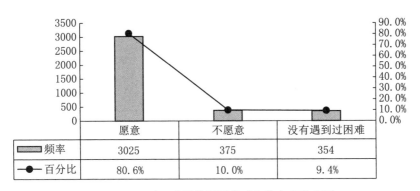

	愿意	不愿意	没有遇到过困难
频率	3025	375	354
百分比	80.6%	10.0%	9.4%

图 3.14　遇到互联网使用困难时向他人求助意愿

资料来源:作者自绘。

从这些数据可以看出,大多数老年人愿意在遇到互联网使用困难时寻求帮助,这反映了他们对克服技术障碍的积极态度。然而,仍有一小部分老年人不愿意求助,可能与他们的独立性或对技术的抵触情绪有关。

四、被调查老年人数字技能自我效能感

(一)被调查老年人使用互联网功能时的自我效能感总得分情况

1977 年班杜拉曾经指出,自我效能感是人们对自身能否利用所拥有

的技能去完成某项工作行为的自信程度。自我效能感是个体对自己是否有能力完成某一行为所进行的推测与判断,是个体对自己在具体活动中的能力方面所持有的信念。本书通过 14 道问题来定义老年人使用互联网功能自我效能感,包括有多大信心找到网络资源、有多大信心对网络数字资源的真伪做出评价、有多大信心通过运用数字技术应对就医、出行、社交、娱乐、购物和理财等现实生活问题。要求被调查者根据自我感受进行打分,其中 1 分表示"很没有把握",2 分表示"比较没把握",3 分表示"一般",4 分表示"比较有把握",5 分表示"很有把握"。然后把被调查者对 14 个问题的得分加总就可以得到其自我效能感。自我效能感得分在1—14 分区间,表示"自我效能感很低";15—28 分区间,表示"自我效能感较低";29—42 分区间,表示"自我效能感中等";43—56 分区间,表示"自我效能感很高";57—70 分区间,表示"自我效能感很高"。老年人使用网络功能自我效能感得分情况见图 3.15。

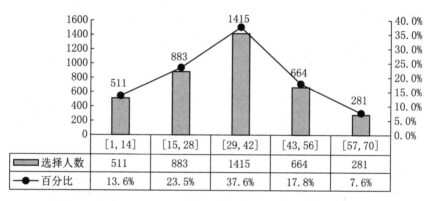

	[1, 14]	[15, 28]	[29, 42]	[43, 56]	[57, 70]
选择人数	511	883	1415	664	281
百分比	13.6%	23.5%	37.6%	17.8%	7.6%

图 3.15　被调查老年人使用互联网功能自我效能感总得分情况
资料来源:作者自绘。

图 3.16 展示了"互联网功能自我效能感得分"与参与者编号之间的关系。每个圆点代表一个人的自我效能得分。横轴显示参与者编号,范围从 0 到 4000,纵轴显示自我效能得分,范围从 0 到 70。图中得分分布较为分散,但可以看到某些水平的得分存在明显的水平聚集,表明在这些得分范围内有较多的参与者。通过图 3.16 可以识别出自我效能得分的模式或聚集情况,从而提供关于被调查老年人自我效能水平差异的洞见。

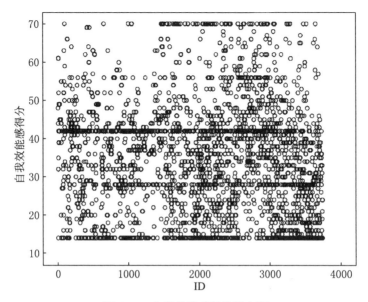

图 3.16　自我效能感得分散点图

资料来源:作者自绘。

图 3.17 呈现了被调查老年人在使用互联网功能时的自我效能感等级分布情况。根据调查结果,自我效能感很低(1—14 分)的老年人有 511人,占总数的 13.6%。自我效能感较低(15—28 分)的老年人为 883 人,占比 23.5%。得分为 29—42 分,即自我效能感中等的老年人最多,有1415 人,占总数的 37.7%。自我效能感较高(43—56 分)的老年人为 664

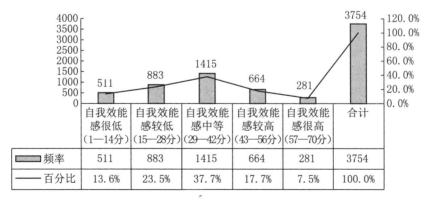

	自我效能 感很低 (1—14分)	自我效能 感较低 (15—28分)	自我效能 感中等 (29—42分)	自我效能 感较高 (43—56分)	自我效能 感很高 (57—70分)	合计
频率	511	883	1415	664	281	3754
百分比	13.6%	23.5%	37.7%	17.7%	7.5%	100.0%

图 3.17　使用互联网功能时自我效能感等级

资料来源:作者自绘。

人,占 17.7%。得分在 57—70 分之间,即自我效能感很高的老年人为 281 人,占比 7.5%。

通过这些数据可以看出,大部分老年人使用互联网功能的自我效能感集中在"较低"到"中等"之间,说明大多数老年人在使用互联网功能时感到一定的信心,但也有较多的人感到不太自信。具体而言,自我效能感中等(29—42 分)的老年人最多,占比超过三分之一。这表明,尽管老年人群体中存在一些对互联网使用非常自信的个体,但总体而言,老年人对互联网功能的使用信心还需要进一步提升。

自我效能感较低和很低的比例合计达到 37.1%,这部分老年人在使用互联网时可能遇到更多的困难和挑战,需要更多的支持和指导。而自我效能感较高和很高的老年人合计占比为 25.2%,这部分老年人表现出较强的自信心,可能更积极地参与到互联网活动中。

(二)被调查老年人使用互联网功能自我效能感的各项得分情况

表 3.7 展示了老年人互联网功能自我效能感各项得分情况,涵盖了知道健康信息类别、知道寻找健康信息位置、搜索和下载健康信息、通过网络回答健康问题、利用网上健康信息帮助自己、评估健康信息有用性、区分健康信息质量、健康信息决策、网上预约就医、支付医药费、叫出租车、使用社交软件、新闻娱乐、购物投资 14 个方面的自信心程度。

表 3.7 被调查老年人使用互联网功能时自我效能感各项得分情况

	知道网上健康信息和资源的具体类别的信心程度	知道网上健康信息和资源可以在哪里找到的信心程度	知道怎样搜索和下载网上的健康信息和资源信心程度	知道怎样通过网络来回答自己在健康方面的问题的信心程度	知道怎样利用网上获得的健康信息来帮助自己的信心程度	能够评估自己从网上获得的健康信息是否有用的信心程度	能够区分网上的健康信息哪些是高质量的、哪些是低质量的信心程度
N	3754	3754	3754	3754	3754	3754	3754
均值	2.48	2.51	2.5	2.48	2.52	2.52	2.5
中值	3	3	3	3	3	3	3
众数	3	3	3	3	3	3	3
标准差	1.165	1.2	1.213	1.201	1.226	1.21	1.2
方差	1.358	1.441	1.471	1.444	1.504	1.464	1.44
偏度	0.276	0.297	0.296	0.323	0.275	0.291	0.298

	知道网上健康信息和资源的具体类别的信心程度	知道网上健康信息和资源可以在哪里找到的信心程度	知道怎样搜索和下载网上的健康信息和资源的信心程度	知道怎样通过网络来回答自己在健康方面的问题的信心程度	知道怎样利用网上获得的健康信息来帮助自己的信心程度	能够评估自己从网上获得的健康信息是否有用的信心程度	能够区分网上的健康信息哪些是高质量的、哪些是低质量的信心程度
偏度的标准误	0.04	0.04	0.04	0.04	0.04	0.04	0.04
峰度	−0.611	−0.675	−0.761	−0.681	−0.784	−0.698	−0.691
峰度的标准误	0.08	0.08	0.08	0.08	0.08	0.08	0.08
峰度	−0.721	−0.772	−0.832	−0.707	−1.037	−0.959	−0.728
峰度的标准误	0.081	0.08	0.08	0.08	0.08	0.08	0.08
极小值	0	0	0	0	0	0	0
极大值	5	5	5	5	5	5	5
N	3754	3754	3754	3754	3754	3754	3754
均值	2.48	2.38	2.42	2.3	2.74	2.78	2.28
中值	3	2	2	2	3	3	2
众数	3	1	1	1	3	3	1
标准差	1.213	1.276	1.311	1.289	1.346	1.31	1.304
方差	1.472	1.627	1.719	1.662	1.811	1.716	1.701
偏度	0.309	0.488	0.471	0.583	0.145	0.119	0.574
偏度的标准误	0.04	0.04	0.04	0.04	0.04	0.04	0.04
峰度	−0.721	−0.772	−0.832	−0.707	−1.037	−0.959	−0.728
峰度的标准误	0.081	0.08	0.08	0.08	0.08	0.08	0.08
极小值	0	0	0	0	0	0	0
极大值	5	5	5	5	5	5	5

资料来源:作者自制。

各项得分均值在 2.28 到 2.78 之间,表明大部分老年人对自己在使用互联网获取健康信息方面的信心程度在中等水平。中位数和众数均为 3,这意味着多数老年人对各方面的自我效能感评价为中等。标准差在 1.165 到 1.226 之间,方差在 1.358 到 1.504 之间,表明数据的分布较为集中,但存在一定的离散性。偏度介于 0.276 到 0.323 之间,均为正值,显示分布偏右,说明有一部分老年人对自己的信心较高。峰度在 −0.611 到 −0.784 之间,均为负值,表示数据分布比正态分布更平,显示得分集中在中间区间,极端高低得分较少。各项指标的得分范围均为 0 到 5,极大值和极小值的一致性表明老年人的回答覆盖了整个评分范围。

总体来看,老年人在使用互联网获取和利用健康信息的自我效能感方面普遍处于中等水平,数据分布相对集中,但各项指标的信心得分存在一定的离散性。虽然大部分老年人对自己的信心较为均衡,但偏度和峰度的分析表明仍有一部分老年人的信心较高。老年人在使用社交软件和获取新闻娱乐信息方面的信心较高,而在医疗相关的互联网功能和金融投资方面的信心相对较低。这反映出老年人在互联网使用上的信心有明显的领域差异,提示需要针对性地提升老年人在特定领域的互联网使用信心。整体来看,被调查老年人在使用互联网功能时的自我效能感呈现出一定的特点:在健康信息获取与利用方面,老年人对具体类别、获取途径、搜索下载、评估利用等方面的信心略低于中等水平,且存在较大的个体差异;在日常生活应用方面,老年人在使用社交类软件和新闻娱乐休闲方面的信心相对较高,而在医疗相关应用、手机软件叫出租车、购物及投资理财等方面的信心较低。这些差异可能受到老年人年龄、教育背景、生活经验等多种因素的影响。

第四章

中国老年人数字技能指标体系构建

第一节　中国老年人数字技能指标体系构建必要性

一、中国老年人数字技能指标体系构建意义

第51次《中国互联网络发展状况统计报告》显示,截至2022年12月,50岁及以上网民群体占比由2021年12月的26.8％提升至30.8％,互联网进一步向中老年群体渗透。但"接入并不代表真正融入",相较于其他群体,作为"数字移民"的老年人在数字技术使用中面临着身体机能老化、媒介素养偏低、缺乏上网指导诸多现实问题。2020年11月24日,国务院办公厅下发《关于切实解决老年人运用智能技术困难实施方案》。该方案体现了国家层面对老年人跨越"数字鸿沟"的支持,呼吁全社会通力协作,帮助老年人融入数字时代,享受智能生活带来的便利。与此同时,各地方政府全力响应加快构建老年友好型社会理念和习近平总书记关于"加强养老公共服务,内容上要多样,财力上要倾斜,全社会一起努力,把老年人安顿好、照顾好,让老年人安度晚年"的重要指示,积极弥合老年人数字鸿沟成为我国高质量发展和平衡性发展的内在要求。面对数字化高速发展的社会转型,如何兼顾效率和公平,化解人口老龄化与社会数字化之间的张力冲突,是学术研究中的重要课题。近年来,互联网、智能化设备和应用在全社会各类场景的加速普及,数字技术成为日常活动中的工具。在社会环境的巨大压力下,每个人的生活方式都因为信息传播技术的发展被重构,能否使用信息传播技术,已然成为人们能否便捷生活的重要依据。数字化时代,放大了老年人在数字社会中面临的窘境,数字融入已成为全社会面临的共同挑战。探究弥合数字鸿沟,探讨老年人数字技能维度,有利于不断增强老年人数字融入的内生动力,从而提高其

生活质量和幸福感,积极应对人口老龄化。

在数字引领下的教育、医疗、政务、出行等智能生活场景中,老年群体表现出诸多困惑,与快速发展的社会容易脱节或形成脱离感,而数字技能是老年人适应数字时代变化的重要手段。应对这一困境,需要社会各界协同合作,优化老年人知识结构,培养老年人数字技能。研究老年人数字技能指标体系构建,符合国家战略需要。积极应对人口老龄化是我国"十四五"到 2035 年期间的国家战略,数字技能作为提升老年人社会参与、疏解老年人面临智能化的畏难或恐惧心理的重要力量。有效帮助老年人跨越"数字鸿沟",走向"数字融入",变"数字泥淖"为"数字坦途",是实务界和学术界共同关注的重点问题。因此,本章着重对我国老年人数字技能指标体系构建进行研究,提出具有针对性和时效性的政策建议,以指导老年人数字技能提升,促进老年人融入数字社会,填补现有研究空白,积极应对人口老龄化,促进老年人和年轻人之间代际数字鸿沟弥合。

二、中国老年人数字技能指标体系构建原则

(一)科学性原则

科学性是保证老年人数字技能评价指标体系准确、合理并且具备参考价值的前提和基础,避免指标之间可能存在的交叉性、重复性和不合理性。本书以欧盟数字素养框架、联合国数字素养和技能全球框架、中国教师数字素养及其他国家的数字素养和技能框架为参考,在借鉴前人研究成果的基础上,结合中国老年人实际情况,构建中国老年人数字技能评价指标体系。运用德尔菲法,通过多轮意见收集和科学性论证,确保指标的选取、内涵界定、计算方法及评价标准具有科学性和合理性。科学性原则强调在指标体系构建过程中,依据老年人的生理、心理特征以及数字技能发展的客观规律,确保指标体系能够真实反映老年人的数字技能水平。

(二)客观性原则

老年人数字技能评价指标体系是对中国老年人数字技能进行评价的标准。为保证最终评价指标体系的客观性,本书在总结中国老年人日常生活特点的基础上对其进行设计,确保老年人数字技能水平能够得到客观真实反映,以便能为中国老年人数字技能提升提供针对性建议。客观性原则强调在构建指标体系时,尽量避免主观臆断和偏见,确保所收集的

数据和评价结果能够客观反映老年人的数字技能现状,确保数据来源可靠,收集过程规范,评价结果可验证。

（三）导向性原则

构建评价指标体系的目的是反映中国老年人实际数字技能水平,引起政府部门和老年人自身对数字技能的重视。与此同时,数字技能的内涵和外延随着时代变化而不断发生变化,指标构建需要具备时代性和发展性,为积极应对人口老龄化、提高老年人对数字时代的适应性起到导向作用。保证指标体系应具有一定的前瞻性和引导性,能够反映老年人数字技能发展的趋势和方向,为政策制定、教育培训等提供依据和参考。导向性原则强调指标体系应能够引导社会各界关注老年人数字技能问题,推动老年人数字技能的提升。

（四）可操作性原则

老年人数字技能评价指标体系应操作简便,易于施行。本书制定的评价指标体系需要从老年人实际生活着手,选取可量化的评价指标,并通过细化评价指标和清晰阐述使各个指标的内涵,保证构建的指标体系覆盖老年人数字技能的各个方面和层次,确保评价的全面性和系统性。可操作性原则要求老年人数字技能评价指标体系包含范围较广,既包括基础性的数字技能指标,如信息和数据获取能力;也包括更高层次的指标,如信息和数据安全意识和数字创造能力等。

（五）动态性原则

老年人数字技能评估是动态变化的过程。随着技术进步和社会环境的变化而不断发展。因此,指标体系应具有灵活性,能够根据新的技术和应用进行适时调整和更新。同时,应定期对指标体系进行升级和优化,确保其始终与老年人数字技能的发展保持同步。

为达成构建科学、实用的中国老年人数字技能指标体系的目标,本书综合运用扎根理论方法和德尔菲法,遵循科学性原则、客观性原则、导向性原则、可操作性原则和动态性原则,确保所构建的指标体系具备高度的可操作性和应用价值,为中国老年人数字技能水平的评估与提升提供坚实的理论支撑和实践指导。通过一系列严谨的研究步骤,构建的老年人数字技能评价模型能促进老年人在数字时代下的全面融入,提高其在日常生活、健康管理、社交互动等各方面的数字化能力,进而推动社会整体的数字化转型进程。

第二节　中国老年人数字技能维度选取与指标确定过程

一、指标参考框架与设计

（一）指标参考框架

1. 欧盟数字素养框架和联合国全球数字素养框架

欧盟数字素养框架和联合国教科文组织的全球数字素养框架是两个重要的国际性数字素养框架。欧盟数字素养框架经历了从 1.0 版本到最新版 2.2 版本的多次修订。总体来说，欧盟数字素养框架将数字素养分为五个维度：信息和数据、沟通与合作、数字内容创作、安全以及问题解决。欧盟数字素养框架五个维度合计包括 21 个二级指标，也即提出 21 种具体数字素养。在数字素养分级层面，欧盟数字素养框架将数字素养分为基础、中等、高级和专业级四个级别，每个级别细分为两个子段，构成一个四级八段的框架体系。欧盟数字素养框架对公民数字素养的具体分类和分级，有助于系统评价和持续激发学习者的数字素养，推动公民在行为表现、自主性、任务复杂性、社会影响力等方面不断提升其数字素养。

联合国教科文组织颁布的《全球数字素养框架》包含 7 个数字素养领域和 26 个具体素养，且具体描述了各项素养应达到的具体水平，为制定数字素养评价工具奠定了基础。《全球数字素养框架》推荐使用"自我报告量表"的评价方式，辅助采用"在线知识测试"，并建议评价工具应为跨平台的模块化软件，能够进行诊断性评价。

欧盟数字素养框架和联合国《全球数字素养框架》都强调数字素养在教育和社会发展中的重要性，为教育政策制定者、教育工作者和学习者提供指导和参考，以促进数字技术的有效利用和社会的数字化转型。

2. 我国相关重要政策和文件对数字技能的界定

在推动数字技能和数字素养方面，我国已经制定和实施一系列政策和行动纲要，以提升全民的数字能力，支撑数字经济的发展。

2022 年 10 月，中共中央办公厅、国务院办公厅印发《关于加强新时代高技能人才队伍建设的意见》，提出完善技能导向的使用制度，建立技能人才职业技能等级制度和多元化评价机制,建立高技能人才表彰激励机制等措施,旨在提升技能人才的岗位使用效率、拓宽职业发展通道。

2021年11月,中央网络安全和信息化委员会办公室发布《提升全民数字素养与技能行动纲要》,提出到2025年达到全民数字化适应力、胜任力、创造力显著提升的目标,并从丰富数字教育培训资源、提升高效率数字工作能力、构建终身数字学习体系、激发数字创新活力等方面提出具体的行动措施。

2024年4月,人力资源社会保障部、中央网信办、国家发展改革委和国家数据局等联合印发《加快数字人才培育支撑数字经济发展行动方案(2024—2026年)》。明确提出加快数字人才培育的目标和任务,包括实施数字技术工程师培育项目、推进数字技能提升行动、开展数字人才国际交流等,以适应数字产业化和产业数字化的发展需求。

《数字中国建设整体布局规划》强调构筑数字技术创新体系和筑牢数字安全屏障的重要性,并提出加强组织领导、健全体制机制、保障资金投入、强化人才支撑和营造良好氛围等保障措施,以推动数字中国建设。

这些政策和行动纲要体现了中国政府对提升全民数字技能和素养的重视,通过多方面的措施,构建数字人才培养和发展的良好环境,促进数字经济的高质量发展。

3. 美国数字技能指标框架和文件

美国在数字技能和数字素养方面的政策文件和界定体现在多个层面,包括国家战略、教育体系改革以及特定领域和群体的数字技能培养。

美国国务院发布了《美国国际网络空间和数字政策战略》,该战略强调数字团结,即通过共同努力、团结协助和支持合作伙伴建设能力,以实现一个创新、安全和尊重权利的数字未来。该战略提出三项指导原则和四个行动领域,涵盖构建安全和包容的网络空间、协调数字和数据治理、推动负责任的国家行为,以及加强国际合作伙伴的数字和网络能力等方面。

在教育领域,美国教育部教育技术办公室已经发布《教师数字学习指南》和《学校领导者数字学习指南》,为国民提供资源、工具和指导策略,以支持教师和学校领导者在数字化教学中的发展。此外,美国还发起"数字素养加速器"计划,鼓励各方参与提供数字素养资源和解决方案,特别是帮助识别和处理数字空间中的虚假信息。

美国政府大力推动数字素养和数字技能研究和实践,主题包括数字素养内涵、测量、评价和教育实践等。实践结果显示,美国数字素养和技能培育和提升政策已成为促进数字经济发展的支柱政策之一。

综上所述,美国对数字技能的界定涵盖从国家战略到教育实践的多个方面,美国颁布大量的数字素养和技能框架,发布各级政府层面的政策,提升全民数字素养和技能,推动数字经济发展,构建一个更加安全和包容的数字环境。

（二）文献里的界定

数字技能作为 21 世纪各国公民关键能力之一,已受到全球范围内的广泛关注。数字技能通常指个体在使用数字技术、处理信息和进行通信方面的能力,这些技能对于适应数字化社会至关重要。[1]研究者提出多种理论框架来界定数字技能。[2]在研究方法上,量化研究和质化研究均有广泛应用。[3]量化研究侧重于通过问卷调查和统计分析来测量数字技能水平[4],而质化研究则更关注个体在使用数字技术时的体验和感受[5]。两种方法的结合使用可以更全面地理解数字技能的内涵和影响因素。

尽管已有大量研究关注数字技能的重要性和培育方法,但该领域仍存在一些争议。例如,关于数字技能的确切定义和范围,不同学者有不同的理解,导致数字技能测量和评价存在较大不确定性和困难。在指标维度方面,学者们曾提出从五个维度构建数字素养框架,如信息素养、图片—视觉素养、再创造素养、社会情感素养和分支素养等。也有学者对五维度进行修正,增加"实时数字技能"维度,形成六维度框架。

因此,本书着重于关注如何整合不同理论框架,形成一个统一的数字技能评估模型。结合中国显示情况对模型进行本土化修正,并结合老年人实际情况对模型进行适老化改造。同时,开发具有文化敏感性和适应

---

[1] 王晓慧:《智慧社区养老协同治理的理论逻辑与实践进路》,《江汉学术》2023年第 4 期。

[2] 刘奕、李晓娜:《数字时代老年数字鸿沟何以跨越?》,《东南学术》2022 年第 5 期。

[3] 余丽芹、于晓旭、马丹:《高职学生数字技能评价指标体系构建与应用研究》,《黑龙江高教研究》2024 年第 7 期。

[4] 李晓静、胡柔嘉:《我国中小学生数字技能测评框架构建与证实》,《中国电化教育》2020 年第 7 期。

[5] 迟恩羽:《小组工作介入城市空巢老人数字技能提升研究》,青岛大学 2023 年博士学位论文。

性的评估工具,以准确测量老年群体的数字技能水平。此外,本研究探索如何将数字技能教育与学科教学更有效地结合,以促进老年群体全面发展。

二、基于扎根理论的指标体系修正

（一）扎根理论方法及研究设计

1. 扎根理论方法介绍

在质性研究领域,研究者常采用一系列策略来深入理解和分析数据,包括分析归纳、比较性分析和扎根理论等。典型的质性研究流程涉及资料的系统化整理、深入研究、问题提出、码、备忘录分析、备选解释的探索以及最终研究报告的撰写。本书旨在探究中国老年人数字技能的多维表现,因此选择以理论构建为核心的扎根理论来进行数据的整理和分析。

首先,确立研究主题。扎根理论特别适用于对那些概念界定不清晰的研究主题进行深入研究。研究者以探索性目标为指导,深入挖掘主题,并通过收集与分析数据来构建具体的研究问题。

其次,进行理论抽样。在扎根理论框架下,研究者通过访谈、观察等手段收集数据,并通过开放、关联和区别三个阶段取样来完成理论构建。在此过程中,资料分析与收集同步进行,研究者需要在阅读原始资料时识别与研究主题相关的关键概念,建立它们之间的联系。

2. 扎根理论方法在本研究中的应用

在本研究中,扎根理论的应用体现在对中国老年人数字技能的深入分析。作者与老年群体进行深度访谈和观察,收集丰富的第一手资料。本研究对于扎根理论的分析过程依赖于三级编码策略。首先,开放式编码要求研究者细致阅读资料,识别并定义重要信息,形成初步概念和类别。作者识别了与老年人数字技能相关的各种现象和问题。其次,将这些分散的概念联系起来,形成更为集中的主题和子主题。随着研究的深入,作者通过理论抽样,选择能够进一步阐释和区分理论概念的参与者。最后,在选择编码阶段,将这些主要类别整合,并识别出核心类别,以构建逻辑严密且完整的故事线来连接所有类别。在理论抽样过程中,作者通过撰写备忘录来比较和理解概念类属,为后续研究打下基础。

通过这一过程,作者不仅深入理解了中国老年人数字技能的多维性,而且能够提出针对性的干预措施和政策建议,以促进老年群体的福祉,提高老年人数字技能,并通过数字技能的应用改善其生活质量。在完成三级编码分析后,作者提炼出新的理论,并详细说明概念比较和理论发展过程。为确保资料间的内在一致性,作者遵循理论饱和原则,在收集资料的同时开始分析工作,并在无法从新资料中提取新概念时停止收集。

根据扎根理论抽样原则,作者提前考虑研究场所与群体,并对每个场所应该要研究的时长做出决定,同时保持访谈数据的一致性。①本研究选取的访谈对象来自山东、贵州、湖南、上海、浙江、安徽以及广西等 7 个省份。研究遵从访谈资料的理论饱和性原则,在访谈之初暂不拟定访谈人数,研究人员与各街道负责人取得联系后,采用"目的性抽样"方法抽取若干个老年人开展入户访谈,以便在有限时间内获得与研究主题相关的最大信息量。为提高研究信度与效度,本研究整合了新闻报道、政府文件和会议材料等丰富的二手数据作为补充,同时在访谈结束后的两天时间内采用反复听音的方式整理出访谈原稿,尽可能将访谈过程与语境通过原文完整呈现。最终,共抽取 30 位访谈对象,其中,男性 14 人,女性 16 人,年龄为 60—95 岁之间。

在正式访谈之前,作者首先抽取 6 位访谈对象进行预访谈以便于掌握正式访谈应把握的节奏与内容。在提问过程中,秉承开放自由的态度听取受访者的相关想法,并在此过程中生成最终的访谈提纲。正式访谈时间控制在每位访谈对象 30—40 分钟,当收集到的访谈数据达到饱和时方结束访谈过程。

(二)资料分析

1. 建构主义扎根理论的分析逻辑及运用

在扎根理论研究中,编码与译码处于核心地位,分别对应资料的收集与分析。编码和译码工作是一个整体,同时进行、彼此相关,与其他定性研究方法最大的不同是在其资料分析的过程中需要对资料进行不断地分解、抽象与概念化直到建构的理论达到完全饱和,并形成主要的解释范畴与性质维度。②研究者对资料的收集与分析正是在实践中展现理论化的

---

① Juliet M. Corbin、Anselm L. Strauss:《质性研究的基础:形成扎根理论的程序与方法》,朱光明译,重庆大学出版社 2016 年版,第 162—167 页。

② 李志刚、李兴旺:《蒙牛公司快速成长模式及其影响因素研究——扎根理论研究方法的运用》,《管理科学》2006 年第 3 期。

过程,这一过程不仅需要数据支持,还需要数据解释,而建构主义扎根理论则从更完整意义上认识到现象的复杂性,关注对象自身的实际情况,建构其在具体环境中的意义和行动,并认为任何分析都具有情境性且处于具体的时间、地点、文化和环境中。①因此,本研究基于建构主义视角开展扎根分析,将抽样访谈本进行编码与译码,分析过程遵循开放式编码、轴心式编码、选择性编码三个步骤,形成最终概念清单。扎根分析研究逻辑见图4.1。

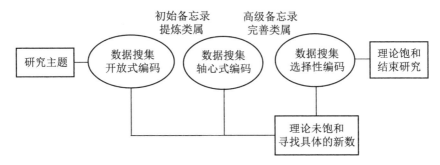

图4.1　扎根分析逻辑图

资料来源:根据凯西·卡麦在《建构扎根理论:质性研究实践指南》一书中的"扎根理论过程图"绘制。

2. NVivo 质性分析工具的使用

NVivo 作为一种能够帮助研究者组织和分析无序信息的定性数据分析软件,其主要编码方法包括两种:一是根据研究主题进行编码以形成研究框架,二是根据数据资料直接进行编码以整合出与主题相关的概念范畴,即通常所说的扎根分析方法。②本研究采用第二种编码分析方式,首先将总计约 10 万字的访谈转录文本导入数据库中,通过 NVivo 的自由编码功能和词频分析功能获得数据的初步了解;其次,对数据库中的文本进行逐行编码,并对编码后的节点进行归类;再次,根据逐行编码归类结果进行轴心式编码,将归类结果进行范畴扩展与概念延伸;最后,选择所有编码结果中的核心范畴,重新整理编码结果,并整合出新的范畴间缔结

①　[英]凯西·卡麦:《建构扎根理论:质性研究实践指南》,边国英译,重庆大学出版社 2009 年版,第 123—153 页。

②　王光明、杨蕊:《基于 NVivo10 质性分析的少数民族数学学习心理因素研究》,《民族教育研究》2015 年第 1 期。

纽带,从而逐步构建出与主题相关的理论模型。①

(1) 开放式编码与译码

作为资料分析的基础性步骤,本研究将访谈对象设置为从 LNR01 到 LNR30 及 GZZ01 到 GZZ14 的编号,以便于快速查找相关联的数据信息(LNP 表示受访的老年人,GZZ 表示政府部门工作人员或社区工作人员),将 30 个受访老人访谈文本与 14 个受访工作人员访谈文本分别录入 NVivo 软件中进行初始编码,对于每一行数据线索的发掘、拆分、组织和再定义有助于理论类属的形成,并在此过程中生成能够反映研究资料的概念与范畴。围绕"数字技能"的研究核心,访谈数据经过开放性编码后共形成 118 个概念节点,考虑到概念节点的语意重复与数量冗杂,研究者将存在相似性的概念进行整合,最终形成 107 条初始概念。在此基础上对概念重新类属化并挖掘、命名新的范畴,最终获得 9 个范畴。此外为保证每个范畴的科学性与合理性,研究者还对所得范畴的性质和维度进行了分析。性质是一个范畴的特性或特质,而维度则是性质所处的具体位置。②

(2) 轴心式编码与译码

在开放性编码之后,需要将拆开的范畴重新进行组合联结,运用典型模型中的现象、因果条件、脉络、中介条件、行为策略及其后果,将主范畴发展到副范畴以掌握更多对主范畴的精准认知。③本研究在轴心式编码阶段通过典型模型分析工具对 9 个范畴与 107 条概念进行不断比较,从而获得主范畴及其典范模型。

(3) 选择性编码与译码

扎根分析的第三步需要对轴心式编码中得到的主范畴进行进一步凝练与整合,选择其中能够涵盖所有范畴的核心范畴,并通过资料中的故事线将范畴进行联结组合、排列分析,从而形成完整的扎根理论分析框架。④在

---

① 韩黎、袁纪玮、徐明波:《基于 NVivo 质性分析的羌族灾后心理复原力的影响因素研究》,《民族学刊》2015 年第 5 期。

② 于佩良:《基于扎根理论的居民参与旅游扶贫演化模型研究》,广西大学 2019 年博士学位论文。

③ Anselm Strauss、Juliet Corbin:《质性研究概论》,徐宗国译,台北:巨流图书公司 1997 年版,第 110—121 页。

④ 同上书,第 134—161 页。

比较 9 个范畴的过程中，逐步归纳出核心范畴，从而建构出分析框架。

（三）中国老年人数字技能资料编码过程

1. 开放编码

在针对老年人数字技能的资料分析过程中，作者针对数据进行深入挖掘，逐字逐句审视访谈资料，以期发掘出与研究主题紧密相关的新概念。然而，随着编码工作的推进，难免会遇到众多重复或冗余的概念，这要求研究者具备敏锐的洞察力，对相似或重复的语意进行筛选与整合。聚焦于"老年人数字技能提升"这一核心议题，作者在开放编码阶段精心标注了众多概念节点，总计数目达到一定规模。随后，通过严谨的比对与筛选剔除那些语意相近或完全重复的概念，确保每一个保留下的概念都具备独立性和代表性。经过这一轮细致的清理工作，成功提炼出若干条精炼且具有实际意义的初始概念。通过概念整合与类属化策略，将这些初始概念按照其内在逻辑和关联性进行分组，逐步构建起一个更为系统化和结构化的分析框架。最终，成功归纳出多个初始范畴，全面覆盖老年人数字技能关键领域，为后续的分析与讨论提供有力的支撑。部分开放编码分析见表 4.1。

表 4.1　开放编码生成的初始编码

原始文本示例	初始概念	初始范畴
"智能手机打电话、发微信，很多基本操作我都会，平时我都用手机和大家联络。"	智能手机基本操作	使用熟练度
"我经常用微信和家人视频聊天，感觉拉近了距离。"	社交媒体视频聊天	社交媒体使用能力
"我学会了在淘宝上买东西，自己下单，方便多了。"	电商平台购物	网络信息检索能力
"我会辨别网络上的真假信息，不会轻易相信谣言。"	信息来源判断	信息筛选与评估能力
"我女儿教我设置支付密码，我现在也学会微信支付了，我还会定期更换密码，保护隐私。"	密码管理与更新	个人信息保护意识
"网络安全还是很重要的，我们老年人很容易被网上这些东西欺骗，我们社区很好，组织的网络安全讲座，我学到很多知识。"	网络安全防护学习	网络安全防护知识

资料来源：作者自制。

2. 轴心编码

在老年人数字技能研究的编码过程中,开放式编码首先将原始数据分解成多个具体的概念和类属,这些概念和类属反映了老年人在使用数字技能方面的多样性和复杂性。随后,轴心式编码阶段则是对这些分解后的数据进行重新组织和逻辑关系建立,以便更深入地理解老年人数字技能的多维度特征。

通过轴心式编码,研究者对开放式编码中形成的初始范畴进行进一步的阐释和说明,并归纳出能够厘清不同初始范畴之间逻辑关系的主范畴。在老年人数字技能研究中,可以将多个初始范畴凝练成几个核心主范畴,以更全面地概括老年人数字技能的特点。各主范畴、初始范畴及其相互关系内涵见表 4.2。

表 4.2　轴心编码形成的主范畴及其关系内涵

主范畴	初始范畴	关系内涵
数字设备操作能力	硬件使用熟练度(如智能手机、电脑等)	老年人对各类数字硬件设备的基础操作与高级功能的掌握情况,直接关系到其在日常生活中运用数字设备的便利性和效率。
	软件应用掌握度	老年人对各类常用软件应用的了解与使用程度,影响其能否有效利用数字设备完成各项任务。
信息获取与处理能力	网络信息检索能力	老年人通过网络搜索引擎高效获取所需信息的能力,反映其在数字环境中的信息检索效率。
	信息筛选与评估能力	老年人对检索到的信息进行筛选、评估其真实性和有效性的能力,确保其能够获取到有价值的信息。
网络社交与沟通能力	社交媒体使用能力	老年人在社交媒体平台上进行互动、分享信息的能力,体现其在数字社交环境中的参与度和社交技能。
	网络交流与表达能力	老年人在网络环境中进行有效沟通、清晰表达观点和情感的能力,有助于其在虚拟空间中建立和维护人际关系。
数字安全意识	个人信息保护意识	老年人对保护个人隐私和敏感信息的认知与重视程度,防止个人信息泄露和滥用。
	网络安全防护知识	老年人对网络安全风险的认识及相应的防护措施,提高其在使用数字设备时的安全保障水平。

续表

主范畴	初始范畴	关系内涵
数字内容创造能力	多媒体内容制作能力(如视频、音频编辑)	老年人利用数字工具制作多媒体内容的能力,展示其在数字环境下的创造力和表达能力。
	创意思维与表达能力	老年人在内容创作过程中展现的创意思维和创新表达方式,体现其在数字内容创作领域的独特性和艺术性。

资料来源:作者自制。

3. 选择编码

在老年人数字技能研究的编码过程中,经过开放式编码和轴心式编码之后,进一步进行选择性编码,以提炼出最核心的主题或概念,即核心范畴。这一核心范畴能够统领其他所有范畴,形成一个具有内在联系的整体框架。该框架不仅涵盖老年人数字技能的各个方面,还体现技能发展过程中的关键影响因素和支持体系。根据老年人数字技能的轴心编码结果,提炼出核心范畴"老年人数字技能的综合发展框架"及其包含的主范畴和关键要素。

表 4.3　轴心编码形成的主范畴及其关键要素

主范畴	关键要素	描述
数字基础能力	信息检索与获取能力	掌握利用数字工具搜索、筛选所需信息的基本技能。
	设备操作能力	熟悉并能熟练操作电脑、智能手机等数字设备的能力。
数字应用能力	社交媒体使用能力	在社交媒体上进行交流、分享信息的能力。
	在线学习与娱乐能力	通过数字平台参与在线课程、观看视频、玩游戏等能力。
数字认知与态度	数字技术认知	对数字技术的理解程度及其对个人生活影响的认识。
	积极学习态度	对学习新数字技能的积极性和态度。

主范畴	关键要素	描述
数字社交支持	线上社交关系建立与维护	通过数字平台建立和维护社交联系的能力及其获得的支持。
	家庭数字反哺感知	在家庭环境中感受到的数字技能学习支持及其影响。
数字健康与安全	健康信息管理能力	利用数字工具管理个人健康信息的能力,如使用健康 APP。
	数字安全意识与防护能力	在使用数字设备时的安全意识及防范网络风险的能力。

资料来源:作者自制。

（四）中国老年人数字技能表现分析

在中国,老年人口的数字技能表现是一个复杂的社会现象,其分析需综合考量个体的生活经历、教育水平、经济状况以及对新兴技术的适应能力。根据现有的研究和实际调研数据,我们可以发现,老年人在数字技能方面呈现出显著的异质性。一些老年人能够熟练地运用智能设备进行社交、购物和获取信息,而另一些老年人则可能仅掌握基础操作或对技术感到陌生。

社交技能方面,一些老年人已经能够利用社交媒体与亲朋好友保持联系,享受数字时代带来的便利。然而,也有老年人因为技术障碍或安全顾虑,较少参与网络社交。

网络安全意识和防护能力是老年人使用数字技术时的关键。虽然部分老年人具备基本的网络安全知识,但仍有许多人对网络诈骗和风险缺乏足够的认识。在老年数字技能框架中,需要将网络安全意识和防护能力作为一个重要的维度,纳入框架的考量范围。

在数字内容创造和创新应用方面,老年人参与度相对较低,但不乏一些积极尝试通过网络平台分享生活经验和创造性内容的老年人。终身学习与技能适应性是老年人适应数字时代的关键。一些老年人,通过参加社区教育课程、在线学习等方式不断提升自己的数字技能。也有老年人因为缺乏学习资源、信心不足等,难以跟上数字技术的发展步伐。

1. 信息和技术获得、辨别和存储技能

信息检索和获取是老年人最基础的一种数字技能。数字时代,信息无处不在。对于老年人来说,能够利用搜索引擎和在线资源查找所需信息,成为日常生活中必备的一种技能。在操作过程中,一些老年人常遇到困难,如输入关键词不准确、难以辨别信息真伪或难以有效存储等。

"我现在会用百度搜东西,但有时找不到我想要的,出来的结果太多,不知道怎么选。百度列在最上面的资料,往往都是广告信息。我难以辨别哪个是真哪个是假。"(访谈编码:GD2023122602)

"我会搜索百度信息,但我不太会保存。我想复制这些信息,有些网站需要付费,有些网站需要注册。我就放弃了对这些信息的保存。"(访谈编码:GD2023122602)

"我不太接受新技术。我更倾向于通过传统方式(如询问家人、朋友或翻阅书籍)获取信息,对互联网信息检索持保留态度。"(访谈编码:GD2023122602)

"我退休前是老师,也就是社会上说的知识型老人。我会百度,也会使用中国知网,以及 google 学术等。"(访谈编码:GD2023122602)

"我比较会辨别信息。因为我一般只点开官方网站。不是官方网站的话,我是不会去点开查看的。"(访谈编码:GD2023122602)

2. 利用社交软件进行沟通与合作技能
(1)家庭和朋辈关系构建与维护

利用社交软件进行沟通与合作技能是老年人日常生活的必要技能之一。常见的沟通软件有微信、QQ 以及陌陌、钉钉等。老年人对一些常见的软件,使用能力差异较大。

多数老年人能够熟练操作智能手机进行基本的通话和短信收发,会阅读短信。还有一些老年人表示,会用手机登录微信或者登录 QQ。会使用微信发送语音信息,部分老年会发送文字信息,但打字较慢。

在访谈中,不少老年人表达了他们对社交媒体使用的积极态度和实践经验。受访者曾提到:

"我学会了用微信,每天都和孙子视频聊天,感觉距离近了很多。还会在朋友圈里分享我的生活点滴,看看朋友们都在忙什么。"这反映了老年人在社交媒体使用上的基本能力,包括视频通话、发布动态、浏览信息等。(访谈编码:GD2023122602)

> "我眼睛不太好,手机屏幕上的字太小了看不清,有时候点错了还不知道怎么退出来。"(访谈编码:GD2023122602)
>
> "有时候我在网上看到很多关于养生的文章,但很多说法都不一样,我也不知道该信哪个。"(访谈编码:GD2023122602)

(2)其他在线社交与娱乐能力

除了与家人、朋友等构建和维护社会关系外,其他在线社交与娱乐是老年人数字技能的重要体现。

> "我参加了社区组织的线上课程,跟着老师学,还能回放复习,特别方便。现在我每天都会抽时间练习,感觉生活充实多了。"(访谈编码:GD2023122602)
>
> "我喜欢在网上听京剧,还能找到很多老电影看,感觉回到了年轻时候。有时候也会玩玩小游戏,打发时间。"(访谈编码:GD2023122602)

然而,在与其他人的线上社交关系的建立与维护方面,许多老年人表现出一定的困惑和挑战,缺乏主动利用数字平台建立新社交关系的意识和技能。对于电脑等更大型的数字设备,老年人的操作能力普遍较弱,缺乏相应的键盘和鼠标操作技巧。一些受访者表示从未使用过电脑,或仅在家人帮助下偶尔登录 QQ 或者微信。

> "我虽然有微信,但都是孩子们帮我加的亲朋好友,我自己不知道怎么去认识新朋友。"(访谈编码:GD2023122602)
>
> "有时候朋友们在群里发一些表情或者链接,我都不知道是什么意思,也不敢随便点,怕点错了。"(访谈编码:GD2023122602)
>
> "我儿子经常教我怎么用手机,但他忙的时候我也不好意思总问他。有时候他教了我好几遍,我还是记不住,他就有点不耐烦了。"(访谈编码:GD2023122602)

(3)参与社区交流和公共事务

沟通与合作技能还体现在老年人利用数字工具,进行社区事务联系,参与社区交流和公共事务,提升社区生活融入度。

"我会用手机打电话、发微信,但那些拍照啊、设置什么的就不太会弄了。"(访谈编码:GD2023122602)

"我们社区的数字培训、志愿者活动等等,都是通过微信群进行通知。还有,我们有个'吾爱家'APP,社区的各种活动通过 APP 进行发布,老年人及其家人可以通过 APP 报名参加活动。"(访谈编码:GD2023122602)

3. 数字内容创造

访谈资料表明,老年人数字技能还体现在数字内容创造方面。一些老年人会拍摄视频,将这些视频上传到抖音等社交平台。还有一些老年人会拍摄照片,发至朋友圈,与朋友们分享。

"数字内容创造对老年人来说,是相对较难的一项数字技能。当然,有些特定的数字创造,例如,拍摄视频发抖音、在年轻人的帮助下上传一些图片发朋友圈,或者在年轻人的辅助下做个直播,也不是不可能的。"(访谈编码:GD2023122602)

4. 数字安全与保护方面

数字安全与保护对老年人来说,具有非常重要的意义。如果没有掌握数字安全和保护技能,其危害性也相对较大。如前所述,老年人在信息和数据获取、数字社交和社区事务参与方面,具有相对较好的数字技能。然而,在数字安全与保护方面,由于信息来源有限和学习能力下降,老年人对数字安全的认知往往停留在表面,缺乏深入了解和全面把握。访谈中,一些老年人表示对网络安全、数据隐私等问题知之甚少,这在一定程度上影响他们使用数字技术的信心和积极性。

"我平时没有数字安全意识。我很少设置密码。因为设置密码以后,经常记不住。我也嫌麻烦。我也知道网络上骗子很多,如果不注意设置密码,很容易被坏人获得我的信息,骗取钱物。"(访谈编码:GD2023122602)

"我有时候会收到一些陌生人的信息,里面有一些链接,我也不知道是不是安全的,就没敢点。"(访谈编码:GD2023122602)

"我听说有一些老年人,对数字设备的操作不熟悉,容易误点恶

意链接或下载不安全的应用,从而给个人信息安全带来隐患。"(访谈编码:GD2023122602)

5. 数字问题解决技能

调查结果显示,老年人数字技能参差不齐。其中,最容易掌握的技能是信息和数据获取,只需要点击网站就可以浏览信息。不少老年人表示,日常生活中,能够使用智能手机进行基本操作,如拨打电话、发送短信、浏览新闻等。但高级功能,如在线支付、预约挂号、网约车服务等则较少触及,这些技能也掌握不好。在线支付、预约挂号、网约车服务等需要较高的技能,仅有小部分老年人能够较为独立且熟练地应用智能手机,大部分老年人不敢独立操作,只能在志愿者或家人协助下或者"代操作"的情况下,才能解决这些数字技能。此外,老年人在数字技能上的表现呈现出显著的群体分化特征。高龄、低收入和低文化程度的老年人面临更大的数字融入障碍。访谈中,多位高龄受访者表示,尽管他们拥有智能手机,但由于视力、听力下降及记忆力减退,对复杂操作感到力不从心。同时,经济困难和文化水平较低的老年人普遍缺乏使用数字技术的能力和意愿,数字问题解决技能方面处于劣势。

(1) 健康信息管理能力

调查结果显示,在健康信息管理能力方面,许多老年人表现出一定的困惑和挑战。在调查过程中,近九成老年人表示,他们缺乏有效地利用数字平台获取、整理和应用健康信息的能力。

"我听说手机上有一些应用可以记录血压、血糖,但我不知道怎么下载,也不知道哪个应用好用。"(访谈编码:GD2023122602)

(2) 利用网络诊断问题的技能

利用网络诊断问题的技能包括解决生活中面临的各种问题,如一些年轻人可以在网上找到医生,描述自己的身体状况和病情。

"我听一些年轻人说,可以在网上预约医生,在网上咨询身体健康问题。可是我不知道怎么操作。"(访谈编码:GD2023122602)

(3) 通过网络手段购物技能

调查结果显示,部分老年人能通过网络手段购买自己和家庭所需物品。

> "我们家里的食品主要是去菜市场和超市购买。但在我急需的时候,我也会使用美团购物。美团购物的送货速度非常快,大概只有半个小时就可以送到我家。美团 APP 是志愿者帮我装上的。我觉得非常好用。"(访谈编码:GD2023122602)

(4)利用网络提升自我的技能

利用网络提升自我的技能是老年人数字技能中较为高级的能力,老年人能借助一些评估量表,对自己的自理能力和心理认知能力进行自评估,根据网络上的课程和指导,进行自我锻炼。

> "网上有老师传授老年瑜伽课。我可以根据自己的身体情况,在线跟着老师进行练习。"(访谈编码:GD2023122602)

第三节　中国老年人数字技能评估指标体系构建

一、中国老年人数字技能评估指标体系内容确定

(一)德尔菲法介绍

德尔菲法是一种结构化的专家咨询技术,旨在通过匿名和迭代的问卷调查收集并整合专家意见,以达成对某一主题或问题的共识。该方法通过多轮征询,逐步集中专家的分散观点,每轮结束后对结果进行统计分析和反馈,直到形成较为统一的意见。德尔菲法的优势在于其能够充分利用专家的专业知识,整合专家的见解,达成共识,从而提高研究结果的一致性和可靠性。同时避免个别权威影响整体意见,适用于那些信息不足或存在高度不确定性的领域。然而,德尔菲法也存在一定的局限性,如耗时较长,专家选择的偏差可能影响结果的准确性,以及对反馈结果解释的主观性。尽管如此,德尔菲法因其在促进专家共识形成方面的有效性而被广泛应用于政策制定、预测分析和规划研究等领域。

应用德尔菲法时,研究的第一步是制定专家咨询问卷,为每个指标设定五个等级的评分系统,从"完全同意"(5 分)到"完全不同意"(1 分)。在

首轮咨询后,根据专家的平均评分,保留那些得分高于平均水平的指标,并舍弃那些低分指标。随后,基于第一轮的统计反馈,对问卷进行必要的修订,并开展第二轮咨询。最终,这一过程将帮助我们确立老年人数字技能评估的关键指标。通过德尔菲法,确保所选指标的科学性和实际应用的可行性。

(二)指标内容的确定过程

1. 专家选择

为确保意见征询的可靠性和有效性,本研究从与老年数字技能主题紧密相关的领域中选择咨询专家。为提高咨询专家的权威性,确定以下专家选择标准:(1)从事老年数字技能研究且具有副高及以上职称的高校学者;(2)在老年数字技能相关领域有丰富实践经验的民政部门或社区工作人员;(3)在老年数字技能培训或推广方面有显著成果的社会组织人员;(4)对老年数字技能有深入研究和独到见解的其他领域专家。根据这四条原则,作者于 2023 年 6 月 1 日至 2023 年 8 月 30 日期间联系了 50 位专家组成专家小组进行意见征询。

2. 第一轮专家咨询问卷调查

本次德尔菲专家咨询采用问卷调查方式进行。将设计好的老年人数字技能指标体系专家咨询调查问卷发放给 15 位专家,由专家对各项指标是否能够用于识别老年人数字技能进行评价打分。2023 年 6 月 1 日进行第一轮问卷发放,2023 年 6 月 3 日至 2023 年 6 月 20 日回收第一轮问卷,共计回收 15 份问卷,问卷回收率达到 100%。

同时,使用 SPSS 等统计软件对专家打分情况进行统计分析,结合德尔菲法常使用的众数、均值、标准差、变异系数(即标准差/平均值)等数据判断专家对于某一指标的意见集中程度。本研究的指标筛选标准为:保留均值大于 3.66,标准差小于 1,变异系数小于 0.25 的指标。

从第一轮问卷统计分析结果来看,信息和数据技能、沟通与合作技能、数字内容创造技能、安全与保护技能以及数字问题解决技能等一级指标的众数均为 5,均值皆大于 3.66,表明咨询专家对这些一级指标的肯定意见较为一致。

根据第一轮咨询结果,本研究对指标体系进行修订,并开展后续轮次的专家咨询。在每一轮咨询中,都根据专家的反馈意见对指标体系进行进一步的修订和完善。经过 6 轮咨询和修订,最终确定老年人数字技能指标体系。

二、老年人数字技能指标体系修正过程

从第一章对数字素养评估框架的整理来看,世界各国对数字素养的指标选取各不相同,但一级指标的选取具有较大的共性。二级指标的选取则差异较大。由于国内尚无老年人数字技能评估框架,作者采用德尔菲法,选取 50 位国内数字技能方面的专家学者、政府部门工作者和社会各界实务人员等,进行一对一的访谈。以获取比较具有一致性的意见,设置老年人数字技能指标体系。

2023 年 6 月到 2023 年 8 月期间,作者制定了访谈计划,到上海市、北京市、浙江省杭州市、山东省青岛市、四川省成都市、湖南省长沙市、湖南省湘乡市、湖北省武汉市、贵州省凯里市和甘肃省兰州市进行访谈。访谈的内容主要是关于老年人数字技能指标体系的设置。其中,选取这些地方的原则是:我国东部、中部和西部各选取 2—3 个城市;大、中、小城市各有选取。访谈对象的分布如表 4.4 所示。

表 4.4 访谈对象分布

访谈对象代号	人数	访谈对象职业	访谈地点	访谈时间
A、B、C、D、E、F、G、H、I、J、K、L、M、N、O、P、Q、R、S	19 人	高校教师	上海市、北京市、湖南省长沙市、甘肃省兰州市、湖北省武汉市	2023 年6—8 月
T、U、V、W、X、Y、Z、AA、AB、AC、AD、AE、AF、AG、AH、AI	16 人	民政部门管理者	上海市、贵州省凯里市、浙江省杭州市、湖南省湘乡市、四川省成都市	2023 年6—8 月
AJ、AK、AL、AM、AN	5 人	当地社会组织管理人员	上海市、山东省青岛市、湖南省长沙市	2023 年6—8 月
AO、AP、AQ、AR、AS、AT、AU、AV、AW、AX	10 人	智慧康养科技公司管理者	上海市、甘肃省兰州市、江苏省南通市、湖南省长沙市、湖北省武汉市	2023 年6—8 月

资料来源:作者整理。

根据作者和访谈对象的谈话结果,作者对老年人数字技能指标进行总结和归纳,得出结论:老年人数字技能一级指标可以概括为五个方面。包括:信息和数据技能、沟通与合作技能、数字内容创造技能、安全与保护技能以及数字问题解决技能。

三、老年人数字技能指标体系修正的结果

（一）老年人数字技能指标体系五个维度的确定

关于老年人数字技能指标体系，被访谈者的意见相对比较统一。基本上认为：老年人数字技能指标体系的维度可以参照欧盟、联合国的数字素养框架、我国教育部制定的教师数字素养框架以及其他数字素养或数字技能评估框架，分为五个维度，也即五个一级指标。

被调查者认为，老年人数字技能主要包括五个方面。

首先，信息和数据技能是最基础的维度。在智慧养老背景下，老年人需要掌握日新月异的信息和数据。无论是主动搜索还是被动的"被推送"，老年人随时可以使用手机或者网络来获得信息和数据。

其次，沟通与合作技能是智慧养老背景下老年人需要具备的第二项数字技能。数智时代，最普遍运用的沟通和合作 APP 主要有微信和QQ。熟练使用社交软件的技能逐步成为老年人日常生活必备的数字技能。

再次，数字内容创造技能是老年人数字技能较高的体现。调查结果显示，老年人最常用的数字内容创作工具有抖音、微博等。随着小视频的普及，应用抖音进行视频发布，利用微信朋友圈进行照片、文字和视频的分享等成为老年人日常生活中数字内容创造的主要形式。

复次，安全与保护技能是老年人具备较高层次数字技能的体现。智慧养老背景下，数字技术的普及也带来部分负面效果。注册、登录、信息采集等导致老年人面临信息被泄露的较大风险。具备熟练使用密码的能力和具备防诈骗的意识与能力成为衡量老年人数字技能的重要维度。

最后，数字问题解决技能是智慧养老背景下老年人具备很高层次数字技能的体现。当智慧养老产品使用中出现故障时，需要老年人具备正确反馈设备故障情况、在技术人员协助下解决故障的能力，以便更好地使用智慧养老设备。此外，老年人数字问题解决技能还体现在，利用网络购物工具购买日常用品，解决日常生活所需的问题；利用网络咨询医生，根据网上信息评估自己状况；利用网络提升自我等。

"我认为，在我们这一代人当中，很多老年人都不太习惯用智能手机，更别提上网查找信息了。信息和数据技能是我最先感到

困惑的地方。我记得有一次,我想查一下附近哪家医院比较好,结果在网上看到一堆信息,却不知道哪些是可信的,哪些不是。这种时候,我觉得掌握一些基本的信息和数据技能真的很重要。通过学习,我现在知道如何筛选和辨别网上的信息,知道哪些网站更权威、可靠。对我们老年人来说,能够找到并使用正确的信息是非常有帮助的。"

访谈对象:上海市老年人 AO,访谈时间:2023 年 7 月。记录人:作者

"我认为,老年人数字技能是我国智慧养老可持续发展的基础和前提。所以,你这个老年人数字技能研究非常有必要,非常重要。随着年龄的增长,我逐渐感觉到与家人、朋友的联系越来越少,特别是疫情期间,大家都不怎么见面了。以前,我总觉得只要会用电话就行,但现在发现,能够通过微信、视频聊天这些数字化方式与人沟通真的很重要。学会使用这些工具不仅让我和子女们联系更频繁,还让我认识了很多同龄朋友,大家可以在群里聊天、分享生活。沟通与合作技能的提升,让我的社交圈子变得更大,生活也变得更加丰富多彩。"

访谈对象:北京市高校教师 A,访谈时间:2023 年 8 月。记录人:作者

关于老年人数字技能,我们国家对教师数字素养的评估框架已经比较完善。

访谈对象:上海市高校教师 B,访谈时间:2023 年 7 月。记录人:作者

"我认为,老年人数字技能的评估,你可以参考我国的中小学、大学等的设置。例如,小学和初中,是九年制义务教育,提供的是基础教育。那我们也可以设置基础性的数字技能要求。专门为基础性的长期照护服务需求者服务,入住的都是需要基础性长期照护服务的老年人。也设置相当于高中级别的要求。以前我总觉得上网很安全,也没想过会遇到什么风险,直到有一次差点被网络诈骗。这件事之后,我开始重视安全与保护技能的学习。现在,我学会了怎么设置复杂的密码,如何识别钓鱼邮件和诈骗信息,也知道了在网上购物时要注意什么。对于我们老年人来说,安全技能真的太重要了,因为我

们不像年轻人那样对这些新事物敏感,容易上当受骗。有了这些技能,我感觉自己在网上更放心了,也更有信心去探索数字世界。"

访谈对象:兰州市高校教师 D,访谈时间:2023 年 8 月。记录人:作者

"在我们工作的过程中,常常发现老年人对于数字技术的接受度是个大问题。尤其是在民政工作中,涉及的信息沟通和服务申请逐渐转向线上,这对于缺乏数字技能的老年人来说是个巨大的挑战。我认为,老年人数字技能不仅仅是学习使用智能设备的问题,更是提升他们生活质量的重要手段。通过这一研究,我们可以更好地了解老年人在使用这些数字工具时的困难,并制定出更具针对性的政策和培训方案,帮助他们更顺畅地融入数字化社会。"

访谈对象:湖南省长沙市民政部门管理者 W,访谈时间:2023 年7 月。记录人:作者

根据访谈结果,作者综合了各位被访谈者的意见,将老年人数字技能指标体系分为五个维度,即:信息和数据技能、沟通与合作技能、数字内容创造技能、安全与保护技能以及数字问题解决技能。如图 4.2 所示:

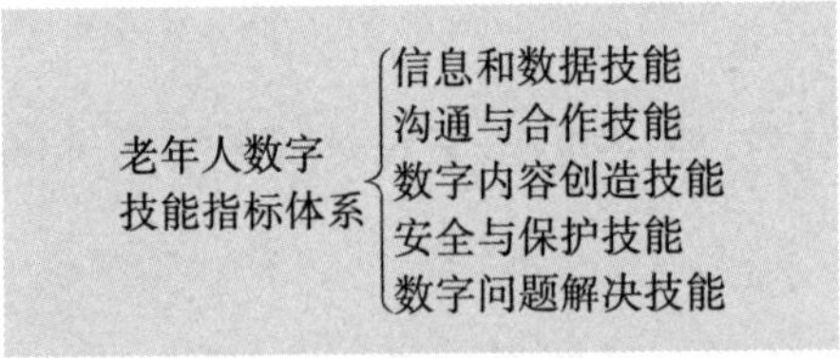

| 老年人数字技能指标体系 | 信息和数据技能
沟通与合作技能
数字内容创造技能
安全与保护技能
数字问题解决技能 |

图 4.2 老年人数字技能指标体系的设置

资料来源:作者自绘。

(二)信息和数据技能指标体系修正过程和结果

对于信息和数据技能维度下二级指标体系的设置,作者不仅进行访谈,针对老年人及其家属、相关管理部门的管理人员、高校专家等设计问卷,多次召开座谈会,讨论分级指标的设置,并探讨这些指标的科学性。其中,访谈人数如本章第二节所述,达到 50 人,分布于我国东部、西部和中部各省市。

对于信息和数据技能维度下二级指标体系,作者初次设置的问题有:"你认为信息和数据技能维度下二级指标体系应该包含指标",征询被访

谈者的意见。

"我认为,对于老年人来说,能够熟练使用网络查阅信息和数据是非常重要的。我经常接触一些老年人,他们在日常生活中需要查找医疗、健康、法律等方面的信息,但由于不熟悉网络搜索工具,往往找不到需要的资料。现在的社会信息化程度越来越高,很多重要的服务和信息都需要通过网络获取。因此,我认为在信息和数据技能的二级指标中,首先应当包含'使用网络查阅信息和数据'这一项,这将帮助老年人更好地融入现代信息社会,提升他们的自我管理能力和生活质量。"

访谈对象:杭州市民政部门管理人员 T,访谈时间:2023 年 7月。记录人:作者

"这些指标中,我认为辨别网络信息和数据的真伪对于老年人来说尤为关键。我们都知道,网络上充斥着大量真假难辨的信息,尤其是针对老年人的诈骗和虚假宣传屡见不鲜。如果老年人缺乏辨别能力,很容易上当受骗,造成经济损失甚至危害身心健康。因此,我认为在信息和数据技能的二级指标中,'辨别网络信息和数据真伪'应该是一个重要的部分。通过提升这一技能,老年人可以更好地保护自己,做出更为理性的判断和决策。"

访谈对象:湘乡市民政部门管理人员 AI,访谈时间:2023 年 7月。记录人:作者

"在信息化时代,老年人能够有效地存储和管理从网络上获取的数据和信息也是十分必要的。许多老年人在日常生活中需要保存重要的健康、社保、财务等方面的资料,但由于缺乏数字技能,他们常常不知如何存储这些信息,或者因为不当保存而丢失重要数据。因此,'存储网络信息数据'应该纳入信息和数据技能的二级指标体系。通过这一技能的提升,老年人可以更好地管理和利用他们所获取的信息,为日常生活提供有力支持。"

访谈对象:江苏省南通市智慧康养科技公司管理者 AR,访谈时间:2023 年 7月。记录人:作者

综合被调查者的意见,作者进行指标的合并和整理,最后确定信息和数据技能维度下二级指标体系为:使用网络查阅信息和数据、辨别网络信

息和数据真伪以及存储网络信息数据。如图 4.3 所示：

信息和数据
技能一级指标 { 使用网络查阅信息和数据
辨别网络信息和数据真伪
存储网络信息数据

图 4.3 信息和数据技能一级指标下二级指标的修正结果

资料来源：作者自绘。

（三）沟通与合作技能指标体系修正过程和结果

调查过程中，被调查者认为，沟通与合作技能一级指标可以包括一些聊天、分享和参与方面的技能。其中，聊天是指会使用聊天软件（如微信、QQ 等）与他人线上交流。分享是指会利用数字工具分享网络中所获取的有益信息。参与主要是指能够利用数字化工具和 APP 参与社区事务。

1. 使用聊天软件交流

使用聊天软件交流是指老年人能够熟练地使用聊天软件（如微信、QQ 等）与他人进行线上交流。这是老年人在数字化社会中最基础也是最常用的技能之一。通过聊天软件，老年人可以与家人、朋友保持联系，参与群聊、分享日常生活、表达情感，甚至通过视频通话进行"面对面"的交流。尤其是在疫情期间，许多老年人依赖聊天软件维持社交关系，避免因社交隔离导致的孤独感。

掌握聊天软件的使用，不仅仅是熟悉其基本功能，如发送文字、语音、图片和视频，还包括对一些进阶功能的了解和应用，例如创建和管理群组、使用表情包、进行语音和视频通话等。使用聊天软件交流技能有助于老年人维系现有的社交关系，帮助他们开拓新的社交圈子，增强社交互动，提升生活满意度。

"使用聊天软件交流对我们老年人来说真的很重要。我以前觉得电话已经足够了，但自从学会用微信后，我才发现聊天软件的便利。现在，我不仅能随时和子女视频通话，还能在家族群里和亲戚们聊天，分享生活中的点滴。尤其是疫情期间，聊天软件让我和外界保持了联系，避免了孤独感。通过微信和朋友们交流，也让我感觉自己仍然和社会紧密联系着，生活更加充实。"

访谈对象:上海市老年人 C,访谈时间:2023 年 7 月。记录人:
作者

2. 利用数字工具分享

利用数字工具分享是指老年人能够利用数字工具将从网络中获取的有益信息与他人分享。随着数字技术的发展,老年人通过社交媒体、聊天软件等数字工具,将他们认为有用的信息,如健康养生知识、新闻资讯、生活技巧等,分享给家人、朋友和社区成员。通过分享信息,老年人不仅能够丰富他人的知识,还能够增强自己的社会存在感和价值感

"利用数字工具分享信息是非常有价值的技能。我们发现,老年人掌握了这项技能后,不仅可以从网络中获取有用的信息,还能够将这些信息分享给家人和朋友,比如健康养生知识、社会新闻等。通过这种分享,他们在社交圈子里显得更活跃,也更有自信。我个人觉得,分享技能帮助老年人提高了在家庭和社区中的地位,因为他们能够贡献新的信息和知识,甚至引导一些讨论。"

访谈对象:湖南省长沙市民政部门管理者 W,访谈时间:2023 年
7 月。记录人:作者

3. 利用数字工具参与

利用数字工具参与是指老年人能够利用数字化工具和服务积极参与社区事务。随着数字技术的广泛应用,越来越多的社区事务,如社区治理、志愿服务、文化活动等,开始通过线上平台进行。社区事务 APP 的使用,给老年人提供了一个新的参与社区和融入社会的途径。通过数字工具,老年人可以参与社区讨论、投票决策、志愿服务等活动,发挥他们的经验和智慧,增强他们在社区中的影响力和归属感。

"利用数字工具参与社区事务是让老年人保持社会活力的重要途径。我们发现,参与社区事务的老年人不仅更加积极,还能发挥他们的经验和智慧。通过社区管理平台、在线志愿服务等方式,老年人能够参与到社区的各项活动中,甚至可以影响社区决策。这不仅提升了他们的社会参与感,也增强了社区的凝聚力。我认为,这种参与不仅有助于老年人自我价值的实现,也对社区建设起到了积极作用。"

访谈对象：江苏省南通市智慧康养科技公司管理者 AR，访谈时间：2023 年 7 月。记录人：作者

根据被访谈者的意见，本研究对沟通与合作技能一级指标进行评估的时候考虑三个二级指标，如图 4.4 所示：

沟通与合作技能
- 使用聊天软件交流
- 利用数字工具分享
- 利用数字工具参与

图 4.4　沟通与合作技能一级指标下的二级指标设置

资料来源：作者自绘。

（四）数字内容创造技能指标体系修正过程和结果

根据对被调查者的访谈结果，数字内容创造技能下包括的二级指标有：发布朋友圈或微博、制作网络短小视频和利用网络平台直播。其中，发布朋友圈或微博是指会根据网络信息编辑撰写朋友圈或发布微博。制作网络短小视频是指会制作相关网络小视频、短视频并发布。利用网络平台直播是指会使用网络直播平台进行直播。

首先，发布朋友圈或微博是老年人数字内容创造技能的基础。编辑撰写朋友圈短文或发布微博，老年人能够表达自己的观点、分享生活点滴，并与社会保持紧密联系。其次，制作网络短小视频是老年人更深入的数字内容创造形式。视频内容的制作和发布，不仅需要老年人具备制作能力，还需要具备策划内容和设计创意等能力。最后，利用网络平台直播是老年人数字内容创造技能的高级形式。直播技术的应用，使得老年人能够实时与观众互动，分享他们的生活经验、兴趣爱好甚至专业知识。满足老年人自我价值实现的需求，为老年人提供展示自我的平台。

“发布朋友圈或微博是我日常生活中非常重要的一部分。我退休后，虽然时间充裕，但却感到与社会的联系逐渐减少。通过发布朋友圈，我可以与家人、朋友分享我的生活点滴，无论是旅游见闻还是日常感悟，都能通过这种方式表达出来。朋友圈和微博不仅是记录生活的工具，更是维系社交关系的平台。通过这些发布，我还能收到朋友们的点赞和评论，这种互动让我觉得自己依然与外界紧密相连，

生活也更加有趣。"

访谈对象:湖南省长沙市高校退休教师 X,访谈时间:2023 年 8 月。记录人:作者

"制作网络短小视频让我找到了新的表达方式。过去,我常常通过文字记录生活,但自从学会制作短视频后,我发现视频能够更直观、更生动地展示我的兴趣爱好和生活经历。我喜欢拍摄自己做的美食,或者记录社区活动的瞬间,然后分享给朋友们。通过视频,我能够把更多的情感和细节传达出来,感觉自己又学会了一项新技能。这不仅丰富了我的生活,也让我觉得自己跟上了时代的步伐。"

访谈对象:江苏省南京市社区活动组织者 AJ,访谈时间:2023 年 7 月。记录人:作者

"利用网络平台进行直播是一种非常有意义的活动,尤其是对于我们这些有丰富生活经验的老年人来说。通过直播,我可以与观众分享我的经验和见解,比如健康养生、历史文化等。直播带来的不仅是社交互动,更是实现自我价值的新途径。看到有许多人观看并参与互动,我感到非常满足。这种实时交流让我觉得自己依然能够为社会贡献一份力量,既是对自己的肯定,也是与他人连接的一种方式。"

访谈对象:上海市智慧康养公司管理者 AR,访谈时间:2023 年 7 月。记录人:作者

按照被调查者的建议,本研究对数字内容创造技能的二级指标设定为三个,如图 4.5 所示:

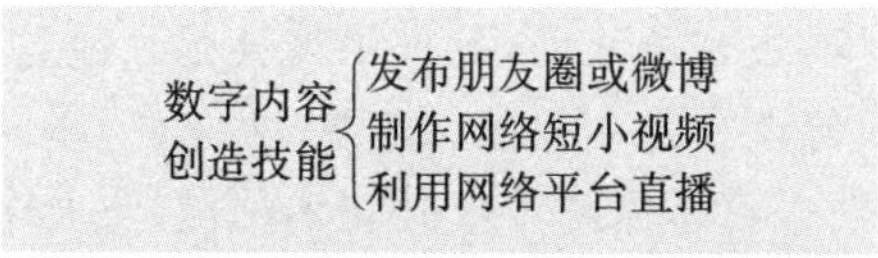

图 4.5　数字内容创造技能维度下的二级指标设置

资料来源:作者自绘。

（五）安全与保护技能指标体系修正过程和结果

调查结果显示,安全与保护技能一级指标下的二级指标主要有识别

网络安全风险、保护个人数据隐私和避免网络信息诈骗。

　　首先,识别网络安全风险是老年人安全与保护技能的基础。随着互联网的普及,老年人往往因缺乏相关知识而成为网络攻击和安全漏洞的易受害者。老年人能否判断和应对网络中潜在的威胁,如恶意软件、钓鱼网站等,对于老年人安全上网至关重要。其次,在数字化社会中,个人数据已成为一项重要资源。老年人往往缺乏对数据隐私的认识和保护手段,容易在不知不觉中泄露敏感信息,引发各种风险。因此,老年人具备保护个人数据隐私技能是安全上网体验数字生活的一个必要条件。最后,避免网络信息诈骗是保障老年人财产和心理安全的重要一环。近年来,针对老年人的网络诈骗案件屡见不鲜,不仅对老年人的经济造成损失,还严重影响他们的身心健康。老年人数字技能提升过程中,应重视培养和增强他们的防范意识和应对能力。

　　"识别网络安全风险对我们老年人来说真的很重要。我之前对这些风险没有太多概念,觉得网上的信息和操作都挺安全的,直到有一次差点因为点击一个不明链接而导致手机中毒。这次经历让我意识到,网络世界并不总是安全的,需要具备基本的风险识别能力。现在我学习了很多关于如何识别钓鱼网站和恶意软件的知识,这让我在上网时更加谨慎,也更有安全感。我觉得这项技能应该是我们老年人必须掌握的。"

　　访谈对象:浙江省杭州市社区居民 G,访谈时间:2023 年 7 月。记录人:作者

　　"保护个人数据隐私是我在工作中经常提醒老年用户的一件事。很多老年人在使用智能手机时,随意授权应用访问他们的个人信息,甚至在不知情的情况下泄露了身份证号、家庭住址等重要信息。这些数据一旦被不法分子获取,后果不堪设想。通过教育和培训,我们教会老年人如何设置隐私权限、管理个人信息,以及在网络上保护自己。我认为,数据隐私保护不仅是技术问题,更是老年人数字素养的一部分。"

　　访谈对象:上海市智慧养老社区工作人员 X,访谈时间:2023 年 8 月。记录人:作者

　　"避免网络信息诈骗是我们老年人特别需要关注的。前几年,我有个朋友就因为不懂得如何识别骗局,被骗了好几万元。现在,网络

> 诈骗的手段越来越多样化,很多老年人都容易中招。我参加了社区组织的防诈骗讲座,学到了不少实用的技巧,比如如何识别假冒客服电话、如何处理钓鱼邮件等。掌握这些技能后,我觉得自己在网上更加放心了,也不再轻易相信那些看似诱人的信息了。”
>
> 访谈对象:湖南省长沙市退休公务员 M,访谈时间:2023 年 7 月。记录人:作者

按照被调查者的建议,本研究对安全与保护技能的二级指标设定为三个,如图 4.6 所示:

安全与保护技能
- 网络安全风险
- 保护个人数据隐私
- 避免网络信息诈骗

图 4.6　安全与保护技能维度下的二级指标设置

资料来源:作者自绘。

（六）数字问题解决技能指标体系修正过程和结果

根据被调查者的意见,数字问题解决技能包括利用网络购物就医、利用网络提升自我和利用网络诊断问题等二级指标。

随着互联网和数字技术的发展,挂号就医所需要的数字技能越来越高。老年人如果具备利用网络购物就医技能,就具备较强的数字问题解决能力。利用网络购物就医技能使老年人能够通过网络获取生活必需品和医疗服务,极大提高生活便利性和效率。此外,利用网络提升自我是老年人实现终身学习和社会参与的重要手段。通过网络,老年人可以随时随地获取教育资源、参与兴趣小组和社区活动,甚至学习新的技能。利用网络进行学习和自我提升,不仅能丰富老年人的精神文化生活,还有助于他们保持心理健康和积极的生活态度。最后,利用网络诊断问题是老年人独立解决生活问题的高级技能。日常生活中,老年人如果能够通过网络搜索、学习和应用解决方案,对生活中的各种挑战,则能减少对他人的依赖,有助于老年人保持生活独立性。

> “利用网络购物和就医极大地方便了我的生活。以前买东西总要去超市,现在通过网络购物,我能轻松在家挑选商品,特别是

日常用品和健康产品,送货上门非常省心。更重要的是,网络就医让我无需奔波去医院,尤其是现在一些常见病和慢性病可以通过在线问诊得到医生的建议,省去了排队等候的麻烦。我觉得对于我们老年人来说,掌握这些技能不仅能提升生活质量,还能更好地照顾自己。"

访谈对象:上海市退休教师 L,访谈时间:2023 年 7 月。记录人:作者

"退休后,我一直通过网络来提升自己。网上有很多免费课程和学习资源,我报名参加了几个老年大学的在线课程,还学会了如何使用绘图软件和剪辑视频。这让我感到即使年纪大了,依然可以学习新知识,跟上时代的步伐。通过网络学习,我不仅打发了闲暇时间,还丰富了我的生活内容,结识了许多志同道合的朋友。我认为,老年人通过网络提升自我是非常有意义的。"

访谈对象:北京市社区活动组织者 W,访谈时间:2023 年 8 月。记录人:作者

"随着网络的普及,遇到生活中的问题我第一时间想到的是通过网络寻找解决方案。无论是家庭健康问题、家电维修,还是如何预防疾病,我都可以在网上找到专业的建议和指导。这不仅让我在生活中更有信心,也减少了对别人的依赖。现在,我已经习惯通过网络来解决各类问题,感觉自己能够独立处理很多事情。这种技能让我觉得更加自如、自信,生活也变得更加便利。"

访谈对象:广东省广州市退休医生 Y,访谈时间:2023 年 7 月。记录人:作者

按照被调查者的建议,本研究对数字问题解决技能的二级指标设定为三个,如图 4.7 所示:

数字问题解决技能 { 利用网络购物就医 利用网络提升自我 利用网络诊断问题

图 4.7　数字问题解决技能维度下的二级指标设置
资料来源:作者自绘。

（七）老年人数字技能综合指标体系及指标说明

综上所述,智慧养老背景下老年人数字技能体系包括信息和数据技能、沟通与合作技能、数字内容创造技能、安全与保护技能及数字问题解决技能五个一级指标,以及对应的十五个二级指标。

信息和数据技能是老年人数字技能体系的基础,也是其融入数字社会的起点。该一级指标下的三个二级指标,包括使用网络查阅信息、辨别网络信息真伪和存储网络信息数据,反映了老年人获取、处理和管理信息的核心能力。通过掌握这些技能,老年人能够有效利用网络资源,筛选和存储有用信息,从而提高他们在数字环境中的自主性和适应性。

沟通与合作技能是老年人社会参与的重要途径。通过使用聊天软件交流、利用数字工具分享和参与社区事务,老年人能够保持和拓展社交网络,提升社会交往能力;有助于减少老年人的孤独感,增强心理健康,促进社区治理的协同效应。

数字内容创造技能标志着老年人在数字社会中的主动性和创新能力。发布朋友圈或微博、制作网络短小视频、利用网络平台直播等二级指标展示了老年人在数字平台上的表达和参与能力,推动老年人从信息的接受者转变为信息的创造者。

安全与保护技能是保障老年人安全使用数字技术的核心。识别网络安全风险、保护个人数据隐私、避免网络信息诈骗等二级指标,旨在帮助老年人增强网络安全意识,保护自身利益。随着互联网的普及,网络诈骗和数据泄露等问题日益严重,老年人成为网络犯罪的高风险群体。只有提升老年人的安全与保护技能,才能有效应对网络安全威胁,避免因信息安全问题带来的财产和心理损失。

数字问题解决技能是老年人在数字社会中处理复杂问题的能力体现。利用网络购物就医、提升自我和诊断问题的能力,是老年人在数字化生活中必备的核心技能,也是最难掌握的技能。

表 4.5 老年人数字技能一级指标和二级指标设置及其内涵

一级指标	二级指标	指标说明
信息和数据技能	使用网络查阅信息	会使用网络浏览、搜索和筛选信息
	辨别网络信息真伪	能够辨别网络信息内容来源的可信度
	存储网络信息数据	会存储和提取所获取的数据及信息

一级指标	二级指标	指标说明
沟通与 合作技能	使用聊天软件交流	会使用聊天软件（如微信、QQ 等）与他人线上交流。
	利用数字工具分享	会利用数字工具分享网络中所获取的有益信息。
	利用数字工具参与	能够利用数字化工具和服务参与社区事务。
数字内容 创造技能	发布朋友圈或微博	会根据网络信息编辑撰写朋友圈或发布微博。
	制作网络短小视频	会制作相关网络小视频、短视频并发布。
	利用网络平台直播	会使用网络直播平台进行直播。
安全与 保护技能	识别网络安全风险	知道网络环境中可能存在的安全风险。
	保护个人数据隐私	会采取相关措施保护个人数据及隐私。
	避免网络信息诈骗	避免网络诈骗并告诉身边人怎样避免网络诈骗。
数字问题 解决技能	利用网络购物就医	能用网络完成就医、购物、法律咨询。
	利用网络提升自我	理解和认识到自己在网络使用中需要提升的方面。
	利用网络诊断问题	能借助网络清晰识别自身所面临的问题。

资料来源：作者自制。

第五章

中国老年人数字技能评估模型构建

第一节　大数据背景下老年人数字技能模型构建

一、层次分析法(AHP方法)介绍

老年人数字技能指标测算可以运用 AHP 法和德尔菲法进行指标及其权重确定。AHP 法是美国运筹学家 T.L.沙旦(T.L. Saaty)于 20 世纪 70 年代提出的将定量研究和定性研究相结合的一种方法。AHP 方法可以较好地克服主观性的影响。其原理是：在一个指标体系中，有多层次的指标。这些多层次的指标不仅影响目标，同时下一层次的指标共同影响上一层次的指标。在同一层次中，各指标对于上一层的指标的影响重要性各不相同。为了找出各指标对上一层指标以及对目标层的影响的重要性，需要给各指标赋予不同的指标权重。同时为避免确定各指标权重时的主观性，尽量增加其客观性，故引入判断矩阵和一致性检验。AHP 方法的运用流程为：

（一）划分层次，建立判断矩阵

对于影响一个目标的指标，可以分为若干层次。首先，设立需要进行评估的目标层。其次，设计影响目标层的多层次指标体系。指标体系中的第一层指标称为父层，第二层指标称为子层。子层各指标对父层具有不同的影响，其影响程度通过对同一子层的指标进行"两两对比"而得出。

（二）同一层次指标对父层指标重要性两两对比求解

两两对比的时候，运用专家打分法，即德尔菲法，来决定同一子层的两个指标对于父层指标的重要性程度。专家打分法即若干专家在互相不商量的情况下独立对两个指标的重要性进行打分。如果对于同一层次的两个指标 A 和 B，A 相对于 B 来说极为重要，则 A 和 B 的相对分

数为 9：1。如果 A 相对于 B 来说"强烈重要"，则 A 和 B 的相对比值为 8：2。以此类推，A 相对 B 来说"明显重要"，则比值为 7：3。如果 A 相对 B"稍微重要"，则比值为 6：4。如果 A 和 B 同等重要，则比值为 5：5。如表 5.1 所示：

表 5.1　AHP 方法规定的"1—9 分"标度及其含义

标度	含　　　义
5：5	两个同一层次的因素 A 和 B 相比，具有相同重要性
6：4	两个同一层次的因素 A 和 B 相比，第一个相比第二个稍微重要
7：3	两个同一层次的因素 A 和 B 相比，第一个相比第二个明显重要
8：2	两个同一层次的因素 A 和 B 相比，第一个相比第二个强烈重要
9：1	两个同一层次的因素 A 和 B 相比，第一个相比第二个极端重要

资料来源：作者自制。

（三）专家判断一致性检验[①]

邀请专家进行德尔菲法打分以获得同一层次各个指标的相对重要性时，为了尽量减少主观性，可以采取三种措施。一是邀请足够数量的专家进行打分，一般来说，邀请专家的合适数量为 50 位左右。二是专家打分时互不沟通。三是对各位专家的打分进行一致性检验。一致性检验的公式和标准由运筹学家沙旦提出。沙旦认为，一致性检验公式为：

$$C.I. = \frac{\gamma_{max} - n}{n - 1} \tag{1}$$

其中，γ_{max} 是判断矩阵的最大特征根。N 是判断矩阵的阶数。一般来说，C.I.值越小，表明判断矩阵的一致性越强，专家对各指标的重要性看法越趋向一致。C.I.值最小为 0，表明达到完全的一致性。

随着矩阵阶数的改变，判断矩阵的一致性可能会发生偏离。因此，对于多阶判断矩阵，沙旦引入平均随机一致性指标 R.I.（Random Index）对 C.I.进行修正。沙旦给出了 1—15 阶矩阵计算 1000 次得到的平均随机一

[①] 杨帆、曹艳春、刘玲：《我国老年长期护理服务质量评价指标体系构建与评估——基于 AHP 方法对顾客感知服务质量模型的修正》，《社会保障研究》2019 年第 4 期。

致性指标 R.I. 值,并建立随机一致性比率:

$$CR = \frac{C.I.}{R.I.} \tag{2}$$

沙旦认为,将各位专家的打分分值输入 AHP 专用软件 Expert Choice,专用软件即可以计算出一致性比率值。沙旦给出了一致性检验的判别值,即 CR 应当小于 0.1。如果一致性比率的值大于或者等于 0.1,则各位专家的打分并不一致,存在较大的差异性,各指标之间的重要性并不能获得大家的一致认可。因此,只能再次进行专家打分,或者邀请不同的专家进行打分,通过多次打分或者不同专家打分来调整和修正判断矩阵的一致性比率,直到一致性比率小于 0.1 为止。

对于子层中各指标的相对于父层以及目标层的重要性,沙旦提出用统一的公式来进行计算。父层 F 各因素对目标层 O 影响重要性的权重值的计算公式如公式(3)所示:

$$\overline{w}^{(1)} = (w_1^{(1)}, w_2^{(1)}, \cdots w_k^{(1)})^T \tag{3}$$

子层 Z 各影响因素对父层 F 影响重要性的权重值计算公式如公式(4)所示:

$$\overline{w}^{(2)} = (w_{1l}^{(2)}, w_{2l}^{(2)}, \cdots w_{nl}^{(2)})^T \quad l = 1, 2, 3 \cdots k \tag{4}$$

对于子层 Z 中各影响因素权重的计算,可通过 $\overline{w}^{(1)}$ 与 $\overline{w}_l^{(1)}$($l = 1, 2, 3 \cdots k$)组合得到。如表 5.2 所示:

表 5.2　目标层 O 与父层 F 权重的计算方法[1]

	元素及权重	组合权重
$O_1 \quad O_2 \cdots\cdots O_k$	$\overline{w}_1^{(1)} w_2^{(1)} \cdots w_k^{(1)}$	$W^{(2)}$
F_1	$w_{11}^{(2)} w_{12}^{(2)} \cdots w_{1k}^{(2)}$	$W_1^{(2)} = \sum_{j=1}^{k} w_j^{(1)} w_{1j}^{(2)}$
F_2	$w_{21}^{(2)} w_{22}^{(2)} \cdots w_{2k}^{(2)}$	$W_2^{(2)} = \sum_{j=1}^{k} w_j^{(1)} w_{2j}^{(2)}$

　　[1]　杨帆、曹艳春:《基于社会交换理论的我国长期照护发展分析》,《东北大学学报》2019 年第 6 期。

	元素及权重	组合权重
…	…	…
F_n	$w_{n1}^{(2)} w_{n2}^{(2)} \cdots w_{nk}^{(2)}$	$W_n^{(2)} = \sum\limits_{j=1}^{k} w_j^{(1)} w_{nj}^{(2)}$

资料来源:参考杨帆、曹艳春:《基于社会交换理论的我国长期照护发展分析》,《东北大学学报》2019 年第 6 期。

（四）老年人数字技能值的求解

最后,获得老年人数字技能综合值。综合值的表示如公式(5)所示:

$$Z = \sum_{i=1}^{n} w_i f_i(x_i) \quad i = 1, 2, 3, \cdots n \tag{5}$$

其中,Z 为老年人数字技能最终综合值,W_i 为 i 指标的权重,x_i 为 i 指标的赋值。i 指标的权重根据专家打分法和 AHP 方法计算得出,i 指标的赋值方法将在下文进行分析和探讨。[①]

二、目标层与一级指标的确定

作者邀请 50 位专家,在互相不沟通的情况下对一级指标相对于目标层的重要性、二级指标相对于一级指标的重要性进行两两对比打分。50 位专家来自前文提到的访谈对象中的老年数字技能评估方面的专家学者、从事老年数字技能提升工作的政府部门工作者和社会各界实务人员。50 位专家的来源如表 5.3 所示:

表 5.3　50 位专家的组成

人　数	构　　成
15 人	高校教师
10 人	民政部门管理者
13 人	养老院工作人员和社区养老工作者
12 人	当地养老相关社会组织管理人员

资料来源:作者根据打分的专家组成进行整理。

---

① 　杨帆、曹艳春、刘玲:《我国老年长期护理服务质量评价指标体系构建与评估——基于 AHP 方法对顾客感知服务质量模型的修正》,《社会保障研究》2019 年第 4 期。

对于目标层与一级指标的确定,作者和被调查专家做了深入的讨论。39 位专家认为,我国老年人数字技能应作为目标层,在目标层下设五个一级指标,分别是:信息和数据技能、沟通与合作技能、数字内容创造技能、安全与保护技能以及数字问题解决技能。以"老年人数字技能"作为目标层的设定适合对我国各地的老年人数字技能实施情况进行地域间对比和评估,以得出哪个地方的老年人数字技能工作做得最好。也适合对老年人个体进行数字技能评估和对比,制定量身定制的个性化培育和提升方案。

在对一级指标进行重要性打分时,专家意见相对一致,认为可以对老年人生活影响的重要性作为评判标准,将"老年人数字技能"作为目标层,依据一级指标对于目标层的重要性来进行打分。重要性越大的指标,越值得重视。

第二节　老年人数字技能分级指标体系及其权重计算

一、老年人数字技能指标体系

经讨论,被调查者认为,"老年人数字技能"目标层下设五个一级指标和十五个二级指标,形成指标体系。如图 5.1 所示:

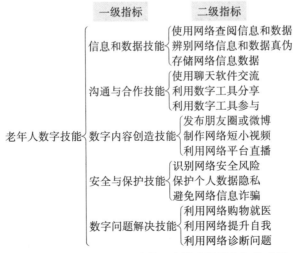

图 5.1　我国老年人数字技能五个维度及其指标体系图
资料来源:作者自绘。

二、基于德尔菲法的指标重要性两两对比打分

（一）老年人数字技能目标层下一级指标重要性两两对比打分

根据访谈和问卷调查结果，老年人数字技能目标层下有五个一级指标，分别是：信息和数据技能；①沟通与合作技能；数字内容创造技能；安全与保护技能；数字问题解决技能。重要性两两对比如表5.4所示：

表5.4　老年人数字技能目标层下一级指标重要性两两对比打分

	沟通与合作技能	安全与保护技能	信息和数据技能	数字问题解决技能	数字内容创造技能
沟通与合作技能	1	6∶4	7∶3	8∶2	9∶1
安全与保护技能		1	6∶4	7∶3	8∶2
信息和数据技能			1	6∶4	7∶3
数字问题解决技能				1	6∶4
数字内容创造技能					1

资料来源：作者根据专家打分进行整理所得。

由表5.4可以看出，从重要性的角度，对于目标层"老年人数字技能"来说，五个一级指标中，重要性排第一位的是沟通与合作技能。排第二位的是安全与保护技能。排第三位和第四位的分别是：信息和数据技能；数字问题解决技能。排在第五位的是数字内容创造技能。

（二）二级指标重要性两两对比打分

1. 信息和数据技能

信息和数据技能一级下设置三个二级指标，分别为使用网络查阅信息和数据、辨别网络信息和数据真伪以及存储网络信息和数据。被调查者认为，老年人信息和数据技能主要体现在三个方面，分别是对信息和数

① 由于篇幅限制，本研究不再列举50位专家的打分，以其中一位专家打分举例。将50位专家打分的结果分别输入AHP专用软件进行处理得到每个指标的权重后，最后计算每个指标的权重结果的平均值，作为最终的权重结果。

据的查阅、辨别和存储。其中,使用网络查阅信息和数据相对其他两个指标更重要,故权重可以高一些。辨别网络信息和数据真伪,权重相对低一些。存储网络信息和数据是三个二级指标中相对重要性最低的指标。以一位专家的打分为例,如表 5.5 所示:

表 5.5　信息和数据技能下二级指标重要性两两对比打分

	使用网络查阅信息和数据	辨别网络信息和数据真伪	存储网络信息数据
使用网络查阅信息和数据	1	6:4	9:1
辨别网络信息和数据真伪		1	8:2
存储网络信息数据			1

资料来源:作者根据专家打分进行整理所得。

2. 沟通与合作技能

关于沟通与合作技能,综合被调查者的意见,下设三个二级指标:使用聊天软件交流、利用数字工具分享、利用数字工具参与。专家打分如表 5.6 所示:

表 5.6　沟通与合作技能下二级指标重要性两两对比打分

	使用聊天软件交流	利用数字工具参与	利用数字工具分享
使用聊天软件交流	1	6:4	8:2
利用数字工具参与		1	7:3
利用数字工具分享			1

资料来源:作者根据专家打分进行整理所得。

3. 数字内容创造技能二级指标重要性两两对比打分

关于数字内容创造技能,综合被调查者的意见,分为三个二级指标,分别是发布朋友圈或微博、制作网络短小视频和利用网络平台直播。专家打分如表 5.7 所示:

121

表5.7 数字内容创造技能下二级指标重要性两两对比打分

	发布朋友圈或微博	制作网络短小视频	利用网络平台直播
发布朋友圈或微博	1	7∶3	9∶1
制作网络短小视频		1	8∶2
利用网络平台直播			1

资料来源:作者根据专家打分进行整理所得。

4. 安全与保护技能维度下二级指标重要性两两对比打分

根据被调查者意见,安全与保护技能维度下设置识别网络安全风险、保护个人数据隐私和避免网络信息诈骗三个二级指标,如表5.8所示:

表5.8 安全与保护技能维度下二级指标重要性两两对比打分

	识别网络安全风险	保护个人数据隐私	避免网络信息诈骗
识别网络安全风险	1	6∶4	7∶3
保护个人数据隐私		1	6∶4
避免网络信息诈骗			1

资料来源:作者根据专家打分进行整理所得。

5. 数字问题解决技能维度下二级指标重要性两两对比打分

关于数字问题解决技能,综合被调查者的意见,认为设置利用网络购物就医、利用网络提升自我和利用网络诊断问题三个二级指标,如表5.9所示:

表5.9 数字问题解决技能维度下二级指标重要性两两对比打分

	利用网络购物就医	利用网络提升自我	利用网络诊断问题
利用网络购物就医	1	8∶2	9∶1
利用网络提升自我		1	8∶2
利用网络诊断问题			1

资料来源:作者根据专家打分进行整理所得。

三、基于德尔菲法的指标权重计算

（一）综合处理结果分析

1. 指标结构表

将专家打分输入 AHP 方法专用软件 Yaahp 后,得出软件处理结果。根据软件处理结果,首先,构造指标结构表。如图 5.2 所示:

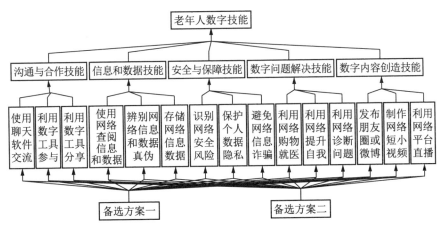

图 5.2　各指标构架

资料来源:作者自绘。

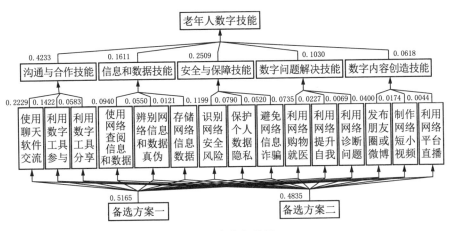

图 5.3　各指标结果

资料来源:作者自绘。

123

其次,将50位专家的打分,输入AHP方法的专用软件Yaahp,计算各指标的权重。50位专家的一致性指标CR值为0.0082(小于0.1),符合一致性要求。由此可见,专家对老年人数字技能的看法一致性较高,指标的权重可以被采用。如图5.3所示。

2. 一级指标处理结果

一级指标相对于目标层"老年人数字技能"的相对比值和权重判断矩阵以及一致性比例如表5.10所示:

表5.10　各一级指标相对于目标层的相对比值和权重矩阵以及一致性比例

	沟通与合作技能	信息和数据技能	安全与保护技能	数字问题解决技能	数字内容创造技能	权重 W_i
沟通与合作技能	1.000	2.3333	1.5000	4.000	9.000	0.4233
信息和数据技能	0.4286	1.0000	0.6667	1.5000	2.3333	0.1611
安全与保护技能	0.6667	1.5000	1.0000	2.3333	4.0000	0.2609
数字问题解决技能	0.2500	0.6667	0.4286	1.0000	1.5000	0.1030
数字内容创造技能	0.1111	0.4286	0.2500	0.6667	1.0000	0.0618

注:一致性比例0.0059。特征根为5.0265。资料来源:作者根据处理结果整理。

3. 二级指标处理结果

(1)信息和数据技能下二级指标的相对比值和权重

对于信息和数据技能,将专家打分输入系统后,各二级指标的权重矩阵、一致性比例处理结果等如表5.11所示:

表5.11　信息和数据技能下二级指标的相对比值和权重矩阵以及一致性比例

	使用网络查阅信息和数据	辨别网络信息和数据真伪	存储网络信息数据	权重 W_i
使用网络查阅信息和数据	1.0000	1.5000	9.0000	0.5836
辨别网络信息和数据真伪	0.6667	1.0000	4.0000	0.3415
存储网络信息数据	0.1111	0.2500	1.0000	0.0749

注:一致性比例0.0176。最大特征根为3.0183。资料来源:作者根据专家打分进行整理所得。

（2）沟通与合作技能下二级指标的相对比值和权重

对于沟通与合作技能，将专家打分输入系统后，各二级指标的权重矩阵、一致性比例处理结果等如表 5.12 所示：

表 5.12　沟通与合作技能下二级指标的比值和权重矩阵以及一致性比例

	使用聊天软件交流	利用数字工具分享	利用数字工具参与	权重 W_i
使用聊天软件交流	1.0000	1.5000	4.0000	0.5265
利用数字工具分享	0.6667	1.0000	2.3333	0.3358
利用数字工具参与	0.2500	0.4286	1.0000	0.1377

注：一致性比例 0.0019。最大特征根为 3.0020。资料来源：作者根据专家打分进行整理所得。

（3）数字内容创造技能下二级指标的相对比值和权重

关于数字内容创造技能，将专家打分输入系统后，各二级指标的权重矩阵、一致性比例处理结果等如表 5.13 所示：

表 5.13　数字内容创造技能下二级指标的比值和权重矩阵以及一致性比例

	发布朋友圈或微博	制作网络短小视频	利用网络平台直播	权重 W_i
发布朋友圈或微博	1.0000	2.3333	9.0000	0.6478
制作网络短小视频	0.4286	1.0000	4.0000	0.2810
利用网络平台直播	0.1111	0.2500	1.0000	0.0711

注：一致性比例 0.0001。最大特征根为 3.0001。资料来源：作者根据专家打分进行整理所得。

（4）安全与保护技能下二级指标的相对比值和权重

关于安全与保护技能，将专家打分输入系统后，各二级指标的权重矩阵、一致性比例处理结果等如表 5.14 所示：

表 5.14　安全与保护技能下二级指标的相对比值和权重矩阵以及一致性比例

	识别网络安全风险	保护个人数据隐私	避免网络信息诈骗	权重 W_i
识别网络安全风险	1.0000	1.5000	2.3333	0.4779

	识别网络 安全风险	保护个人 数据隐私	避免网络 信息诈骗	权重 W_i
保护个人数据隐私	0.6667	1.0000	1.5000	0.3148
避免网络信息诈骗	0.4286	0.6667	1.0000	0.2073

注：一致性比例 0.0001。最大特征根为 3.0001。资料来源：作者根据专家打分进行整理所得。

（5）数字问题解决技能下二级指标的相对比值和权重

关于数字问题解决技能，将专家打分输入系统后，各二级指标的权重矩阵、一致性比例处理结果等如表 5.15 所示：

表 5.15　数字问题解决技能维度下二级指标的权重矩阵以及一致性比例

	利用网络 购物就医	利用网络 提升自我	利用网络 诊断问题	权重 W_i
利用网络购物就医	1.0000	4.0000	9.0000	0.7132
利用网络提升自我	0.2500	1.0000	4.0000	0.2200
利用网络诊断问题	0.1111	0.2500	1.0000	0.0669

注：一致性比例 0.0358。最大特征根为 3.0372。资料来源：作者根据专家打分进行整理所得。

4. 一级指标的一致性比例以及最大特征根

对一级指标的一致性比例以及最大特征根 γ_{max} 进行整理，得到的结果如表 5.16 所示：

表 5.16　一级指标的一致性比例以及最大特征根 γ_{max}

一级指标名称	一致性比例	最大特征根
信息和数据技能	0.0176	3.0183
沟通与合作技能	0.0019	3.0020
数字内容创造技能	0.0001	3.0001
安全与保护技能	0.0001	3.0001
数字问题解决技能	0.0358	3.0372

资料来源：作者根据处理结果整理。

（二）一级指标权重计算结果

一级指标的权重是从重要性方面来考察该一级指标对目标层的重要性。从表 5.17 可知，专家普遍将沟通与合作技能的权重列为最高，权重值达到 0.4233。

安全与保护技能作为考察老年人数字技能的重要指标，权重达到 0.2509。安全与保护技能的权重被列为第二位，说明安全与保护技能对于目标层"老年人数字技能"来说，其重要性较大。

对于目标层来说，重要性排列为第三位的是信息和数据技能。信息和数据技能这个一级指标的权重为 0.1611。重要性排第四位的是数字问题解决技能这个一级指标。

运用 Yaahp 软件对专家所给的各指标两两对比对于目标层相对重要性打分进行运算，从中总结出各一级指标相对于目标层的重要性，即权重，并对各一级指标的权重值进行由高到低的排序，其结果如表 5.17 所示。

表 5.17 一级指标的权重

一级指标名称	权重	排序
沟通与合作技能	0.4233	1
安全与保护技能	0.2509	2
信息和数据技能	0.1611	3
数字问题解决技能	0.1030	4
数字内容创造技能	0.0618	5

资料来源：作者根据处理结果整理。

（三）二级指标权重计算结果

如前所述，各二级指标相对于所属的一级指标的重要性可以用 AHP 方法计算得出，且通过换算，可以得出二级指标相对于目标层的重要性，即权重。各指标使用专用软件 Yaahp 进行计算。经作者对所有数据计算结果进行整理，得到的二级指标相对于目标层的权重如表 5.18 所示。

表 5.18 各二级指标相对于目标层的权重及其排序

指标名称	权重	排序
使用聊天软件交流	0.2229	1
利用数字工具分享	0.1422	2

指标名称	权重	排序
识别网络安全风险	0.1199	3
使用网络查阅信息和数据	0.0940	4
保护个人数据隐私	0.0790	5
利用网络购物就医	0.0735	6
利用数字工具参与	0.0583	7
辨别网络信息和数据真伪	0.0550	8
避免网络信息诈骗	0.0520	9
发布朋友圈或微博	0.0400	10
利用网络提升自我	0.0227	11
制作网络短小视频	0.0174	12
存储网络信息数据	0.0121	13
利用网络诊断问题	0.0069	14
利用网络平台直播	0.0044	15

资料来源:作者根据专家打分,输入 AHP 专用软件,获得结果。

从表5.18的结果可以看出,对于目标层"老年人数字技能"来说,按照重要性排序,最高的六个二级指标分别是:使用聊天软件交流、利用数字工具分享、识别网络安全风险、使用网络查阅信息和数据、保护个人数据隐私以及利用网络购物就医,其权重分别为0.2229、0.1422、0.1199、0.0940、0.0790、0.0735。排名第七到第九位的为:利用数字工具参与、辨别网络信息和数据真伪以及避免网络信息诈骗,权重分别为0.0583、0.0550、0.0520。排名最后六位的分别为:发布朋友圈或微博、利用网络提升自我、制作网络短小视频、存储网络信息数据、利用网络诊断问题和利用网络平台直播,权重分别为0.0400、0.0227、0.0174、0.0121、0.0069、0.0044。

第六章

智慧养老背景下中国老年人数字技能评估

第一节　智慧养老背景下中国老年人
数字技能评估方案设计

一、评估指标体系的选取

根据第四章的论述,老年人数字技能评估指标体系分为三个层次,第一层次是目标层,也即老年人综合数字技能。第二层次是父层,也即五个维度一级指标。第三层次是子层,也即十五个二级指标。其中,目标层统领五个一级指标,五个一级指标各自统领若干个二级指标。具体来说,信息和数据技能一级指标下有三个二级指标,分别是:使用网络查阅信息和数据、辨别网络信息和数据真伪、使用聊天软件交流;沟通与合作技能一级指标下有三个二级指标,分别是:使用聊天软件交流、利用数字工具分享、利用数字工具参与;数字内容创造技能一级指标下有三个二级指标,分别是:发布朋友圈或微博、制作网络短小视频、利用网络平台直播;安全与保护技能一级指标下有三个二级指标,分别是:识别网络安全风险、保护个人数据隐私、避免网络信息诈骗;数字问题解决技能一级指标下也有三个二级指标,分别是:利用网络购物就医、利用网络提升自我、利用网络诊断问题。五个一级指标和十五个二级指标共同构成老年人综合数字技能评估指标体系。

二、评估等级的确定

（一）评估等级的确定方法

对于智慧养老背景下老年人数字技能的评估等级,课题组经过商议,决定采用五分法,将老年人的数字技能水平由低到高划分为五个等级:得分在(0,1]①区间,代表"数字技能水平非常低";得分在(1,2]区间,代表"数字技能水平较低";得分在(2,3]区间,代表"数字技能水平中等";得分在(3,4]区间,代表"数字技能水平较高";得分在(4,5]区间,代表"数字技能水平非常高"。智慧养老背景下老年人数字技能得分与技能水平等级的对应关系见表6.1。

表6.1　智慧养老背景下老年人数字技能得分与技能水平等级对应表

序号	得分	数字技能水平等级
1	(0,1]	数字技能水平非常低
2	(1,2]	数字技能水平较低
3	(2,3]	数字技能水平中等
4	(3,4]	数字技能水平较高
5	(4,5]	数字技能水平非常高

资料来源:作者自制。

(二)评估等级的确定步骤

智慧养老背景下老年人数字技能水平评估等级的确定分为三个步骤。

首先,确定智慧养老背景下老年人数字技能各二级指标的评估等级。将评估老年人数字技能的15个二级指标转化成15个提问列在问卷上,组成评估老年人数字技能水平的问题矩阵,由老年人对本人数字技能水平进行自评。每个二级指标都用1—5分来评价,老年人勾选1分,表示"非常不会";勾选2分,表示"比较不会";勾选3分,表示"一般",勾选4分,表示"比较会";勾选5分,表示"非常会"。然后将老年人的自评得分与技能等级对应,1分对应"数字技能水平非常低"等级,2分对应"数字技能水平较低"等级,3分对应"数字技能水平中等"等级,4分对应"数字技能水平较高"等级,5分对应"数字技能水平非常高"等级。

其次,确定智慧养老背景下老年人数字技能各一级指标的评估等级。在获得智慧养老背景下老年人数字技能的15个二级指标等级打分后,利用专家打分法给出的各二级指标的相对重要性,输入AHP专用软件,算

----

① (0,1]区间中的"("表示不包括0分。"]"表示包括1。其他区间也用此方式表示包括与不包括的关系。

出15个二级指标相对总目标层的权重,同时算出5个一级指标相对于目标层的权重,求出五个一级指标的加权得分和对应的等级。得分在(0,1],代表"数字技能水平非常低";得分在(1,2],代表"数字技能水平较低";得分在(2,3],代表"数字技能水平中等";得分在(3,4],代表"数字技能水平较高";得分在(4,5],代表"数字技能水平非常高"。

最后,确定智慧养老背景下老年人数字技能综合评估等级。依据五个一级指标的权重和加权得分,就可以确定智慧养老背景下老年人数字技能水平综合评估等级。得分在(0,1],代表"数字技能水平非常低";得分在(1,2],代表"数字技能水平较低";得分在(2,3],代表"数字技能水平中等";得分在(3,4],代表"数字技能水平较高";得分在(4,5],代表"数字技能水平非常高"。

第二节　智慧养老背景下中国老年人数字技能评估结果

一、15 个二级指标评估结果

依据智慧养老背景下老年人数字技能评估方案,15个二级指标采取老年人自评的方式,并根据1—5分对应相应的评估等级。1分对应"数字技能水平非常低"等级,2分对应"数字技能水平较低"等级,3分对应"数字技能水平中等"等级,4分对应"数字技能水平较高"等级,5分对应"数字技能水平非常高"等级。

(一)"使用网络查阅信息和数据"二级指标评估结果

被调查老年人"使用网络查阅信息和数据"二级指标评估结果见图6.1。可以看出,约有45.8%的老年人在使用网络浏览、搜索和筛选信息方面的能力较弱,自评等级较低或者非常低。他们可能在基本的网络操作和信息获取过程中遇到困难,如不知道如何有效使用搜索引擎、无法辨别信息的真实性和来源等。这一部分老年人需要更多的基础培训和指导,以提升他们在互联网使用方面的基本技能。自评等级中等的老年人有1216人,占总数的32.4%。这是自评分布中人数最多的一个群体,表明大约三分之一的老年人在网络浏览和信息筛选方面具备中等水平的能力。他们能够基本完成网络搜索和信息筛选的任务,但可能在信息筛选的准确性和效率上还有提升空间。自评等级高的老年人有 465 人,占总数的 12.4%。自评等级非常高的老年人有 352 人,占总数的 9.4%。调查结果显示,部分老年人表现出较高的网络使用能力,能够熟练地浏览、搜索和筛选信息。他们能够有效地获取和筛选所需的信息。尽管这一群体在被调查老年人总数中占比较小,只有近一成,但可以看出,在当前智慧养老和数字中国建设背景下,部分老年人数字素养相对较高,能较好地适应数字时代发展的需要,且能为朋辈提供数字技能培训和数字技能提升帮助。

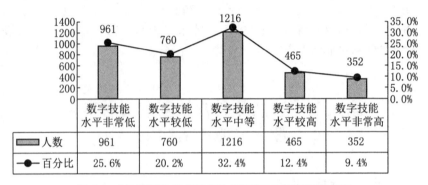

图 6.1 "使用网络查阅信息和数据"二级指标评估结果
资料来源:作者自绘。

(二)"辨别网络信息和数据真伪"二级指标评估结果

被调查老年人"辨别网络信息和数据真伪"二级指标评估结果见图 6.2。从中可以看出,自评等级非常低的老年人有 807 人,占总数的 21.5%;自评等级较低的老年人有 815 人,占总数的 21.7%。这表明,约有 43.2% 的老年人在辨别网络信息来源可信度方面的能力较弱。访谈中也可看出,部分老年人难以判断信息的真实性和来源的可靠性,容易受到虚假信息的影响。日常生活中,这部分老年人需要更多的培训和教育,以增强辨别能力,提高其数字素养。自评等级中等的老年人有 1292 人,占总数的 34.4%,表明大约三分之一的老年人在辨别网络信息内容来源的可信度方面具备中等水平的能力,能够基本辨别信息的可信度,但在面对复杂的信息环境时,还需要进一步提升分析和判断能力。自评等级较高的老年人有 501 人,占总数的 13.3%。自评等级非常高的老年人有 339 人,占总数的 9.0%,调查结果表明,大约一成的老年人表现出较高的辨别能力,能够有效地判断网络信息来源的可信度,在信息筛选和判断方面具有较强的能力,能够较好地应对网络环境中的虚假信息和误导性内容。

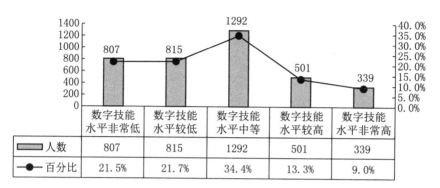

图6.2　"辨别网络信息和数据真伪"二级指标评估结果

资料来源:作者自绘。

（三）"存储网络信息数据"二级指标评估结果

调查结果表明,被调查老年人"存储网络信息数据"二级指标评估结果如图6.3所示。自评等级非常低的老年人有1060人,占总数的28.2%;自评等级较低的老年人有706人,占总数的18.8%。问卷调查结果表明,约有47.0%的老年人在存储和提取数据及信息方面的能力较弱。他们难以有效地保存和管理所获取的信息,无法在需要时顺利检索到相关数据。政府部门和社会组织有必要对这些老年人进行更多的培训和指导,提高他们在数据管理方面的技能。自评等级中等的老年人有1121人,占总数的29.9%,表明大约三分之一的老年人在数据存储和提取方面具备中等

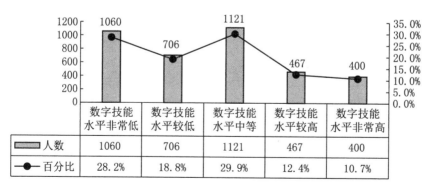

图6.3　"存储网络信息数据"二级指标评估结果

资料来源:作者自绘。

水平能力。他们能够基本完成数据存储和提取的任务,但在效率和准确性上还需要进一步提升。对于数字技能水平中等的老年人,政府部门、社会组织和社区可以通过组织更高级的培训,促进他们学习数据管理的技巧和工具,提高其数字技能。自评等级较高的老年人有 467 人,占总数的12.4%。自评等级非常高的老年人有 400 人,占总数的 10.7%。可以看出,大约一成的老年人表现出较高的数据存储和提取能力,能够熟练地保存和检索所需的信息。

(四)"使用聊天软件交流"二级指标评估结果

如图 6.4 所示,被调查老年人"使用聊天软件交流"二级指标评估结果表明,自评等级非常低的老年人有 819 人,占总数的 21.8%;自评等级较低的老年人有 522 人,占总数的 13.9%。选择"非常低"和"较低"两个等级的老年人合计达到 35.7%,表明他们在使用聊天软件方面的能力较弱。日常生活中,部分老年人在安装、设置和使用聊天软件时遇到困难,无法充分利用这些工具与家人和朋友保持联系,因此,他们需要有关部门提供更多的基础培训和技术支持,帮助他们掌握聊天软件的基本操作。自评等级中等的老年人有 1148 人,占被调查总人数的 30.6%,表明大约三分之一的老年人在使用聊天软件方面具备中等水平能力。他们能够基本完成聊天软件的使用任务,但在某些功能的熟练度上还需进一步提升。自评等级较高的老年人有 667 人,占被调查总人数的 17.8%。自评等级非常高的老年人有 598 人,占比达到 15.9%。

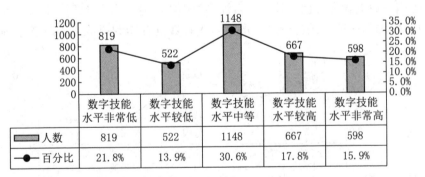

	数字技能水平非常低	数字技能水平较低	数字技能水平中等	数字技能水平较高	数字技能水平非常高
人数	819	522	1148	667	598
百分比	21.8%	13.9%	30.6%	17.8%	15.9%

图 6.4 "使用聊天软件交流"二级指标评估结果

资料来源:作者自绘。

(五)"利用数字工具分享"二级指标评估结果

如图 6.5 所示,被调查老年人"利用数字工具分享"二级指标评估

结果中,自评数字技能水平非常低的被调查者占比 5%,人数为 1050
人;数字技能水平较低的被调查者占比 18.5%,人数为 693 人。这合计
约 23.5% 的受访者在利用数字工具分享方面存在显著困难,他们可能
难以有效运用数字工具进行信息共享,亟须针对性的指导和培训以提
升其技能。数字技能水平中等的被调查者占比最高,达到 30.3%,人数
为 1136 人,表明约三分之一的受访者在数字工具使用上具备基本能力,
能进行日常分享操作,但仍有提升空间,特别是在效率和技巧方面。针对
这部分人群,提供进阶培训将有效促进其技能增长。数字技能水平较高
的被调查者占比 12.3%,人数为 462 人;而水平非常高的被调查者占比
11.0%,人数为 413 人。合计约四分之一的受访者展现出较强的数字工
具分享能力,能够熟练地进行信息共享,体现了较高的数字素养。

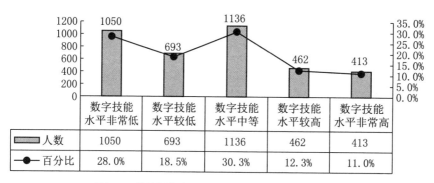

图 6.5　"利用数字工具分享"二级指标评估结果

资料来源:作者自绘。

（六）"利用数字工具参与"二级指标评估结果

调查结果表明,"利用数字工具参与"二级指标中,自评数字技能水平
非常低的被调查者有 1161 人,占比 30.9%;自评数字技能水平较低的被
调查者有 734 人,占比 19.6%。这些数据表明,约 45.5% 的被调查者在数
字技能方面基础薄弱,他们在处理数字信息时可能面临挑战,难以高效地
进行数据存储、提取和管理。针对这一群体,政府、教育机构及社会各界
应加大培训力度,提供基础数字技能课程,帮助他们提升数字素养。自评
数字技能水平中等的被调查者数量为 1066 人,占比 28.4%,接近三分之
一。这部分人群能够执行基本的数字任务,但在效率和技能深度上仍有
提升空间。为促进其进一步发展,可设计中级数字技能培训项目,涵盖数
据管理、信息安全等进阶内容,助力他们更好地适应数字化生活。自评数

字技能水平较高的被调查者有 455 人,占比 12.1%;而自评水平非常高的被调查者达到 338 人,占比 9.0%。合计约两成的被调查者展现出较高的数字技能水平,能够熟练处理数字信息,有效管理数据。尽管如此,他们仍可通过参与高级数字技能课程,如数据分析、编程等,进一步拓宽技能边界,提升在数字化时代的竞争力。

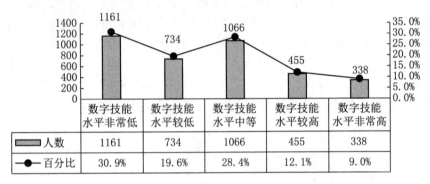

	数字技能水平非常低	数字技能水平较低	数字技能水平中等	数字技能水平较高	数字技能水平非常高
人数	1161	734	1066	455	338
百分比	30.9%	19.6%	28.4%	12.1%	9.0%

图 6.6 "利用数字工具参与"二级指标评估结果

资料来源:作者自绘。

(七)"发布朋友圈或微博"二级指标评估结果

调查结果表明,"发布朋友圈或微博"二级指标中,自评数字技能水平非常低的被调查者有 1322 人,占总人数的 35.2%;数字技能水平较低的被调查者有 782 人,占比 20.8%。这意味着超过半数的受调查者(约 56.0%)在存储网络信息数据方面能力较弱,他们可能面临难以有效保存、管理和检索信息的挑战。针对这一现状,政府、教育机构及社会组织应加大对这部分人群的培训和指导力度,以提升他们的数据管理技能,确保信息的安全与有效利用。数字技能水平中等的被调查者数量为 905人,占总人数的 24.1%,表明约四分之一的受调查者具备中等水平的网络数据存储能力,能够完成基本的存储和提取任务,但在效率和准确性上仍有提升空间。为进一步提升这部分人群的技能,建议通过举办专题培训、分享会等形式,教授更高效的数据管理工具和方法。此外,数字技能水平较高的被调查者有 407 人,占比 10.8%;而数字技能水平非常高的被调查者达到 338 人,占比 9.0%。合计约有两成的受调查者展现出较高的数据存储和提取能力,能够熟练地进行信息保存和检索。这部分人群可以作为榜样,通过经验分享、互助学习等方式,带动整体技能水平的提升。

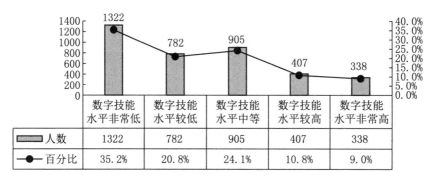

图 6.7 "发布朋友圈或微博"二级指标评估结果

资料来源:作者自绘。

（八）"制作网络短小视频"二级指标评估结果

被调查者"制作网络短小视频"二级指标评估结果如图 6.8 所示。调查结果显示,数字技能水平非常低的被调查者多达 1574 人,占总人数的 41.9%;而数字技能水平较低的被调查者也有 748 人,占比 19.9%。合计来看,超过六成的受访者在制作网络短视频方面表现出较弱的数字技能,他们在这一领域的能力明显不足,亟须通过专业培训和支持来提升。数字技能水平中等的被调查者数量为 836 人,占总体的 22.3%,这意味着大约四分之一的受访者在短视频制作上虽有一定基础,能完成基本任务,但在技术精进和创意拓展上仍有较大提升空间。针对这部分人群,应提供更具针对性的培训课程,助力其掌握更高级的制作技巧。此外,数字技能水平较高的被调查者有 317 人,占比

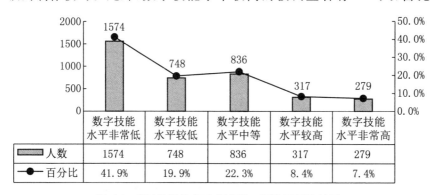

图 6.8 "制作网络短小视频"二级指标评估结果

资料来源:作者自绘。

8.4%;而数字技能水平非常高的被调查者更是达到了 279 人,占比 7.4%。合计来看,约有一成的受访者展现出了较高的短视频制作能力,能够熟练地进行创作。综上所述,本次评估结果揭示了受访者在制作网络短视频方面数字技能的分布情况,为后续的培训和指导提供了重要参考。

(九)"利用网络平台直播"二级指标评估结果

被调查者"利用网络平台直播"二级指标评估结果如图 6.9 所示。调查结果显示,数字技能水平非常低的被调查者多达 1942 人,占比高达 51.7%;紧随其后的是数字技能水平较低的被调查者,共计 718 人,占 19.1%。合计来看,超过七成的被调查者在网络平台直播方面的数字技能相对薄弱,可能面临直播技术和平台操作上的挑战,进而影响其直播体验。因此,教育机构和企业应针对这一群体,设计并实施专门的培训课程,助力其数字技能的提升。数字技能水平中等的被调查者数量为 660 人,占比 17.6%,表明有近两成的被调查者已具备一定的直播基础,能够执行基本的直播操作,但在技能深度和效率上还有较大的提升空间。针对这部分人群,建议通过进阶培训或工作坊等形式,进一步巩固并提升其直播技能。此外,数字技能水平较高的被调查者有 248 人,占 6.6%;而数字技能水平非常高的被调查者则达到了 186 人,占 5.0%。合计约 12.6%的被调查者展现出了较强的网络平台直播能力,能够熟练地进行直播操作。综上所述,为提升整体数字技能水平,特别是针对技能较弱的群体,社会各界应加大培训力度,提供多样化的学习资源,促进被调查者在网络平台直播领域的技能发展。

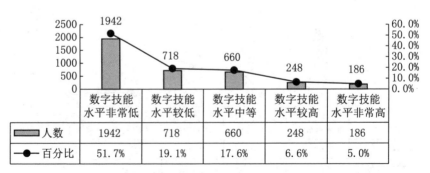

图 6.9 "利用网络平台直播"二级指标评估结果

资料来源:作者自绘。

（十）"识别网络安全风险"二级指标评估结果

被调查者在"存储网络信息数据"二级指标评估结果如图 6.10 所示。调查结果显示,数字技能水平非常低的被调查者有 858 人,占比 22.9%;数字技能水平较低的被调查者数量为 672 人,占比 17.9%。这些数据表明,约有四成的被调查者在存储和管理网络信息数据方面存在明显不足,可能难以有效保存和检索重要信息。因此,相关部门和机构应加大对这部分人群的培训和指导力度,以提升他们的数据管理技能。数字技能水平中等的被调查者共有 1204 人,占比 32.1%,显示出大约三分之一的被调查者具备基本的数据存储和提取能力。然而,他们在效率和准确性上仍有提升空间。针对这部分人群,建议通过组织专题培训、分享会等形式,帮助他们掌握更高效的数据管理工具和方法,以进一步提升其数字技能水平。数字技能水平较高的被调查者数量为 558 人,占比 14.9%;而数字技能水平非常高的被调查者则达到了 462 人,占比 12.3%。合计来看,有近三成的被调查者展现出了较高的数据存储和提取能力,能够熟练地进行信息保存和检索。这部分人群可以作为榜样,通过经验分享和互助学习,带动整体数据管理能力的提升。综上所述,为了全面提升公众在存储网络信息数据方面的能力,需要针对不同技能水平的群体制定差异化的培训和指导策略,以实现整体数据管理能力的显著提升。

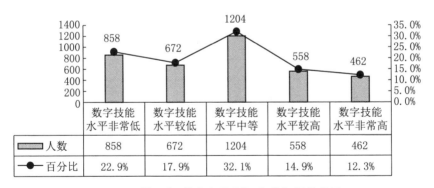

	数字技能水平非常低	数字技能水平较低	数字技能水平中等	数字技能水平较高	数字技能水平非常高
人数	858	672	1204	558	462
百分比	22.9%	17.9%	32.1%	14.9%	12.3%

图 6.10　"识别网络安全风险"二级指标评估结果

资料来源:作者自制。

（十一）"保护个人数据隐私"二级指标评估结果

被调查者关于"存储网络信息数据"二级指标评估结果如图 6.11 所示。调查结果显示,数字技能水平非常低的调查者有 906 人,占比

24.1%;数字技能水平较低的有 680 人,占比 18.1%。合计来看,约有42.2%的受访者在存储和管理网络信息数据方面能力较弱,他们在有效保存、整理和检索信息上存在挑战,难以确保数据的安全性和可访问性。因此,政府、企业及社会组织应加大对这部分人群的培训力度,提升他们的数字素养和数据管理能力。数字技能水平中等的调查者数量为 1056人,占比 28.1%,表明近三分之一的受访者在存储网络信息数据方面具备基本能力,能够完成日常的数据存储和检索任务,但在效率和安全性上仍有提升空间。针对这部分人群,建议通过举办专题研讨会、在线课程等形式,传授更高效的数据管理方法和工具使用技巧。数字技能水平较高的调查者达到 638 人,占比 17.0%;而水平非常高的则有 474 人,占比 12.6%。合计来看,约有三成的受访者展现出较强的数据存储和提取能力,能够熟练且安全地管理个人信息数据。这部分人群可以作为榜样,通过分享经验、参与培训指导等方式,带动整体数据管理能力的提升。由于现代社会风险普遍存在,因此,"保护个人数据隐私"成为非常必要的一项数字技能。

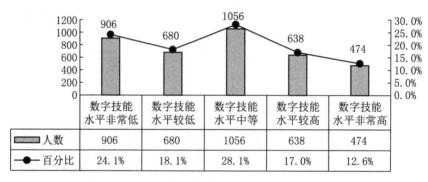

	数字技能水平非常低	数字技能水平较低	数字技能水平中等	数字技能水平较高	数字技能水平非常高
人数	906	680	1056	638	474
百分比	24.1%	18.1%	28.1%	17.0%	12.6%

图 6.11 "保护个人数据隐私"二级指标评估结果

资料来源:作者自绘。

(十二)"避免网络信息诈骗"二级指标评估结果

被调查者关于"能在网络环境中保护自己及他人利益不被损害得分情况"的评估结果如图所示。调查结果显示,数字技能水平非常低的调查者占比最高,达到 24.2%,共计 908 人;紧随其后的是数字技能水平较低的群体,占比 18.5%,人数为 695 人。这两大群体合计约占四成,表明近四成的调查者在网络环境中保护自身及他人利益的能力较弱,亟须加强相关教育和培训。进一步分析,约有 30.8%的受调查者展现出中等水平的数字技能,他们在网络保护方面虽有一定基础,但仍有提升空间。而数字技能水平较高和非常高的调查者分别占比 15.2％和 11.3％,人数分别为 572 人和 424 人,合计约占两成五,这部分人群在网络保护方面表现出较强的能力。综上所述,大部分调查者在网络环境中的自我保护及他人利益保护能力有待加强。

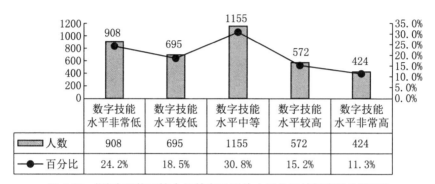

	数字技能水平非常低	数字技能水平较低	数字技能水平中等	数字技能水平较高	数字技能水平非常高
人数	908	695	1155	572	424
百分比	24.2%	18.5%	30.8%	15.2%	11.3%

图 6.12　"能在网络环境中保护自己及他人利益不被损害得分情况"
资料来源:作者自绘。

(十三)"利用网络购物就医"二级指标评估结果

被调查者"利用网络购物就医"二级指标评估结果如图 6.13 所示。调查结果显示,数字技能水平非常低的调查者数量为 1095 人,占比 29.2％;数字技能水平较低的有 759 人,占 20.2％。这些数据表明,近半数(49.4％)的受访者在利用网络购物和就医时面临挑战,其数字技能不足以高效完成这些任务。因此,政府和社会组织应加大对这部分人群的技能培训力度,帮助他们克服数字鸿沟,提升网络购物和就医的便利性。数字技能水平中等的调查者达到 1032 人,占总人数的 27.5％,说明约三分之一的人能够基本应对网络购物和就医的需求,但在操作效率和熟练度上仍有提升空间。针对这部分人群,建议通过开设中级数字技能课程,进一步巩固和提升他们的网络应用能力。此外,数字技能水平较高的有 525 人,占比 14.0％;而水平非常高的则有 343 人,占 9.1％。合计约两成的受访者展现出较强的网络购物和就医能力,能够熟练且高效地完成相关操作。这体现了数字技能在特定群体中的普及和深化,也为其他人群树立了学习和提升的目标。综上所述,该评估结果揭示了不同数字技能水平在利用网络购物就医方面的分布情况,为相关部门制定针对性的培训和指导策略提供了重要参考。

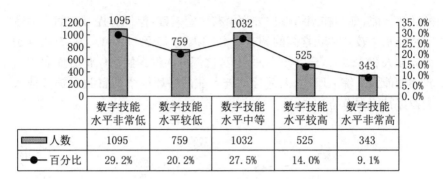

	数字技能 水平非常低	数字技能 水平较低	数字技能 水平中等	数字技能 水平较高	数字技能 水平非常高
人数	1095	759	1032	525	343
百分比	29.2%	20.2%	27.5%	14.0%	9.1%

图6.13 "利用网络购物就医"二级指标评估结果

资料来源:作者自绘。

（十四）"利用网络提升自我"二级指标评估结果

被调查者"利用网络提升自我"二级指标评估结果如图6.14所示。调查结果显示,自评数字技能水平非常低的调查者达1021人,占比27.2%;自评水平较低的为832人,占比22.2%,合计约半数调查者在数字技能应用上较为薄弱,面临较大挑战,亟须加强培训以提升其网络应用能力。自评数字技能水平中等的调查者数量为1155人,占比30.8%,表明约三分之一的人群已具备基本数字技能,能够利用网络进行自我提升,但在效率和技能深度上仍有待提高。针对这部分人群,应提供进阶培训,助力其掌握更多高效的网络应用技巧。进一步观察,自评数字技能水平较高的有456人,占比12.1%;而自评水平非常高的则达到290人,占比7.7%。这两部分人群合计约占两成,展现出较强的数字技能,能够熟练利用网络工具进行自我提升和学习。综上所述,评估结果揭示了调查者在数字技能

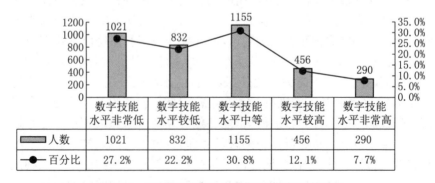

	数字技能 水平非常低	数字技能 水平较低	数字技能 水平中等	数字技能 水平较高	数字技能 水平非常高
人数	1021	832	1155	456	290
百分比	27.2%	22.2%	30.8%	12.1%	7.7%

图6.14 "利用网络提升自我"二级指标评估结果

资料来源:作者自绘。

水平上的分布情况,为制定针对性的培训计划和提升策略提供了重要参考。

（十五）"利用网络诊断问题"二级指标评估结果

被调查者"利用网络诊断问题"二级指标评估结果如图 6.15 所示。调查结果显示,数字技能水平非常低的被调查者有 1020 人,占比27.2%;数字技能水平较低的有 779 人,占比 20.8%。合计约 48.0%的受访者在利用网络进行问题诊断时表现出较弱的技能,他们在处理网络故障时可能面临挑战,亟须加强技术支持与培训。数字技能水平中等的被调查者数量为 1169 人,占总体的 31.1%,表明这部分人群能够执行基本的网络诊断任务,但在效率和准确性上仍有提升空间。为进一步提升其能力,可设计针对性强的进阶培训课程。数字技能水平较高的被调查者达到 453 人,占比 12.1%;而水平非常高的则有 333 人,占比 8.9%。合计约两成的受访者展现出卓越的网络诊断能力,能够高效且准确地解决网络问题。综上所述,提升全民数字技能,特别是针对技能水平较低和中等的人群,是当前亟待解决的问题。通过政府、社会组织和企业的共同努力,加强培训与教育,可以有效促进数字技能的整体提升。

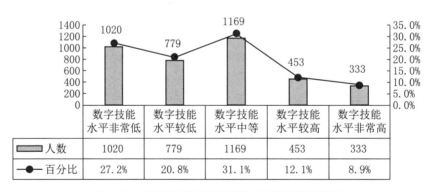

	数字技能水平非常低	数字技能水平较低	数字技能水平中等	数字技能水平较高	数字技能水平非常高
人数	1020	779	1169	453	333
百分比	27.2%	20.8%	31.1%	12.1%	8.9%

图 6.15　"利用网络诊断问题"二级指标评估结果

资料来源:作者自绘。

二、五个一级指标评估结果

将每个一级指标下各二级指标的权重与对应的指标得分相乘再进行加总,可得到各一级指标的加权得分,然后再将一级指标加权得分与评估等级对应即可得到各一级指标的评估等级。如同二级指标的等级划分规则，一级指标加权得分在(0，1]区间代表"数字技能水平非常低"，加权得分在(1，2]区间代表"数字技能水平较低"，加权得分在(2，3]区间代表"数字技能水平中等"，加权得分在(3，4]区间代表"数字技能水平较高"，加权得分在(4，5]区间代表"数字技能水平非常高"。

(一)"信息和数据技能"一级指标评估结果

"信息和数据技能"一级指标评估结果如图 6.16 显示，35.8%的老年人在"信息和数据技能"维度数字技能不足，总体来说，老年人在信息和数据的查阅、数据信息真伪的鉴别和数据存储技术掌握方面比较弱。35.9%的老年人在这一维度领域技能掌握能力中等，这一比例占比超过三分之一。但也有 18.0%的老年人数字技能水平高，另有 10.3%的老年人数字技能水平非常高。从评估结果看，"信息和数据技能"一级指标的评估结果呈现较强的差异性，老年人数字技能水平极低和非常高都占据一定比例。

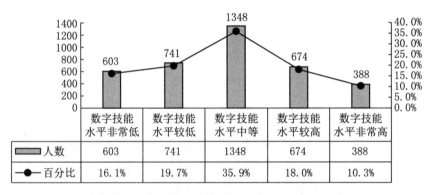

图 6.16 "信息和数据技能"一级指标评估结果

资料来源:作者自绘。

(二)"沟通与合作技能"一级指标评估结果

"沟通与合作技能"一级指标评估结果如图 6.17 所示。可以看出，老年人数字技能水平非常低和较低的比例相较于"信息和数据技能"一级指标有所下降，但仍然较高，总计达到 32.1%，表明老年人总体上在沟通与合作方面的技能掌握不足。这一维度领域，老年人的数字技能评估中等的比例为 33.5%。评估等级较高的比例为 19.9%，非常高的比例为 14.6%，两者合计达到 34.5%，超过三分之一，说明老年人在这一维度领域的数字技能水平最好,特别是在利用微信聊天和分享方面技能掌握得好。

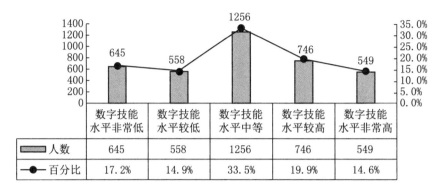

图 6.17 "沟通与合作技能"一级指标评估结果

资料来源:作者自绘。

（三）"数字内容创造技能"一级指标评估结果

被调查老年人"数字内容创造技能"一级指标评估结果见图 6.18。从中可看出,老年人在这一维度领域的评估等级总体较低。评估为非常低的比例为 30.8%,评估为较低的比例为 20.4%,两项合计占比达到 51.2%,超过被调查人数的一半,说明有一半以上的老年人在数字内容创作这一维度的技能水平过低。技能水平较高和非常高的比例分别为 11.9% 和 9.1%,这两项的比例在五个一级指标评估的相同等级中都是最低的。总体上看,老年人在数字内容创作方面存在较大困难,数字技能相对落后。

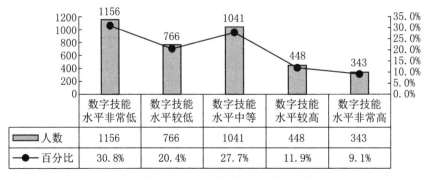

图 6.18 "数字内容创造技能"一级指标评估结果

资料来源:作者自绘。

（四）"安全与保护技能"一级指标评估结果

图 6.19 显示了"安全与保护技能"一级指标评估结果。结果表明，这一维度领域老年人数字技能非常低和较低的比例较高，两者合计达到 34.1％，超过总数的三分之一。数字技能水平中等的比例为 32.4％，较高和非常高的比例分别为 20.4％和 13.1％。从"安全与保护技能"一级指标的评估结果看，老年人在这一维度领域的数字技能水平呈现明显的分化，低、中、高的比例均比较接近，表明在"安全与保护技能"维度，注意保护自己网络安全和不注意保护自己网络安全的人数旗鼓相当。

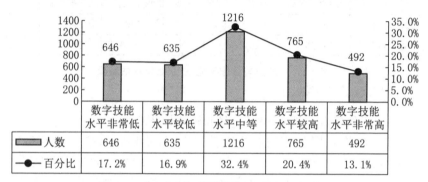

	数字技能水平非常低	数字技能水平较低	数字技能水平中等	数字技能水平较高	数字技能水平非常高
人数	646	635	1216	765	492
百分比	17.2%	16.9%	32.4%	20.4%	13.1%

图 6.19 "安全与保护技能"一级指标评估结果

资料来源：作者自绘。

（五）"数字问题解决技能"一级指标评估结果

图 6.20 展现了被调查老年人"数字问题解决技能"一级指标评估结果。可以看出，老年人在数字问题解决方面存在明显的困难，评估等级非

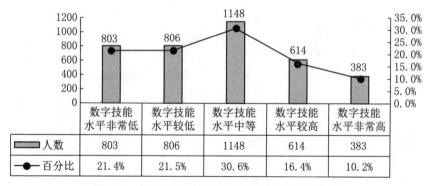

	数字技能水平非常低	数字技能水平较低	数字技能水平中等	数字技能水平较高	数字技能水平非常高
人数	803	806	1148	614	383
百分比	21.4%	21.5%	30.6%	16.4%	10.2%

图 6.20 "数字问题解决技能"一级指标评估结果

资料来源：作者自绘。

常低和较低的比例分别占到21.4%和21.5%,接近一半的老年人利用网络数字技术处理现实问题时均存在困难。评估等级中等的比例为30.6%,评估等级为较高和非常高的比例分别为16.4%和10.2%。这一维度领域的评估结果表明,老年人在利用数字技术解决实际问题时普遍存在较大的困难,能力不足。

三、综合评估结果

将各二级指标相对于目标层的权重分别与对应二级指标的原始得分相乘,可得到目标层的加权得分,然后再将目标层的加权得分与评估等级对应即可得到目标层的评估等级,即老年人数字技能综合评估等级。如同前文对二级指标和一级指标评估等级的界定原则,老年人数字技能综合评估加权总得分在(0,1]区间代表"数字技能水平非常低";加权总得分在(1,2]区间代表"数字技能水平较低";加权总得分在(2,3]区间代表"数字技能水平中等";加权总得分在(3,4]区间代表"数字技能水平较高";加权总得分在(4,5]区间代表"数字技能水平非常高"。

图6.21显示了智慧养老背景下老年人数字技能综合评估等级。统计结果表明,老年人数字技能综合水平呈现中等偏下水平。老年人综合技能水平非常低和较低的比例分别为10.6%和21.6%,中等的比例为36.2%,较高和非常高的比例分别为20.1%和11.6%,总体上看,老年人数字技能水平在中等水平及以下,较高和非常高水平明显不足。老年人数字技能水平横向对比来看,差异性较大。

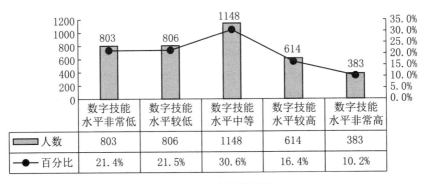

	数字技能水平非常低	数字技能水平较低	数字技能水平中等	数字技能水平较高	数字技能水平非常高
人数	803	806	1148	614	383
百分比	21.4%	21.5%	30.6%	16.4%	10.2%

图6.21　综合评估结果

资料来源:作者自绘。

第三节 智慧养老背景下老年人数字技能评估结果差异性分析

本研究进一步将老年人数字技能水平等级进行合并，将非常低和较低两个等级合并为"低"等级，将较高和非常高两个等级合并为"高"，从而形成老年人数字技能水平低、中、高三个等级，用于比较智慧养老背景下老年人数字技能水平地区、城乡、性别和年龄差异。

一、老年人数字技能地区差异

本研究对老年人数字技能水平进行东、中、西部地区差异性对比，结果如表 6.2 所示。如前所述，对各个地区的老年人数字技能等级分为数字技能水平低、数字技能水平中等和数字技能水平高三个等级。通过对比各地区不同等级的人数和百分比，可直观了解不同地区老年人数字技能水平的差异。

表 6.2 数字技能水平状况东中西部地区比较

			数字技能水平等级			人数合计
			数字技能水平低	数字技能水平中等	数字技能水平高	
地区	东部	人数	397	561	495	1453
		占本地区被调查总人数的百分比	27.3%	38.6%	34.1%	100.0%
	中部	人数	443	412	359	1214
		占本地区被调查总人数的百分比	36.5%	33.9%	29.6%	100.0%
	西部	人数	447	339	301	1087
		占本地区被调查总人数的百分比	41.1%	31.2%	27.7%	100.0%

资料来源：作者自制。

148

　　东部地区参与调查的 1453 名老年人中,有 397 人的数字技能水平低,占东部地区被调查总人数的 27.3％;561 人处于中等水平,占比 38.6％;495 人处于高水平,占比 34.1％。与全国整体数据相比,东部地区老年人数字技能水平低的人数比例略低,而中等水平和高水平的比例则相对较高。究其原因,可能与东部地区经济发展较好、信息化程度较高有关,老年人接触和学习数字设备的机会更多。实地调查也发现,上海、浙江和江苏等地智慧养老相对发达,老年人数字技能综合水平较高。中部地区的 1214 名老年人中,443 人数字技能水平低,占比 36.5％;412 人处于中等水平,占比 33.9％;359 人处于高水平,占比 29.6％。中部地区老年人数字技能低水平比例高于东部地区,数字技能高水平的比例略低于东部地区。西部地区 1087 名老年人中,447 人的数字技能水平低,占比 41.1％;339 人处于中等水平,占比 31.2％;301 人处于高水平,占比 27.7％。西部地区老年人数字技能低水平比例最高,中等水平和高水平比例则相对最低。

　　通过对比东、中、西部地区的数字技能水平,可以看出地区间存在明显的数字技能水平差异。东部地区在数字技能方面相对较强,而西部地区则相对较弱。需要政府和社会各界加大力度,推动中西部地区老年人数字技能的提升和普及,采取有针对性的措施,缩小地区间的差距。

二、老年人数字技能城乡差异

　　城乡老年人数字技能水平差异对比如表 6.3 所示。通过对比农村和城镇户籍老年人不同等级数字技能的人数和百分比,可以直观了解城乡老年人数字技能水平的差异。

　　表 6.3 数据显示,农村老年人的数字技能水平呈现出明显的层次分布。在农村户籍的 1701 名老年人中,数字技能水平低的有 711 人,占总数的 41.8％;数字技能水平中等的有 605 人,占 35.6％;数字技能水平高的有 385 人,占 22.6％。究其原因,与农村地区经济发展水平较低、信息化程度不高、老年人接触和学习数字技能机会相对较少有关。与农村老年人相比,城镇老年人的数字技能水平呈现出更为均衡的分布。数字技能水平低、中等和高的老年人分别占比 29.0％、36.7％和 34.2％。城镇老年人在数字技能上的优势有助于他们更好地适应数字化生活,享受数字

技术带来的便利。

表 6.3　数字技能水平状况城乡比较

			数字技能水平等级			合计
			数字技能 水平低	数字技能 水平中等	数字技能 水平高	
户籍	农村	人数	711	605	385	1701
		占被调查总人数 的百分比	41.8%	35.6%	22.6%	100.0%
	城镇	人数	596	754	703	2053
		占被调查总人数 的百分比	29.0%	36.7%	34.2%	100.0%

资料来源:作者自制。

三、老年人数字技能性别差异

　　表 6.4 对比了男性和女性老年人数字技能水平的情况,分为数字技能水平低、中等和高三个等级。数据显示,在男性老年人群体中,数字技能水平的分布呈现出一定的层次性。其中数字技能水平中等的男性老年人数量最多,达到 665 人,占比 38.6%。数字技能水平高的男性老年人最少,仅有 508 人,占比 29.5%。相较于男性老年人,女性老年人群体的数字技能水平分布也呈现出相似的特点,但存在一些差异。在女性老年人中,数字技能水平低的有 659 人,占女性老年人总数的 32.4%,与男性老年人相比略高;数字技能水平中等的有 694 人,占比 34.1%,略低于男性老年人;而数字技能水平高的女性老年人则有 680 人,占比 33.4%,明显高于男性老年人。进一步分析老年人数字素养技能的性别差异,可以发现:在低水平层次上,男性和女性老年人的比例相近,分别为 31.8% 和 32.4%。在中等水平层次上,男性老年人的比例略高于女性,分别为 38.6% 和 34.1%,显示出男性在达到中等数字技能上略有优势。而在高水平层次上,女性老年人的比例达到 33.4%,明显高于男性的 29.5%。总体来看,男性和女性老年人的数字技能水平差异并不大,但女性在高水平数字素养方面的表现优于男性。调查结果表明,在提升老年人数字素养时,需要考虑性别差异,提供针对性的培训和支持。例如,可通过推广女

性老年人的成功经验,激发男性老年人的学习积极性。

表 6.4 数字技能水平状况性别比较

性别			数字技能水平等级			合计
			数字技能水平低	数字技能水平中等	数字技能水平高	
性别	男	人数	548	665	508	1721
		占被调查男性老年人的比例	31.8%	38.6%	29.5%	100.0%
	女	人数	659	694	680	2033
		占被调查女性老年人的比例	32.4%	34.1%	33.4%	100.0%

资料来源:作者自制。

四、老年人数字技能年龄差异

不同年龄段老年人的数字技能水平对比如表 6.5 所示,具体分为低龄老年人(60—69 岁)、中龄老年人(70—79 岁)、高龄老年人(80 岁及以上)三个组别进行对比。数据显示,低龄老年人数字技能水平相对较高。在这一年龄段中,数字技能水平高的老年人占比最高,达到 36.7%,而数字技能水平中等和低的老年人分别占比 39.5% 和 23.7%。访谈结果也表明,低龄老年人在适应数字化生活方面表现出较强的能力和积极性。他们更容易接受新事物,学习新技能,从而更好地利用数字技术来提高生活质量。中龄老年人数字技能水平呈现出一定的下降趋势。虽然数字技能水平中等和低的中龄老年人占比相差不大,分别为 36.0% 和 37.7%,但数字技能水平高的中龄老年人占比明显降低,仅为 26.4%。与此相对应的是,高龄老年人数字技能水平普遍较低。在这一年龄段中,数字技能水平低的高龄老年人占比高达 57.2%,而数字技能水平中等和高的高龄老年人分别占比 26.1% 和 16.7%。综上所述,通过对比不同年龄段老年人的数字技能水平,可以发现明显的年龄差异。随着年龄的增长,老年人在数字技能方面的表现呈现出逐渐下滑趋势。低龄老年人在数字技能水平上表现较好,而中龄和高龄老年人则面临着更大的挑战。

表 6.5　数字技能水平状况不同年龄段比较

			数字技能水平等级			合计
			数字技能水平低	数字技能水平中等	数字技能水平高	
年龄段	低龄老年人	人数	454	756	703	1913
		占被调查低龄老年人的比例	23.7%	39.5%	36.7%	100.0%
	中龄老年人	人数	578	552	405	1535
		占被调查中龄老年人的比例	37.7%	36.0%	26.4%	100.0%
	高龄老年人	人数	175	80	51	306
		占被调查高龄老年人的比例	57.2%	26.1%	16.7%	100.0%

资料来源:作者自制。

第七章

智慧养老背景下中国老年人数字技能影响因素分析

第一节 数字技能影响因素理论分析

数字技能水平的高低受到多重因素的影响,智慧养老背景下中国老年人数字技能影响因素的实证分析需要首先从理论上加以询证,探索影响数字技能的主要维度和具体相关变量。本节内容主要通过对全民数字鸿沟影响因素、公务员数字技能影响因素、教师数字技能影响因素、学生数字技能影响因素,以及特殊群体数字技能影响因素的分析,求证影响老年人数字技能的宏观维度和微观变量。

一、数字技能影响因素的群体差异分析

(一)数字鸿沟的形成及其影响因素

数字鸿沟的形成受到多种因素的影响,既有互联网接入的原因,也有数字技术应用的原因,还有数据信息资源享有的差异性,以及数据思维方式差异的影响。[1]数字鸿沟受到来自人口变量[2]、区域性[3]、自我效能感[4]

① 任欣怡、周亚虹:《我国数字鸿沟的形成因素、影响及其治理路径》,《经济问题》2024 年第 9 期。

② 孔文豪、吴佳宜、黄思颖:《数字鸿沟与相对剥夺感:微观证据与影响机制》,《电子政务》2021 年第 1 期。

③ 侯艳辉、郝敏:《基于 DEMATEL 的数字鸿沟影响因素辨识》,《统计与决策》2013 年第 14 期。

④ H. Partridge, Redefining the digital divide: attitudes do matter!, Proceedings of the American Society for Information Science and Technology, 2007, 44(1):1—13.

等多种因素影响。数字鸿沟可以从个人层面和环境层面两个维度分析，个人层面主要受到个人的数字获取行为、数字交流方式、数字使用动机和数字使用习惯四个方面影响，而环境层面受到包括家庭因素、学校因素和社会因素三个方面的影响①。

（二）公务员数字素养和技能的影响因素

公务员数字素养水平整体较高。E.B.曼纽拉等（E.B. Manuela et al.）认为数字化技术的应用程度、数字化工具的易用性、数字化文化以及数字化培训和学习的机会等对公务员数字素养有较强的影响。②J.科伊维斯托等（J. Koivisto et al.）发现数字素养的影响因素主要有数字素养教育培训、组织支持、数字技术应用经验等。③J. Zhang④，L. Liu & J. Liu⑤，J. Yan⑥ 等认为个体特征和组织因素对公务员的数字素养具有重要作用，是影响数字素养的基础性因素。⑦闫嘉玲认为，公务员数字素养水平受到内部和外部因素合力影响。其中内部因素最主要的是自我效能感和个体动机，外部因素则受到数字化转型的影响、工作特征以及组织现有资

---

① 金家旺、袁玉清、吴坤泽：《数字时代背景下公民数字素养鸿沟测度与影响因素研究》，《电脑知识与技术》2024 年第 2 期。

② E. B. Manuela, J. Andorfer, & L. Weibel, Factors Influencing Digital Competence in the Swiss Federal Administration: A Quantitative Analysis, *Government Information Quarterly*, 2019(1):80—90.

③ J. Koivisto, J. Multisilta, & E. Lahtinen, Developing Digital Competence in Municipal Admini Stration—A Finnish Case Study, *Government Information Quarterly*, 2018(35):96—103.

④ J. Zhang, Y. Chen, & J. Guo, Research on the Influencing Factors of the Digital Lite Racy of Basic Public Servants. In 2019 IEEE 3rd Information Technology, Networking, Electronic and Automation Control Conference IEEE. 2019:1473—1477.

⑤ L. Liu, & J. Liu, Analysis on the Factors Influencing the Digital Literacy of Grass-Roots Civil Servants Based on the Perspective of Organizational Culture, *Journal of Intelligence*, 2020(39):150—157.

⑥ J. Yan, J. Yang, & F. Shu, Analysis of the Influencing Factors of the Digital Literacy of Basic Public Servants Based on the Perspective of Training Opportunities. In 2020 3rd, International Conference on Social Sciences and Humanities. Atlantis Press. 2020:303—307.

⑦ 刘双：《基层公务员的数字素养影响因素研究》，辽宁师范大学 2023 年硕士学位论文。

源的影响。①王海玲认为基层公务员数字素养水平的高低既受到性别、年龄、文化程度等人口特征的影响,也受到包括月收入、工作年限、职级等职业特征的影响。②汪开君研究了合肥市基层公务员的数字素养现状,从个人特征、组织管理和工作环境三个层面探讨了基层公务员数字素养的影响因素,认为在个人特征层面个人动机、个人认知是核心影响因素,组织管理层面包括宣传培训、考核机制、奖惩机制等对基层公务员的数字素养由显著影响,工作环境层面基础设施、上级重视程度、组织人员的素养等对公务员数字素养有显著影响。③

(三)教师数字素养和技能的影响因素

个体因素如教师的专业知识、行为动机,人际因素如同事、研究团队、小组活动,组织与环境因素如学校数据文化、教师培训等都会对教师的数字素养产生重要影响。马里科·范吉尔等(Marieke Van Geel et al.)通过对 1182 名教育工作者的前测和后测数据证实数字素养培训对教育者素养的提升有重要影响。④K.席尔德坎普等(K. Schildkamp et al.)人对 8 所高中的教师进行为期 2 年的跟踪调查发现,数据特征、学校组织特征、教师个人特征以及团队特征等因素对教师数字素养的形成有重要影响。⑤Choi 等依据对美国 348 名教师的问卷调查发现,教师的工作年限、使用网络教学和网络自我效能对其数字素养水平具有显著影响。⑥沈田从个人因素、行为因素和环境因素三个维度探讨了影响小学教师数字素

---

① 闫嘉玲:《政府数字化转型下的公务员数字素养影响因素研究》,电子科技大学 2023 年硕士学位论文。

② 王海玲:《基层公务员数字素养的现状及影响因素分析——以××区为例》,山东大学 2023 年硕士学位论文。

③ 汪开君:《合肥市基层公务员数字素养现状及影响因素研究》,安徽大学 2023 年硕士学位论文。

④ M. V. Geel, T. Keuning, & A. Visscher, et al., Changes in Educators' Data Literacy during a Data-Based Decision Making Intervention, *Teaching & Teacher Education*, 2017, 64:187—198.

⑤ K. Schildkamp, C. Poortman, Factors Influencing the Functioning of Data Teams, *Teachers College Record*, 2015, 117:1—42.

⑥ M. Choi, D. Cristol, B. Gimbert, Teachers as Digital Citizens: The Influence of Individual Backgrounds, Internet Use and Psychological Characteristics on Teachers' Levels of Digital Citizenship, *Computers & Education*, 2018, 121:143—161.

养水平的影响因素,认为数字技术自我效能感、数字工具校内使用、学校培训三项因素对小学教师数字素养水平有显著正向影响。①张黎、赵磊磊研究了中小学教师数字素养的影响因素,研究发现:数据文化、数据协作、系统特征可正向影响教师数字素养。②班丽娜研究了高校教师信息素养的影响因素,研究发现,个体特征、组织环境、社会情境、信息化认知、信息化情感和信息化意愿均对高校教师信息素养产生正向影响。③

（四）学生数字素养的影响因素

国外研究者对学生的数字素养影响因素进行了较为深入的探讨。研究发现,大学生数字素养与自我效能感正相关,与网络焦虑负相关。④大学生所学相关课程,如信息技术课程对其数字素养的形成有重要影响。⑤M.埃尔西塞科等(M. Elcicek et al.)在对 143 名参与远程教育的研究生的调查中发现,社会存在感对研究生的数字素养水平具有重要影响。⑥芮诗诗研究了初中生数字素养的影响因素,研究发现初中生具有较高的数字素养水平,初中生数字素养水平受到信息技术的使用、计算机自我效能感、人际沟通能力等因素的影响。⑦王杰研究了高中生数字素养的影响因素,高中生数字素养水平整体处于中等水平。高中生数字素养水平在性别、年级和计算机使用年限三个维度上存在显著差异,感知状况对高中生

---

① 沈田:《小学教师数字素养水平及其影响因素研究》,安徽师范大学 2024 年硕士学位论文。

② 张黎、赵磊磊:《中小学教师数据素养的影响因素与提升路径——基于混合研究方法的实证分析》,《教育学术月刊》2022 年第 11 期。

③ 班丽娜:《高校教师信息素养影响因素及提升策略》,《图书馆工作者研究》2024 年第 7 期。

④ M. Choi, M. Glassman, D. Cristal, What It Means to Be a Citizen in the Internet Age: Development of a Reliable and Valid Digital Citizenship Scale, *Computers & Education*, 2017.

⑤ A. Al-Abdullatif, A. Gameil, Exploring Students' Knowledge and Practice of Digital Citizenship in Higher Education, *International Journal of Emerging Technologies in Learning*(*IJET*), 2020, 15(19):122—142.

⑥ M. Elcicek, H. Erdemci, H. Karal, Examining the Relationship between the Levels of Digital Citizenship and Social Presence for the Graduate Students Having Online Education, *Turkish Online Journal of Distance Education*, 2018, 19(1):203—214.

⑦ 芮诗诗:《初中生数字公民素养影响因素研究》,华中师范大学 2019 年硕士学位论文。

数字素养水平的影响具有显著正向性,而自我效能感的影响并不显著。①龙晓虹、白禹运用 DEMATEL 方法分析了地方高校大学生的数字素养水平,发现影响高校大学生数字素养的关键因素为高校政策、文化环境、ICT 基础设施、教学管理和评价体系。②邢文明、刘我也对大学生的数字素养影响因素进行研究,他们采用结构方程模型(SEM)和模糊集定性比较分析(fsQCA)相结合的方法探索影响大学生数字素养的因素,发现绩效期望、努力期望、社会影响、内在动机等因素对大学生数字素养的形成和水平的高低有显著影响,性别和教育阶段部分起到调节作用。③

(五)其他群体数字素养和技能的影响因素

袁红、黄庆庆选取老年人、农民工、残疾人等信息弱势群体作为调查对象,分析弱势群体数字融入困难的影响因素。研究发现:年龄、心理障碍、社区与机构帮扶、信息基础设施等 9 个因素的中心度较高,是影响数字融入困难群体数字排斥行为的关键因素。④周瑛、严林志通过文本挖掘技术分析老年人数字融入困境的影响因素,从个体、技术、社会和政府四个层面构建影响因素模型,研究发现数字技术交互、数字文化氛围、数字技术安全保障、政策措施、数字素养水平是影响老年群体数字融入的关键因素。⑤周裕琼通过分析老年人微信采纳和使用情况,发现对微信特征和风行程度的感知程度等主观因素比人口变量和健康水平等客观变量对老年人数字融入的影响更加显著。⑥代佳伟依据 223 份残疾人调查问卷分析影响残疾人数字素养的影响因素,发现自身残疾、个人知识水平和家庭环境显著正向影响残疾人数字素养,数字产品服务对残疾人数字素养无

①　王杰:《高中生数字公民素养现状及影响因素研究》,黄冈师范学院 2023 年硕士学位论文。

②　龙晓虹、白禹:《高校大学生数字素养影响因素研究》,《河南图书馆学刊》2023年第 3 期。

③　邢文明、刘我:《全要素数字化转型背景下大学生数字素养影响因素研究》,《数字图书馆论坛》2023 年第 10 期。

④　袁红、黄庆庆:《数字融入困难群体数字排斥行为关键影响因素探究》,《人口与社会》2024 年第 4 期。

⑤　周瑛、严林志:《基于文本挖掘的老年群体数字融入影响因素研究》,《情报科学》,https://link.cnki.net/urlid/22.1264.g2.20240701.1520.014。

⑥　周裕琼:《数字弱势群体的崛起:老年人微信采纳与使用影响因素研究》,《新闻与传播研究》2018 年第 7 期。

显著影响作用。①王佑镁认为,新生代农民工虽然有机会接触信息技术,但是却不能依托信息技术拓展其功能,不能提供信息技术的社会赋权能力,无法通过数字技术的应用获取更好的生活能力,因此他们也是信息时代的弱势群体。②

图书馆员数字胜任力形成路径是动态多元的复杂过程,既受个体特征影响,包括自我效能感、数字服务经验、感知价值激励等的驱动,又受外部环境的机制牵连,包括数字支持环境、社群影响以及数字能力转型动机等的制约。③

二、结论

通过对各类群体数字素养与技能水平影响因素的询证,可以发现:宏观层面,可以把数字素养与技能水平高低的影响因素划分为四大维度,分别是:个体和家庭维度、机构或社区维度、政策维度以及技术维度;微观层面,任何一类群体数字素养与技能水平的高低又受到具体变量的影响,这些变量不仅与个体特征紧密相关,还受到不同组织的内在约束与制度安排,以及外部环境的影响。具体来看,个体和家庭维度的变量包括:个体特征、家庭支持等;机构或社区维度的变量包括:学校组织、企事业组织、社区组织等;政策维度包括:政府的财政支持、政府出台的政策等。技术维度的变量包括:数字基础设施、数字交互技术、数字技术安全保障等。总结后的数字素养与技能水平影响因素及其具体维度见图7.1。

结合对不同群体数字素养与技能水平影响因素的分析,可以从更加具体和微观的因素加以总结。个体和家庭维度方面,个体的影响因素包括性别、年龄、受教育程度、户籍、工作年限、收入、个体自我效能感、个体的数字获取行为、交流方式和行为习惯等,家庭的影响因素包括家庭支持、家庭成员的素养等。机构或社区维度方面,包括学校组织特征、团队以及课程性质等的影响;企事业组织受到组织考核、激励与培训等因素的影响;社区组织受到社区资源与管理模式的影响;政策维度方面受到政

① 代佳伟:《残疾人数字素养影响因素研究》,黑龙江大学 2023 年硕士学位论文。

② 王佑镁:《信息时代的数字包容:新生代农民工社会融合新视角》,《中国信息界》2010 年第 9 期。

③ 李秋实、李雯:《面向数智化转型的高校图书馆馆员数字胜任力形成路径及提升策略研究》,《图书情报工作》2024 年第 14 期。

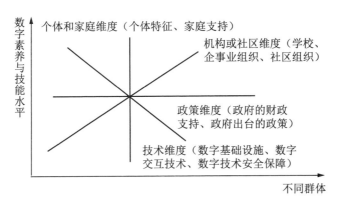

图7.1　数字素养与技能水平影响因素的维度

资料来源:作者自绘。

策、财政支持等的影响。技术维度方面,最主要的数字设备的接入状况、数字交互技术以及数字技术安全保障等的影响。

　　而根据对老年人数字素养水平与技能水平影响因素的分析可以看出,年龄、受教育程度、户籍、收入状况、退休前工作类型、自我效能感、家庭人数等个体和家庭维度因素,朋辈、邻里数字帮助、社区培训情况等社区互动维度因素,政策措施、财政支持等政策维度以及数字交互技术、数字技术安全保障技术维度因素都对老年人数字技能发展有显著影响。

第二节　智慧养老背景下老年人数字技能影响因素实证分析

　　从上一节数字素养与技能影响因素询证可以看出,数字素养与技能水平的高低受到个体和家庭维度、社区维度、政策维度和技术维度四个多维度因素的影响。具体到老年人数字素养与技能水平的高低也同样受到这四个维度的影响,一方面与老年人个体特征紧密相关,另一方面与家庭、社区、政府等组织因素也有千丝万缕的联系,另外还受到数字技术接入和数字安全保障等技术因素影响。本节力图通过相关性分析和回归分析等实证分析工具,探明智慧养老背景下老年人数字技能影响因素的具体维度与变量,以期为后续老年人数字技能提升提供参考。

　　因变量的选取:老年人数字技能加权总得分。自变量的选取:个体和家庭维度方面,选取的变量包括:性别、年龄、受教育程度、户籍、收入、退休前工作属性、互联网自我效能感、上网年数长短、每天上网时长、获得多少个家人的帮助。社区互动维度方面,选取的变量包括:获得朋辈帮助情况、获得邻里帮助情况、获得社区工作人员帮助情况等。政策维度方面,选取的变量包括:是否有老年人数字技能提升方面的政策或文件、政府提供的数字技能培训频度。技术维度方面,选取的变量包括:是否接入有线电视、是否接入宽带、是否拥有智能手机、上网过程中是否遭遇过信息泄露。

一、相关性分析

(一)个体和家庭维度方面的相关性因素

1. 与性别的相关性分析

老年人数字技能水平与性别之间的 Pearson 相关系数为 0.250(见表 7.1),显著性水平 p 值为 0.000,p<0.001,两者在统计学上相关性显著,表明老年人数字技能水平与性别之间存在相关性。

表 7.1　老年人数字技能水平与性别的相关性

		老年人数字技能加权总得分	性别
老年人数字技能加权总得分	Pearson 相关性	1	0.250**
	显著性(双侧)		0.000
	N	3754	3754
性别	Pearson 相关性	0.250**	1
	显著性(双侧)	0.000	
	N	3754	3754

注:** 表示在 0.01 水平(双侧)上显著相关。资料来源:作者自制。

2. 与年龄的相关性分析

表 7.2 展示了老年人数字技能水平与年龄之间的相关性分析结果。老年人数字技能加权总得分与年龄之间的 Pearson 相关系数为 -0.196,表明两者之间存在负相关关系。也就是说,随着年龄的增加,老年人数字技能水平得分有下降的趋势。显著性水平(p 值)为 0.000,远低于常规显著性水平 0.01。这意味着在统计学上,老年人数字技能水平与年龄之间的负相关性非常显著。

表 7.2　老年人数字技能水平与年龄的相关性

		老年人数字技能加权总得分	年龄
老年人数字技能 加权总得分	Pearson 相关性	1	−0.196**
	显著性（双侧）		0.000
	N	3754	3754
年龄	Pearson 相关性	−0.196**	1
	显著性（双侧）	0.000	
	N	3754	3754

注：** 表示在 0.01 水平（双侧）上显著相关。资料来源：作者自制。

3. 与受教育程度的相关性分析

表 7.3 显示了老年人数字技能水平与受教育程度之间的相关性分析结果。老年人数字技能加权总得分与受教育程度之间的 Pearson 相关系数为 0.401，表明两者之间存在较强的正相关关系。也就是说，受教育程度越高，数字技能水平得分也越高。显著性水平（p 值）为 0.000，远低于常规显著性水平 0.01。这意味着在统计学上，老年人数字技能与受教育程度之间的正相关性非常显著。

表 7.3　老年人数字技能水平与受教育程度的相关性

		老年人数字技能加权总得分	受教育程度
老年人数字技能 加权总得分	Pearson 相关性	1	0.401**
	显著性（双侧）		0.000
	N	3754	3754
受教育程度	Pearson 相关性	0.401**	1
	显著性（双侧）	0.000	
	N	3754	3754

注：** 表示在 0.01 水平（双侧）上显著相关。资料来源：作者自制。

4. 与户籍的相关性分析

表 7.4 展示了老年人数字技能水平与户籍之间的相关性分析结果。老年人数字技能加权总得分与户籍之间的 Pearson 相关系数为 0.064，表明两者之间存在正相关关系，即越是城镇户籍的老年人数字技能加

权总得分越高。显著性水平(p值)为 0.000,远低于常规显著性水平0.01。这表明在统计学上,老年人数字技能与户籍之间的相关性是显著的。

表 7.4　老年人数字技能水平与户籍的相关性

		老年人数字技能加权总得分	户籍
老年人数字技能 加权总得分	Pearson 相关性	1	0.064 **
	显著性(双侧)		0.000
	N	3754	3754
户籍	Pearson 相关性	0.064 **	1
	显著性(双侧)	0.000	
	N	3754	3754

注:** 表示在 0.01 水平(双侧)上显著相关。资料来源:作者自制。

5. 与收入状况的相关性分析

表 7.5 展示了老年人数字技能水平与老年人收入状况之间的相关性分析结果。老年人数字技能加权总得分与收入状况之间的 Pearson 相关系数为 0.345,表明两者之间存在较强的正相关关系,收入越高的老年人数字技能加权总得分也越高。显著性水平(p值)为 0.000,远低于常规显著性水平 0.01。这表明在统计学上,老年人数字技能与老年人经济状况之间的正相关性非常显著。

表 7.5　老年人数字技能水平与收入状况的相关性

		老年人数字技能加权总得分	每月收入
老年人数字技能 加权总得分	Pearson 相关性	1	0.345 **
	显著性(双侧)		0.000
	N	3754	3754
每月收入	Pearson 相关性	0.345 **	1
	显著性(双侧)	0.000	
	N	3754	3754

注:** 表示在 0.01 水平(双侧)上显著相关。资料来源:作者自制。

6. 与退休前从事的工作性质的相关性分析

表7.6展示了老年人数字技能水平与退休前从事的工作之间的相关性分析结果。老年人数字技能加权总得分与退休前从事的工作之间的 Pearson 相关系数为−0.198,表明两者之间存在负相关关系。也就是说,某些工作性质可能与较低的数字技能水平相关联。即越是从事那些机关事业单位性质、技术岗位的老年人数字技能水平越高,越是从事那些服务类、办事类性质的老年人数字技能水平越低。显著性水平(p 值)为 0.000,远低于常规显著性水平 0.01。这意味着在统计学上,老年人数字技能与退休前从事的工作之间的负相关性非常显著。

表 7.6　老年人数字技能水平与退休前从事工作的相关性

		老年人数字技能加权总得分	退休前从事的工作
老年人数字技能加权总得分	Pearson 相关性	1	−0.198**
	显著性(双侧)		0.000
	N	3754	3754
退休前从事的工作	Pearson 相关性	−0.198**	1
	显著性(双侧)	0.000	
	N	3754	3754

注:** 表示在 0.01 水平(双侧)上显著相关。资料来源:作者自制。

7. 与互联网自我效能感的相关性分析

表7.7展示了老年人数字技能水平与互联网自我效能感之间的相关性分析结果。老年人数字技能加权总得分与互联网自我效能感之间的 Pearson 相关系数为 0.769,表明两者之间存在非常强的正相关关系。这意味着互联网自我效能感越高的老年人,老年人数字技能更高。显著性水平(p 值)为 0.000,远低于常规显著性水平 0.01。这表明在统计学上,老年人数字技能与互联网自我效能感之间的正相关性非常显著。

表 7.7　老年人数字技能水平与互联网自我效能感的相关性

		老年人数字技能 加权总得分	互联网自我 效能感得分
老年人数字技能 加权总得分	Pearson 相关性	1	0.769**
	显著性（双侧）		0.000
	N	3754	3754
互联网自我 效能感得分	Pearson 相关性	0.769**	1
	显著性（双侧）	0.000	
	N	3754	3754

注：** 表示在 0.01 水平（双侧）上显著相关。资料来源：作者自制。

8. 与学会上网年数长短的相关性分析

表 7.8 展示了老年人数字技能水平与学会上网年数之间的相关性分析结果。老年人数字技能加权总得分与学会上网年数之间的 Pearson 相关系数为 0.551，表明两者之间存在较强的正相关关系，学会上网的时间越长，老年人数字技能越高。显著性水平（p 值）为 0.000，远低于常规显著性水平 0.01。这表明在统计学上，老年人数字技能与学会上网年数之间的正相关性非常显著。

表 7.8　老年人数字技能水平与学会上网年数长短的相关性

		老年人数字技能 加权总得分	学会上网有 几年时间
老年人数字技能 加权总得分	Pearson 相关性	1	0.551**
	显著性（双侧）		0.000
	N	3754	3754
学会上网有 几年时间	Pearson 相关性	0.551**	1
	显著性（双侧）	0.000	
	N	3754	3754

注：** 表示在 0.01 水平（双侧）上显著相关。资料来源：作者自制。

9. 与每天上网时长的相关性分析

表 7.9 展示了老年人数字技能水平与每天上网时长之间的相关性分析结果。老年人数字技能加权总得分与每天上网时长之间的 Pearson 相关系数为 0.442，表明两者之间存在较强的正相关关系。这意味着每天上网时间越长，老年人数字技能加权总得分越高。显著性水平（p 值）为 0.000，远低于常规显著性水平 0.01。这表明在统计学上，老年人数字技能与每天上网时长之间的正相关性非常显著。

表 7.9　老年人数字技能水平与每天上网时长的相关性

		老年人数字技能 加权总得分	每天上网时长 （小时）
老年人数字技能 加权总得分	Pearson 相关性	1	0.442**
	显著性（双侧）		0.000
	N	3754	3754
每天上网时长 （小时）	Pearson 相关性	0.442**	1
	显著性（双侧）	0.000	
	N	3754	3754

注：** 表示在 0.01 水平（双侧）上显著相关。资料来源：作者自制。

10. 与得到家人帮助的相关性分析

表 7.10 显示了老年人数字技能水平与得到家人帮助之间的相关性分析结果。老年人数字技能加权总得分与得到多少个家人帮助之间的 Pearson 相关系数为 0.080，表明两者之间存在较强的正相关关系，得到越多个家人帮助，老年人数字技能加权总得分越高。显著性水平（p 值）为 0.000，远低于常规显著性水平 0.01。这表明在统计学上，老年人数字技能与得到家人帮助之间的正相关性非常显著。

表 7.10　老年人数字技能水平与得到家人帮助的相关性

		老年人数字技能 加权总得分	得到多少个 家人帮助
老年人数字技能 加权总得分	Pearson 相关性	1	0.080**
	显著性（双侧）		0.000
	N	3754	3717

		老年人数字技能 加权总得分	得到多少个 家人帮助
得到多少个 家人帮助	Pearson 相关性	0.080**	1
	显著性(双侧)	0.000	
	N	3717	3717

注:** 表示在 0.01 水平(双侧)上显著相关。资料来源:作者自制。

(二)社区互动维度方面的相关性因素

1. 与得到朋辈帮助的相关性

表 7.11 显示了老年人数字技能水平与得到年纪相仿朋友帮助之间的两两相关性分析结果。相关性分析表明,老年人数字技能加权总得分与得到年纪相仿朋友帮助之间存在显著的正相关,即在学习和使用数字技术过程中得到与年纪相仿朋友的帮助越多,老年人数字技能水平的得分则越高。两者之间的显著性水平(p 值)为 0.000,远低于常规显著性水平 0.01,表明老年人数字技能与得到年纪相仿朋友帮助之间存在非常显著的相关性。

表 7.11 老年人数字技能水平与得到年纪相仿朋友帮助的相关性

		老年人数字技能 加权总得分	在学习和使用数字 技术过程中得到年纪 相仿朋友的帮助
老年人数字技能 加权总得分	Pearson 相关性	1	0.278**
	显著性(双侧)		0.000
	N	3754	3754
在学习和使用数字 技术过程中得到年纪 相仿朋友的帮助	Pearson 相关性	0.278**	1
	显著性(双侧)	0.000	
	N	3754	3754

注:** 表示在 0.01 水平(双侧)上显著相关。资料来源:作者自制。

2. 与得到邻里帮助的相关性分析

表 7.12 显示了老年人数字技能水平与得到邻里帮助之间的两两相关性分析结果。相关性分析表明,老年人数字技能加权总得分与得到邻里帮助之间存在显著的正相关,即在学习和使用数字技术过程中得到邻里的帮助越多,老年人数字技能水平的得分则越高。两者之间的显著性水平(p 值)为 0.000,远低于常规显著性水平 0.01,表明老年人数字技能与得到邻里帮助之间存在非常显著的相关性。

表 7.12　老年人数字技能水平与得到邻里帮助的相关性

		老年人数字技能加权总得分	在学习和使用数字技术过程中得到邻里的帮助
老年人数字技能加权总得分	Pearson 相关性	1	0.226 **
	显著性(双侧)		0.000
	N	3754	3754
在学习和使用数字技术过程中得到邻里的帮助	Pearson 相关性	0.226 **	1
	显著性(双侧)	0.000	
	N	3754	3754

注:** 表示在 0.01 水平(双侧)上显著相关。资料来源:作者自制。

3. 与得到社区工作人员帮助情况的相关性分析

表 7.13 显示了老年人数字技能水平与在学习和使用数字技术过程中得到社区工作人员帮助之间的相关性分析结果。老年人数字技能加权总得分与得到社区工作人员帮助之间的 Pearson 相关系数为 0.112,表明两者之间存在较强的相关关系。得到帮助越多,老年人数字技能加权总得分则越高。显著性水平(p 值)为 0.000,远低于常规显著性水平 0.01。这表明在统计学上,老年人数字技能与得到社区工作人员帮助之间存在非常显著的相关性。

表 7.13　老年人数字技能水平与得到社区工作人员帮助的相关性

		老年人数字技能 加权总得分	在学习和使用数字 技术过程中得到 社区工作人员的帮助
老年人数字技能 加权总得分	Pearson 相关性	1	0.112**
	显著性（双侧）		0.000
	N	3754	3754
在学习和使用数字 技术过程中得到社区 工作人员的帮助	Pearson 相关性	0.112**	1
	显著性（双侧）	0.000	
	N	3754	3754

注：** 表示在 0.01 水平（双侧）上显著相关。资料来源：作者自制。

（三）政策维度方面的相关性因素

1. 与老年人数字技能提升方面的政策或文件的相关性分析

表 7.14 显示了老年人数字技能水平与是否出台老年人数字技能提升方面的政策或文件的相关性分析结果。老年人数字技能加权总得分与出台老年人数字技能方面的政策或文件之间的相关性系数为 0.232，显著性水平 p 值为 0.000，远低于常规显著性水平 0.01，表明老年人数字技能水平与是否出台老年人数字技能提升方面的政策或文件之间存在显著的相关性。

表 7.14　老年人数字技能水平与是否出台政策或文件的相关性

		老年人数字技能 加权总得分	是否出台老年人 数字技能提升方面 的政策或文件
老年人数字技能 加权总得分	Pearson 相关性	1	0.232**
	显著性（双侧）		0.000
	N	3754	3754
是否出台老年人 数字技能提升方面 的政策或文件	Pearson 相关性	0.232**	1
	显著性（双侧）	0.000	
	N	3754	3754

注：** 表示在 0.01 水平（双侧）上显著相关。资料来源：作者自制。

2. 与政府为老年人提供数字技能培训频度的相关性分析

表 7.15 显示了老年人数字技能水平与政府为老年人提供数字技能培训频度之间的相关性分析结果。老年人数字技能加权总得分与为老年人提供数字技能培训频度之间的相关性系数为 0.235,且显著性水平 p 值为 0.000,远低于常规显著性水平 0.01,表明老年人数字技能与政府为老年人提供数字技能培训频度之间存在非常显著的相关性。

表 7.15　老年人数字技能水平与数字技能培训频度的相关性

		老年人数字技能加权总得分	政府为老年人提供数字技能培训频度
老年人数字技能加权总得分	Pearson 相关性	1	0.235**
	显著性(双侧)		0.000
	N	3754	3754
政府为老年人提供数字技能培训频度	Pearson 相关性	0.235**	1
	显著性(双侧)	0.000	
	N	3754	3754

注:** 表示在 0.01 水平(双侧)上显著相关。资料来源:作者自制。

(四)技术维度方面的相关性因素

1. 与是否接入有线电视的相关性分析

表 7.16 显示了老年人数字技能水平与是否接入有线电视之间的两两相关性分析结果。相关性分析表明,老年人数字技能加权总得分与是否接入有线电视之间的相关性系数为 0.183,两者之间的显著性水平(p 值)为 0.000,远低于常规显著性水平 0.01,表明老年人数字技能与是否接入有线电视之间存在显著的相关性。

表 7.16　老年人数字技能水平与是否接入有线电视的相关性

		老年人数字技能加权总得分	是否接入有线电视
老年人数字技能加权总得分	Pearson 相关性	1	0.183**
	显著性(双侧)		0.000
	N	3754	3754

续表

		老年人数字技能 加权总得分	是否接入有线电视
是否接入有线电视	Pearson 相关性	0.183**	1
	显著性（双侧）	0.000	
	N	3754	3754

注：** 表示在 0.01 水平（双侧）上显著相关。资料来源：作者自制。

2. 与是否接入宽带的相关性分析

表 7.17 显示了老年人数字技能水平与是否接入宽带之间的两两相关性分析结果。相关性分析表明，老年人数字技能加权总得分与是否接入宽带之间的相关性系数为 0.181，两者之间的显著性水平（p 值）为 0.000，远低于常规显著性水平 0.01，表明老年人数字技能与是否接入宽带之间存在显著的相关性。

表 7.17　老年人数字技能水平与是否接入宽带的相关性

		老年人数字技能 加权总得分	是否接入宽带
老年人数字技能 加权总得分	Pearson 相关性	1	0.181**
	显著性（双侧）		0.000
	N	3754	3754
是否接入宽带	Pearson 相关性	0.181**	1
	显著性（双侧）	0.000	
	N	3754	3754

注：** 表示在 0.01 水平（双侧）上显著相关。资料来源：作者自制。

3. 与是否拥有智能手机的相关性分析

表 7.18 显示了老年人数字技能水平与是否拥有智能手机之间的两两相关性分析结果。相关性分析表明，老年人数字技能加权总得分与是否拥有智能手机之间的相关性系数为 0.458，两者之间的显著性水平（p 值）为 0.000，远低于常规显著性水平 0.01，表明老年人数字技能与是否拥有智能手机之间存在显著的相关性。

表 7.18 老年人数字技能水平与是否拥有智能手机的相关性

		老年人数字技能 加权总得分	是否拥有智能手机
老年人数字技能 加权总得分	Pearson 相关性	1	0.458**
	显著性（双侧）		0.000
	N	3754	3754
是否拥有智能手机	Pearson 相关性	0.458**	1
	显著性（双侧）	0.000	
	N	3754	3754

注：** 表示在 0.01 水平（双侧）上显著相关。资料来源：作者自制。

4. 与上网过程中是否遭遇过信息泄露的相关性分析

表 7.19 显示了老年人数字技能水平与上网过程中是否遭遇过信息泄露之间的两两相关性分析结果。相关性分析表明，老年人数字技能加权总得分与上网过程中是否遭遇过信息泄露之间的相关性系数为 0.007，两者之间的显著性水平（p 值）为 0.084，高于显著性水平 0.05，表明老年人数字技能与上网过程中是否遭遇过信息泄露之间不相关。

表 7.19 老年人数字技能水平与上网过程中是否遭遇过信息泄露的相关性

		老年人数字技能 加权总得分	上网过程中是否 遭遇过信息泄露
老年人数字技能 加权总得分	Pearson 相关性	1	0.007
	显著性（双侧）		0.084
	N	3754	3754
上网过程中是否 遭遇过信息泄露	Pearson 相关性	0.007	1
	显著性（双侧）	0.084	
	N	3754	3754

资料来源：作者自制。

二、回归分析

（一）变量选取

1. 因变量的选取

以老年人数字技能加权总得分作为因变量，探讨影响老年人数字技能水平的主要因素。

2. 自变量的选取

自变量选取按照个体和家庭维度、社区互动维度、政策维度和技术维度四个维度分别选取。依据前文相关性分析结果,选取显著相关的变量进入回归模型。个体和家庭维度选入的变量包括:性别、年龄、受教育程度、户籍、收入、退休前工作属性、互联网自我效能感、上网年数长短、每天上网时长、获得多少个家人的帮助等。社区互动维度选入的变量包括:得到朋辈的帮助、得到邻里的帮助、得到社区工作人员的帮助等。政策维度选入的变量包括:是否出台老年人数字技能提升方面的政策或文件、政府为老年人提供数字技能培训频度等。技术维度选入的变量包括:是否接入有线电视、是否接入宽带、是否拥有智能手机等。

3. 自变量的选取方式

考虑到本回归模型是一个多元线性回归,自变量中个体和家庭维度、社区互动维度、政策维度和技术维度四个维度的变量数量众多,为探明不同变量对因变量的影响,找出主要的影响因素,先在每个维度内进行组内分析,然后不同维度之间进行组间分析。组内分析采取进入的方法,组间分析采取逐步回归的方法。

(二)回归结果分析

1. 组内分析

(1)个体和家庭维度组内分析

① 输入/移去的变量

该维度输入的变量包括:性别、年龄、户籍、受教育程度、每月收入、退休前从事的工作、互联网自我效能感、学会上网年数、每天上网时长、学习数字技术时能得到多少个家人的帮助等,无移去的变量。变量输入/移去情况具体见表7.20。

表 7.20　输入/移去的变量[a]

模型	输入的变量	移去的变量	方法
1	每天上网时长(小时),户籍,性别,年龄,退休前从事的工作,多少个家人或朋友提供帮助,受教育程度,互联网自我效能感得分,学会上网有几年时间,每月收入[b]		进入

a. 因变量:老年人数字技能加权总得分。b. 已输入所有请求的变量。资料来源:作者自制。

② 模型汇总

回归模型显示（见表 7.21），R＝0.806，R²＝0.649，说明该部分变量可以解释方程 64.9％的变异量，调整后的 R²＝0.648，仍可以解释方程 64.8％的变异量，说明变量之间的相关性较高，回归方程的拟合优度较好。

表 7.21　模型汇总

模型	R	R²	调整 R²	标准估计的误差	更改统计量				
					R² 更改	F 更改	df1	df2	Sig. F 更改
1	0.806ᵃ	0.649	0.648	0.6513	0.649	686.421	10	3706	0.000

a. 预测变量：(常量)，每天上网时长(小时)，户籍，性别，年龄，退休前从事的工作，多少个家人或朋友提供帮助，受教育程度，自我效能感得分，学会上网有几年时间，每月收入。资料来源：作者自制。

③ 方差分析

从方差分析（Anova）（表 7.22）的情况来看，模型 1 中模型的回归平方和为 2911.375，残差平方和为 1571.857，总计平方和未 4483.233。模型的 F 值为 686.421，模型在 0.000 水平上显著，可以建立线性模型。

表 7.22　Anovaᵃ

模型		平方和	df	均方	F	Sig.
1	回归	2911.375	10	291.138	686.421	0.000ᵇ
	残差	1571.857	3706	0.424		
	总计	4483.233	3716			

a. 因变量：老年人数字技能加权总得分。b. 预测变量：(常量)，每天上网时长(小时)，户籍，性别，年龄，退休前从事的工作，多少个家人或朋友提供帮助，受教育程度，自我效能感得分，学会上网有几年时间，每月收入。资料来源：作者自制。

④ 系数

表 7.23 显示了本维度变量的系数输出结果。从模型系数来看，模型的常数项 constant＝1.315，性别的回归系数＝0.014，年龄的回归系数＝0.051，受教育程度的回归系数＝0.049，退休前从事的工作回归系数＝－0.025，学会上网年数的回归系数＝0.097，互联网自我效能感的回归系数＝0.044。除性别外，自变量各项回归系数的伴随概率均小于 0.05，均

拒绝零假设,说明自变量与因变量之间的线性关系显著,可以建立线性模型。

表 7.23　系数[a]

模型		非标准化系数		标准系数	t	Sig.	共线性统计量	
		B	标准误差	试用版			容差	VIF
1	(常量)	1.315	0.149		8.846	0.000		
	性别	0.014	0.022	0.007	0.664	0.507	0.985	1.015
	年龄	0.051	0.006	0.100	9.033	0.000	0.772	1.296
	受教育程度	0.049	0.011	0.055	4.246	0.000	0.572	1.749
	退休前从事的工作	−0.025	0.007	−0.037	−3.550	0.000	0.892	1.121
	学会上网有几年时间	0.097	0.007	0.171	13.986	0.000	0.635	1.576
	互联网自我效能感得分	0.044	0.001	0.597	48.980	0.000	0.636	1.572

a. 因变量:老年人数字技能加权总得分。资料来源:作者自制。

(2) 社区互动维度组内分析

① 输入/移去的变量

该维度输入的变量包括:在学习和使用数字技术过程中得到年纪相仿朋友的帮助情况、在学习和使用数字技术过程中得到邻里的帮助情况、在学习和使用数字技术过程中得到社区工作人员的帮助情况。无移去的变量。变量输入/移去情况具体见表 7.24。

表 7.24　输入/移去的变量[a]

模型	输入的变量	移去的变量	方法
1	在学习和使用数字技术过程中得到社区工作人员的帮助,在学习和使用数字技术过程中得到邻里的帮助,在学习和使用数字技术过程中得到与您年纪相仿朋友的帮助[b]		进入

a. 因变量:老年人数字技能加权总得分。b. 已输入所有请求的变量。资料来源:作者自制。

② 模型汇总

回归模型显示(见表 7.25),R=0.292,R^2=0.085,调整后的 R^2=0.085,标准误=1.0495,该变量之间的相关性不高,回归方程的拟合优度一般。

表 7.25　模型汇总

模型	R	R^2	调整 R^2	标准估计的误差
1	0.292[a]	0.085	0.085	1.0495

a. 预测变量:(常量),在学习和使用数字技术过程中得到社区工作人员的帮助,在学习和使用数字技术过程中得到家人、邻里的帮助,在学习和使用数字技术过程中得到与您年纪相仿朋友的帮助。资料来源:作者自制。

③ 方差分析

从方差分析(Anova)(表 7.26)的情况来看,模型 1 中模型的回归平方和为 385.424,残差平方和为 4130.434,总计平方和未 4515.858。模型的 F 值为 116.642,模型的显著性在 0.000 水平上显著,可以建立线性模型。

表 7.26　Anova[a]

	模型	平方和	df	均方	F	Sig.
1	回归	385.424	3	128.475	116.642	0.000[b]
	残差	4130.434	3750	1.101		
	总计	4515.858	3753			

a. 因变量:老年人数字技能加权总得分。b. 预测变量:(常量),在学习和使用数字技术过程中得到社区工作人员的帮助,在学习和使用数字技术过程中得到邻里的帮助,在学习和使用数字技术过程中得到年纪相仿朋友的帮助。资料来源:作者自制。

④ 系数

表 7.27 显示了本维度变量的系数输出结果。从模型系数来看,模型的常数项 constant=1.616,在学习和使用数字技术过程中得到年纪相仿朋友的帮助的回归系数=0.090,该自变量回归系数的伴随概率均小于 0.05,均拒绝零假设,说明自变量与因变量之间的线性关系显著,可以建立线性模型。

表 7.27　系数[a]

模　　型		非标准化系数		标准系数	t	Sig.
		B	标准误差	试用版		
1	（常量）	1.616	0.067		24.148	0.000
	在学习和使用数字技术过程中得到年纪相仿朋友的帮助	0.090	0.022	0.066	4.107	0.000

a. 因变量：老年人数字技能加权总得分。资料来源：作者自制。

（3）政策维度组内分析

① 输入/移去的变量

该维度输入的变量包括：政府出台提升老年人数字技能的政策或文件，政府组织数字技术培训频度。无移去的变量。变量输入/移去情况具体见表 7.28。

表 7.28　输入/移去的变量[a]

模型	输入的变量	移去的变量	方法
1	政府出台提升老年人数字技能的政策或文件，政府组织数字技术培训频度[b]		进入

a. 因变量：老年人数字技能加权总得分。b. 已输入所有请求的变量。

② 模型汇总

回归模型显示（见表 7.29），R＝0.519，R^2＝0.270，调整后的 R^2＝0.269，标准误＝0.9376，该变量之间的相关性不高，回归方程的拟合优度一般。

表 7.29　模型汇总

模型	R	R^2	调整 R^2	标准估计的误差
1	0.519[a]	0.270	0.269	0.9376

a. 预测变量：（常量），政府出台提升老年人数字技能的政策或文件，政府组织数字技术培训频度。

③ 方差分析

从方差分析（Anova）（表 7.30）的情况来看，模型 1 中模型的回归平方和为 1218.036，残差平方和为 3297.822，总计平方和未 4515.858。模型的 F 值为 692.708，模型的显著性在 0.000 水平上显著，可以建立线性模型。

表 7.30　Anova[a]

模型		平方和	df	均方	F	Sig.
1	回归	1218.036	2	609.018	692.708	0.000[b]
	残差	3297.822	3751	0.879		
	总计	4515.858	3753			

a. 因变量：老年人数字技能加权总得分。b. 预测变量：（常量），在学习和使用数字技术过程中得到政府或社区组织办的培训班，接受过的数字技术培训情况。

④ 系数

表 7.31 显示了本维度变量的系数输出结果。从模型系数来看，模型的常数项 constant＝1.464，政府出台提升老年人数字技能的政策或文件的回归系数＝0.057，政府组织数字技术培训频度的回归系数＝0.492。自变量各项回归系数的伴随概率均小于 0.05，均拒绝零假设，说明自变量与因变量之间的线性关系显著，可以建立线性模型。

表 7.31　系数[a]

模型		非标准化系数		标准系数	t	Sig.
		B	标准误差	试用版		
1	（常量）	1.464	0.039		37.137	0.000
	政府出台提升老年人数字技能的政策或文件	0.057	0.014	0.059	4.018	0.000
	政府组织数字技术培训频度	0.492	0.015	0.497	33.550	0.000

a. 因变量：老年人数字技能加权总得分。资料来源：作者自制。

（4）技术维度组内分析

① 输入/移去的变量

该维度输入的变量包括：是否接入有线电视、是否接入宽带、是否拥有智能手机，无移去的变量。变量输入/移去情况具体见表 7.32。

表 7.32　输入/移去的变量[a]

模型	输入的变量	移去的变量	方法
1	是否接入有线电视、是否接入宽带、是否拥有智能手机[b]		进入

a. 因变量:老年人数字技能加权总得分。b. 已输入所有请求的变量。资料来源:作者自制。

② 模型汇总

回归模型显示(见表 7.33),R=0.953,R^2=0.908,说明该部分变量可以解释方程 95.3%的变异量,调整后的 R^2=0.908,仍可以解释方程 90.8%的变异量,说明变量之间的相关性较高,回归方程的拟合优度较好。

表 7.33　模型汇总

模型	R	R^2	调整 R^2	标准估计的误差
1	0.953[a]	0.908	0.908	0.3330

a. 预测变量:(常量),是否接入有线电视、是否接入宽带、是否拥有智能手机。资料来源:作者自制。

③ 方差分析

从方差分析(Anova)(表 7.34)的情况来看,模型 1 中模型的回归平方和为 4100.014,残差平方和为 415.844,总计平方和未 4515.858。模型的 F 值为 12324.366,模型的显著性在 0.000 水平上显著,可以建立线性模型。

表 7.34　Anova[a]

	模型	平方和	df	均方	F	Sig.
1	回归	4100.014	3	1366.671	12324.366	0.000[b]
	残差	415.844	3750	0.111		
	总计	4515.858	3753			

a. 因变量:老年人数字技能加权总得分。b. 预测变量:(常量),是否接入有线电视、是否接入宽带、是否拥有智能手机。资料来源:作者自制。

④ 系数

表 7.35 显示了本维度变量的系数输出结果。从模型系数来看,模型

的常数项 constant＝0.142,是否接入有线电视的回归系数＝0.263,是否接入宽带的回归系数＝0.229,是否拥有智能手机的回归系数＝0.425,自变量各项回归系数的伴随概率均小于0.05,均拒绝零假设,说明自变量与因变量之间的线性关系显著,可以建立线性模型。

表 7.35　系数[a]

模　　　型		非标准化系数		标准系数	t	Sig.
		B	标准误差	试用版		
1	（常量）	0.142	0.014		9.884	0.000
	是否接入有线电视	0.263	0.007	0.300	38.452	0.000
	是否接入宽带	0.229	0.007	0.253	34.343	0.000
	是否拥有智能手机	0.425	0.006	0.523	75.878	0.000

a. 因变量:老年人数字技能加权总得分。资料来源:作者自制。

2. 组间分析

现将组内分析进入回归分析的变量,以小组为单位进行组间分析。个体和家庭维度组进入回归分析的变量有5个,包括:年龄、受教育程度、退休前从事的工作、上网年数长短、互联网自我效能感;社区互动维度组进入回归分析的变量仅1个,即在学习和使用数字技术过程中得到年纪相仿朋友的帮助情况;政策维度组进入回归分析的变量有2个,包括:是否出台老年人数字技能提升方面的政策或文件、政府为老年人提供数字技能培训频度;技术维度组进入回归分析的变量有3个,包括:是否接入有线电视、是否接入宽带、是否拥有智能手机。

（1）输入/移去的变量

将四个维度组别的变量采用逐步回归的方法进入回归模型,其每组纳入的先后顺序见表7.36。从中可以看出,个体和家庭维度组最先纳入回归模型是互联网自我效能感,然后依次是上网年数长短、年龄、受教育程度、退休前从事的工作。社区互动维度组纳入的是在学习和使用数字技术过程中得到年纪相仿朋友的帮助情况。政策维度组最先纳入的是政府为老年人提供数字技能培训频度,然后是是否出台老年人数字技能提升方面的政策或文件。技术维度组最先纳入的是否拥有智能手机,然后是是否接入宽带,最后是是否接入有线电视。无移去的变量。

表 7.36　输入/移去的变量[a]

模型	输入的变量	移去的变量	方法
1	互联网自我效能感得分		
2	上网年数长短		
3	年龄		
4	受教育程度		
5	退休前从事的工作		
6	在学习和使用数字技术过程中得到年纪相仿朋友的帮助情况		步进（准则：F-to-enter 的概率 <=0.050，F-to-remove 的概率>=0.100）。
7	政府为老年人提供数字技能培训频度		
8	是否出台老年人数字技能提升方面的政策或文件		
9	是否拥有智能手机		
10	是否接入宽带		
11	是否接入有线电视		

a. 因变量:老年人数字技能加权总得分。

（2）模型汇总

表 7.37 展示了模型汇总情况,经过多次逐步回归后,最终的模型结果为,R=0.961, R^2=0.923,说明纳入模型的变量可以解释方程 92.3% 的变异量,调整后的 R^2=0.923,仍可以解释方程 92.3% 的变异量,说明自变量和因变量之间的相关性非常高,回归方程的拟合优度佳。

表 7.37　模型汇总

模型	R	R^2	调整 R^2	标准估计的误差
1	0.769[a]	0.591	0.591	0.7017
2	0.792[b]	0.628	0.628	0.6693
3	0.795[c]	0.633	0.632	0.6652
4	0.798[d]	0.637	0.637	0.6613

模型	R	R^2	调整 R^2	标准估计的误差
5	0.799[e]	0.638	0.638	0.6601
6	0.800[f]	0.639	0.639	0.6592
7	0.803[g]	0.645	0.644	0.6544
8	0.804[h]	0.646	0.645	0.6534
9	0.932[i]	0.868	0.868	0.3983
10	0.952[j]	0.906	0.906	0.3368
11	0.961[k]	0.923	0.923	0.3053

a. 预测变量:(常量),互联网自我效能感得分。b. 预测变量:(常量),互联网自我效能感得分,上网年数长短。c. 预测变量:(常量),互联网自我效能感得分,上网年数长短,年龄。d. 预测变量:(常量),互联网自我效能感得分,上网年数长短,年龄,受教育程度。e. 预测变量:(常量),互联网自我效能感得分,上网年数长短,年龄,受教育程度,退休前从事的工作。f. 预测变量:(常量),互联网自我效能感得分,上网年数长短,年龄,受教育程度,退休前从事的工作,在学习和使用数字技术过程中得到年纪相仿朋友的帮助情况。g. 预测变量:(常量),互联网自我效能感得分,上网年数长短,年龄,受教育程度,退休前从事的工作,在学习和使用数字技术过程中得到年纪相仿朋友的帮助情况,政府为老年人提供数字技能培训频度。h. 预测变量:(常量),互联网自我效能感得分,上网年数长短,年龄,受教育程度,退休前从事的工作,在学习和使用数字技术过程中得到年纪相仿朋友的帮助情况,政府为老年人提供数字技能培训频度,是否出台老年人数字技能提升方面的政策或文件。i. 预测变量:(常量),互联网自我效能感得分,上网年数长短,年龄,受教育程度,退休前从事的工作,在学习和使用数字技术过程中得到年纪相仿朋友的帮助情况,政府为老年人提供数字技能培训频度,是否出台老年人数字技能提升方面的政策或文件,是否拥有智能手机。j. 预测变量:(常量),互联网自我效能感得分,上网年数长短,年龄,受教育程度,退休前从事的工作,在学习和使用数字技术过程中得到年纪相仿朋友的帮助情况,政府为老年人提供数字技能培训频度,是否出台老年人数字技能提升方面的政策或文件,是否拥有智能手机。k. 预测变量:(常量),互联网自我效能感得分,上网年数长短,年龄,受教育程度,退休前从事的工作,在学习和使用数字技术过程中得到年纪相仿朋友的帮助情况,政府为老年人提供数字技能培训频度,是否出台老年人数字技能提升方面的政策或文件,是否拥有智能手机,是否接入宽带。

（3）方差分析

从方差分析（Anova）（表7.38）的情况来看,最终的模型11中模型的回归平方和为4166.961,残差平方和为348.897,总计平方和未4515.858。模型的F值为4062.872,模型的显著性在0.000水平上显著,可以建立线性模型。

表 7.38 Anova[a]

模型		平方和	df	均方	F	Sig.
1	回归	2668.465	1	2668.465	5419.574	0.000[b]
	残差	1847.393	3752	0.492		
	总计	4515.858	3753			
2	回归	2835.469	2	1417.734	3164.695	0.000[c]
	残差	1680.390	3751	0.448		
	总计	4515.858	3753			
3	回归	2856.537	3	952.179	2151.887	0.000[d]
	残差	1659.321	3750	0.442		
	总计	4515.858	3753			
4	回归	2876.107	4	719.027	1643.927	0.000[e]
	残差	1639.751	3749	0.437		
	总计	4515.858	3753			
5	回归	2882.819	5	576.564	1323.276	0.000[f]
	残差	1633.039	3748	0.436		
	总计	4515.858	3753			
6	回归	2887.689	6	481.282	1107.601	0.000[g]
	残差	1628.169	3747	0.435		
	总计	4515.858	3753			
7	回归	2911.565	7	415.938	971.208	0.000[h]
	残差	1604.293	3746	0.428		
	总计	4515.858	3753			
8	回归	2916.857	8	364.607	853.942	0.000[i]
	残差	1599.001	3745	0.427		
	总计	4515.858	3753			

模型		平方和	df	均方	F	Sig.
9	回归	3921.817	9	435.757	2746.401	0.000ʲ
	残差	594.041	3744	0.159		
	总计	4515.858	3753			
10	回归	4091.175	10	409.118	3605.811	0.000ᵏ
	残差	424.683	3743	0.113		
	总计	4515.858	3753			
11	回归	4166.961	11	378.815	4062.872	0.000ˡ
	残差	348.897	3742	0.093		
	总计	4515.858	3753			

a. 因变量:老年人数字技能加权总得分。b. 预测变量:(常量),互联网自我效能感得分。c. 预测变量:(常量),互联网自我效能感得分,上网年数长短。d. 预测变量:(常量),互联网自我效能感得分,上网年数长短,年龄。e. 预测变量:(常量),互联网自我效能感得分,上网年数长短,年龄,受教育程度。f. 预测变量:(常量),互联网自我效能感得分,上网年数长短,年龄,受教育程度,退休前从事的工作。g. 预测变量:(常量),互联网自我效能感得分,上网年数长短,年龄,受教育程度,退休前从事的工作,在学习和使用数字技术过程中得到年纪相仿朋友的帮助情况。h. 预测变量:(常量),互联网自我效能感得分,上网年数长短,年龄,受教育程度,退休前从事的工作,在学习和使用数字技术过程中得到年纪相仿朋友的帮助情况,政府为老年人提供数字技能培训频度。i. 预测变量:(常量),互联网自我效能感得分,上网年数长短,年龄,受教育程度,退休前从事的工作,在学习和使用数字技术过程中得到年纪相仿朋友的帮助情况,政府为老年人提供数字技能培训频度,是否出台老年人数字技能提升方面的政策或文件。j. 预测变量:(常量),互联网自我效能感得分,上网年数长短,年龄,受教育程度,退休前从事的工作,在学习和使用数字技术过程中得到年纪相仿朋友的帮助情况,政府为老年人提供数字技能培训频度,是否出台老年人数字技能提升方面的政策或文件,是否拥有智能手机。k. 预测变量:(常量),互联网自我效能感得分,上网年数长短,年龄,受教育程度,退休前从事的工作,在学习和使用数字技术过程中得到年纪相仿朋友的帮助情况,政府为老年人提供数字技能培训频度,是否出台老年人数字技能提升方面的政策或文件,是否拥有智能手机,是否接入宽带。l. 预测变量:(常量),互联网自我效能感得分,上网年数长短,年龄,受教育程度,退休前从事的工作,在学习和使用数字技术过程中得到年纪相仿朋友的帮助情况,政府为老年人提供数字技能培训频度,是否出台老年人数字技能提升方面的政策或文件,是否拥有智能手机,是否接入宽带,是否接入有线电视。

（4）系数

表 7.39 显示了模型的系数输出结果。从最终模型 11 的系数来看，模型的常数项 constant＝0.075，互联网自我效能感的回归系数＝0.013，年龄的回归系数＝0.188，受教育程度的回归系数＝－0.002，退休前从事的工作的回归系数＝－0.006，是否拥有智能手机的回归系数＝0.395，是否接入有线电视的回归系数＝0.198。受多重共线性的影响，受教育程度和退休前从事的工作 2 项自变量对因变量的影响不显著。最终纳入线性模型的变量是：互联网自我效能感得分、年龄、是否拥有智能手机、是否接入有线电视。

表 7.39　系数[a]

模型		非标准化系数		标准系数	t	Sig.	共线性统计量	
		B	标准误差	试用版			容差	VIF
1	（常量）	0.690	0.029		23.507	0.000		
	互联网自我效能感得分	0.057	0.001	0.769	73.618	0.000	1.000	1.000
2	（常量）	0.569	0.029		19.817	0.000		
	互联网自我效能感得分	0.049	0.001	0.658	57.158	0.000	0.750	1.334
3	（常量）	1.397	0.123		11.322	0.000		
	互联网自我效能感得分	0.048	0.001	0.648	56.344	0.000	0.740	1.352
	年龄	－0.011	0.002	－0.069	－6.900	0.000	0.974	1.027
4	（常量）	1.298	0.124		10.511	0.000		
	互联网自我效能感得分	0.047	0.001	0.631	53.824	0.000	0.704	1.420
	年龄	－0.012	0.002	－0.072	－7.207	0.000	0.972	1.029
	受教育程度	0.066	0.010	0.075	6.689	0.000	0.780	1.282

模型		非标准化系数		标准系数	t	Sig.	共线性统计量	
		B	标准误差	试用版			容差	VIF
5	（常量）	1.520	0.136		11.209	0.000		
	互联网自我效能感得分	0.047	0.001	0.629	53.613	0.000	0.702	1.425
	年龄	−0.013	0.002	−0.076	−7.595	0.000	0.961	1.040
	受教育程度	0.058	0.010	0.066	5.789	0.000	0.749	1.334
	退休前从事的工作	−0.027	0.007	−0.040	−3.925	0.000	0.906	1.104
6	（常量）	1.448	0.137		10.559	0.000		
	互联网自我效能感得分	0.033	0.010	0.035	3.348	0.001	0.901	1.109
	年龄	−0.013	0.002	−0.075	−7.541	0.000	0.961	1.041
	受教育程度	0.056	0.010	0.063	5.579	0.000	0.747	1.340
	退休前从事的工作	−0.028	0.007	−0.041	−3.996	0.000	0.906	1.104
7	（常量）	1.342	0.137		9.804	0.000		
	互联网自我效能感得分	0.027	0.010	0.028	2.741	0.006	0.895	1.117
	年龄	0.089	0.012	0.090	7.466	0.000	0.653	1.531
	受教育程度	0.049	0.010	0.055	4.863	0.000	0.739	1.353
	退休前从事的工作	−0.023	0.007	−0.034	−3.315	0.001	0.898	1.114
8	（常量）	1.329	0.137		9.717	0.000		
	互联网自我效能感得分	−0.037	0.011	−0.039	−3.521	0.000	0.770	1.299
	年龄	0.098	0.012	0.099	8.042	0.000	0.625	1.599
	受教育程度	0.051	0.010	0.057	5.036	0.000	0.738	1.356
	退休前从事的工作	−0.022	0.007	−0.032	−3.129	0.002	0.896	1.117

模型	非标准化系数		标准系数	t	Sig.	共线性统计量	
	B	标准误差	试用版			容差	VIF
9							
（常量）	−0.056	0.085		−0.663	0.507		
互联网自我效能感得分	0.021	0.006	0.022	3.177	0.001	0.760	1.315
年龄	0.061	0.007	0.061	8.185	0.000	0.623	1.605
受教育程度	0.030	0.006	0.034	4.939	0.000	0.736	1.358
退休前从事的工作	−0.013	0.004	−0.019	−3.000	0.003	0.895	1.117
是否拥有智能手机	0.511	0.006	0.629	79.585	0.000	0.562	1.778
10							
（常量）	−0.022	0.072		−0.303	0.762		
互联网自我效能感得分	0.019	0.005	0.020	3.526	0.000	0.760	1.315
年龄	0.252	0.007	0.278	38.635	0.000	0.485	2.062
受教育程度	0.015	0.005	0.017	2.841	0.005	0.732	1.366
退休前从事的工作	−0.011	0.004	−0.017	−3.151	0.002	0.895	1.118
是否拥有智能手机	0.439	0.006	0.540	76.401	0.000	0.503	1.989
11							
（常量）	0.075	0.065		1.150	0.250		
互联网自我效能感得分	0.013	0.005	0.014	2.632	0.009	0.759	1.318
年龄	0.188	0.006	0.207	29.615	0.000	0.423	2.364
受教育程度	−0.002	0.005	−0.002	−0.404	0.686	0.721	1.387
退休前从事的工作	−0.006	0.003	−0.009	−1.805	0.071	0.892	1.121
是否拥有智能手机	0.395	0.005	0.485	72.540	0.000	0.461	2.168
是否接入有线电视	0.198	0.007	0.226	28.510	0.000	0.330	3.031

a. 因变量：老年人数字技能加权总得分。

（三）结论

通过组内分析和组间分析，可以得到以下结论：(1)老年人数字技能水平的高低受到多重因素的影响，其中年龄、互联网自我效能感、是否拥有智能手机、是否接入有线等因素与老年人数字技能之间存在线性关系。(2)通过组间分析的模型汇总、方差分析，可以发现：互联网自我效能感、上网年数长短、年龄、受教育程度、退休前从事的工作、在学习和使用数字技术过程中得到年纪相仿朋友的帮助情况、政府为老年人提供数字技能培训频度、是否出台老年人数字技能提升方面的政策或文件、是否拥有智能手机、是否接入有线、是否接入宽带等 11 项自变量均对因变量老年人数字技能有显著性解释力。

综上，实证分析表明智慧养老背景下影响老年人数字技能的主要因素包括：(1)个体和家庭维度中的年龄、受教育程度、自我效能感、退休前从事的工作、上网年数长短等因素。(2)社区互动维度中在学习和使用数字技术过程中得到年纪相仿朋友的帮助情况等因素。(3)政策维度中的是否出台老年人数字技能提升方面的政策或文件、政府为老年人提供数字技能培训频度等因素。(4)技术维度中是否拥有智能手机、是否接入有线、是否接入宽带等因素。

第八章

智慧养老背景下老年人数字技能提升实践

第一节　智慧养老背景下政策
推动老年人数字技能提升

一、我国政府出台政策推动老年人数字技能提升的背景

　　全球范围内开展的数字变革正在不断加深数字鸿沟和数字排斥，数字不平等现象在老年人群中尤其常见。[①]尽管近些年以来，全球互联网使用人数不断增长，但老年人互联网使用占比仍然较低。据欧盟基本权利调查数据显示，75岁及以上年龄组中只有五分之一的人偶尔参与互联网活动，而16—29岁年龄组的这一比例为98%。[②]仅有少部分老年人能够从信息技术中真正获益，究其原因在于：老年人对信息技术的使用既高度依赖于自身学习能力与感知差异，也取决于其日常生活中对信息技术的特定需求。当老年人数字知识匮乏、数字技能不足时，信息技术产生的负面风险更多。联合国欧洲经济委员会于2021年老龄化政策简报中提出实现老年人数字包容的四个关键方面：确保获得数字技术产品与服务、提高老年人数字素养、利用数字技术的潜力促进积极和健康老龄化、保护老年人人权。[③]基于此，许多欧盟国家将老年人数字技能提升计划与全人口

　　① F. Mubarak, & R. Suomi, Elderly Forgotten? Digital Exclusion in the Information Age and the Rising Grey Digital Divide. INQUIRY: *The Journal of Health Care Organization*, *Provision*, *and Financing*, 59, 2022, 00469580221096272.

　　② FRA, Fundamental Rights Report 2019, https://fra.europa.eu/en/publication/2021/fundamental-rights-report-2021.

　　③ UNECE, Policy Brief on Ageing No.26 on Ageing in the Digital Era.

数字素养建设以及全领域数字国家战略相结合,政策实践覆盖面在不断扩大,尤其是在养老服务、医疗健康领域,通过推动老年人数字技能提升、缩小老年人数字接入差距,促进老年人共享数字时代优势,成为国际组织和各国政府共同推动的战略。

当前,我国面临着人口老龄化程度不断加深的现实情势,第七次人口普查数据显示,中国60岁及以上老年人口占总人口比重达到18.7%,人口老龄化进程明显加快。与日俱增的老龄人口使得老年人数字排斥与数字不平等问题日益凸显,尤其是在突发公共卫生事件以后,缺乏数字技能的老年人难以从现有数字技术中获益,如何解决老年人数字技能问题显得至关重要。与此同时,伴随少子化与家庭结构小型化趋势发展,国内传统养老模式作用发挥受限,以弥补传统养老模式不足的智慧养老模式应运而生。由此,科学技术的进步急遽翻新传统养老服务模式,在大数据、人工智能、互联网及物联网等数字技术的推波助澜下,传统养老服务产业转向数字化发展,以智能智慧为核心要素的数智化养老模式成为老龄化社会下纾解养老服务压力的重要辅助。

全国老龄工作委员会于2012年首次提出"智慧养老"概念,鼓励和支持智慧养老实践探索,随后相关政策相继出台。智慧养老是以信息化技术创新养老服务,即时传递老年人需求与风险、为老年人提供服务及化解风险、延伸人工养老服务的一种养老模式。[①]在智慧养老背景下,国家层面的老年人数字技能提升政策相继出台,为促进老年人融入数字社会提供新的政策情境。2020年,国务院办公厅出台《关于切实解决老年人运用智能技术困难的实施方案》,结合老年人日常生活需求,推动老年人提升自身数字技能与数字素养。2021年,工业和信息化部等多部门联合发布《智慧健康养老产业发展行动计划(2021—2025年)》,就推动智能产品适老化设计与老年人智能技术运用能力提出行动方案。2024年,国务院办公厅颁布《关于进一步优化支付服务提升支付便利性的意见》,指出通过完善的支付服务体系满足老年人支付服务需求。在政府推动实施数字技能提升政策的过程中,对老年人赋权与赋能的强调能够从根本上增强老年人在数字社会的主体性。然而,就公共政策本身而言,任何政策都难

---

① 席恒、任行、翟绍果:《智慧养老:以信息化技术创新养老服务》,《老龄科学研究》2014年第7期,第12—20页。

以做到十全十美。尽管现有政策对于老年人数字主体性的关注力度有所加大,但解决老年人智能技术运用困境是一项长期而复杂的社会工程①,推动老年人数字技能提升也并非一蹴而就。以政策为导向、政策工具为基础,本节旨在对我国智慧养老背景下的政策实施内容进行系统分析,通过对政策实施重点与发展轨迹进行深描研析,了解公共政策通过何种工具与路径推动实现老年人数字技能提升。

二、推动老年人数字技能提升政策分析研究设计

(一)分析框架

在培养全民数字能力的时代,探讨老年人数字技能提升的意义显然与正在不断扩大的数字鸿沟与数字排斥现象相关联。对于老年人而言,年老体衰导致的社会脱离不可避免,但在互联网越来越多成为通讯基础建设的情况下,不使用互联网或没有能力使用互联网的老年人更可能因脱离网络社会而处于现实社会的不利地位。互联网可用性不仅仅取决于技术可用性,老年人自身缺乏数字技能也会反过来加剧其对于信息和通信技术的排斥②,因此,帮助老年人提高数字技能是激发其数字兴趣、参与数字生活的关键方式。由于数字技能涉及个人在社会背景下建立能力的学习环境,强调个人如何通过团体、社会、组织和社会层面的沟通、协作和参与来建立能力③,社会支持在老年人数字技能建设过程中的重要性与以往相比更为突出。一般而言,社会支持被定义为"个人通过与其他个人、群体和更大社区的社会联系而获得的支持"④,它强调的是个人周围的社会网络是如何在其面临危机时提供支持功能,包含个人的社会需求

---

① 曾粤亮、韩世曦:《政策工具视角下我国老年人智能技术运用政策文本量化研究》,《情报资料工作》2023 年第 2 期。

② P. Millward, The "Grey Digital Divide": Perception, Exclusion and Barriers of Access to the Internet for Older People. First Monday, 2003.

③ Y. Zhao, T. Zhang, R. K. Dasgupta, & R. Xia, Narrowing the Age-Based Digital Divide: Developing Digital Capability through Social Activities. *Information Systems Journal*, 33(2), 2023, pp.268—298.

④ A. Dean, & N. Lin, The Stress-Buffering Role of Social Support: Problems and Prospects for Systematic Investigation. *The Journal of Nervous and Mental Disease*, 165(6), 1977, pp.403—417.

在社会互动中得到满足的程度①。进入数字社会，传统的社会支持内容发生改变，与数字生活相关的数字社会支持承担起为社会成员提供服务的角色。已有研究在对社会支持网络中的家庭支持和朋友支持进行分析后，发现缺乏线上支持同样会加剧数字不平等②，以数字包容为核心的社会支持概念被重新定义为个人在使用数字技术时从其社会网络获得的帮助，包括情感、工具和信息等方面③。

从第三章对老年人数字技能的调查分析、第六章对老年人数字技能的评估分析和第七章对老年人数字技能影响因素的分析结果来看，老年人数字技能主要受到四个方面的影响。首先，老年人数字技能受到个人和家庭因素的影响。其中，个人因素包括老年人性别、年龄、文化程度、自我效能感等；家庭因素则主要是后辈对老年人的数字反哺。其次，老年人数字技能受到社区因素影响。社区通过组织数字技能培训和组织朋辈互相教授数字技能和知识来提升老年人的数字技能。再次，老年人数字技能受到智慧养老技术发展的影响。智慧养老产品和数字 APP 的适老化程度决定着老年人是否喜爱使用这些产品、是否容易接受涉及的技术、是否能否较为容易地掌握这些技能。最后，老年人数字技能受到国家政策的影响。国家政策如果着力于推动老年人数字技能提升，将会在全国范围内取得较为显著的实践成果。

近年来，老年人数字技能在公共政策中的讨论逐渐增加。作为调控社会资源分配的公共工具，公共政策可以在数字社会支持期望与老年人数字技能需求之间形成桥梁，为弥合老年人数字差距提供制度化、包容性的社会支持。基于公共政策研究与老年人数字技能提升的联结性，以及第七章的分析结果，本研究构建出一个"数字社会支持—数字技能提升—数字差距弥合"分析框架，如图8.1所示。

---

① B. H. Kaplan, J. C. Cassel, & S. Gore, Social Support and Health, *Medical Care* 15. (Supplement), 1977, pp.47—58.

② C. Courtois, & P. Verdegem, With a Little Help from My Friends: An Analysis of the Role of Social Support in Digital Inequalities, *New Media & Society*, 18(8), 2016, pp.1508—1527.

③ A. Asmar, L. Van Audenhove, & I. Mariën, Social Support for Digital Inclusion: Towards a Typology of Social Support Patterns, *Social Inclusion*, 8(2), 2020, pp.138—150.

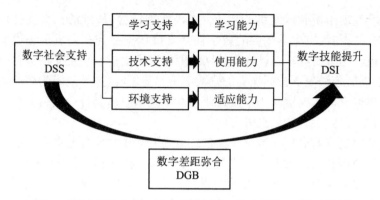

图 8.1　"数字社会支持—数字技能提升—数字差距弥合"分析框架
资料来源：作者自绘。

（二）研究方法

公共政策文本是政策的物化载体，也是政策分析的事实依据。[1]传统政策文本分析侧重于单政策文本的内容分析，而自文献计量引入至政策分析领域以来，政策研究者通过对大样本、结构化或半结构化政策文本的话语分析，获得客观、可重现和可验证的定量研究结果。[2]同时，在文本挖掘技术的不断更新下，政策分析能够呈现的政策意图更加清晰、揭示的政策理解更加深刻。任何政策的出台初衷都是为了解决已经存在或潜在的社会问题，考虑到一系列政策能否与实际问题需求相衔接、是否需要通过反复的政策调试从而化解政策风险，对政策文本研究的必要性不言而喻。

现有政策文本研究中常用的分析方法包括三类：文本内容分析法、文本计量分析法和文本数据处理法。[3]出于研究目的的考量，在此采用文本数据处理法中的主题建模法进行潜在主题信息与结构特征分析，并使用潜在狄利克雷分布（Latent Dirichlet Allocation，简称 LDA）模型从文本中推断出推动老年人数字技能提升的政策维度与向度。该模型在过去十几

---

① 任弢、黄萃、苏竣：《公共政策文本研究的路径与发展趋势》，《中国行政管理》2017 年第 5 期。

② 李江、刘源浩、黄萃等：《用文献计量研究重塑政策文本数据分析——政策文献计量的起源、迁移与方法创新》，《公共管理学报》2015 年第 2 期。

③ 裴雷、孙建军、周兆韬：《政策文本计算：一种新的政策文本解读方式》，《图书与情报》2016 年第 6 期。

年间广泛运用于自然语言处理、语义挖掘、社交媒体分析和信息检索领域①，主要采用无监督的机器学习算法对语料库进行主题建模，通过对文本中词的共现次数概率统计来挖掘潜在语义结构。这种概率分布方式能够更准确地量化文本、减少噪声干扰，从而帮助研究者快速确定文本主题②。

（三）文本来源

本研究聚焦于智慧养老背景下推动老年人数字技能提升的政策措施，以国务院政策文件库、"北大法宝"法律法规数据库为政策文本数据来源，以"智慧助老""数字技能""数字鸿沟""智能技术""适老化"等关键词排列组合进行全文检索，检索政策类型包括中共中央、全国人大、国务院及其直属部门颁布的规划、纲要、通知、条例、意见等，检索时间截至 2024 年 7 月 31 日。在初步获得的政策文本基础上，进一步剔除重复、失效及废止文本，最终确定 47 个智慧养老背景下推动老年人数字技能提升的国家层面政策文本（见图 8.2）。

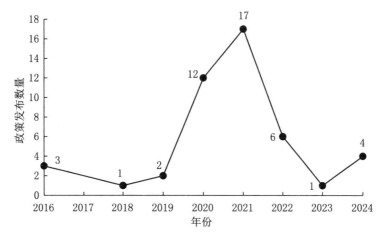

图 8.2　老年人数字技能提升政策文本的数量和时间历程分析
资料来源：作者自绘。

---

①　H. Jelodar，Y. Wang，C. Yuan，X. Feng，X. Jiang，Y. Li，& L. Zhao，Latent Dirichlet Allocation(LDA) and Topic Modeling：Models，Applications，A Survey，*Multimedia Tools and Applications*，78，2019，pp.15169—15211.

②　张培晶、宋蕾：《基于 LDA 的微博文本主题建模方法研究述评》，《图书情报工作》2012 年第 24 期。

三、老年人数字技能提升政策文本分析

（一）政策文本概览

1. 政策发布历程分析

（1）政策文件与数字技能相关性较弱阶段

从现有政策发布历程来看，与老年人数字技能提升相关的政策最早出现于 2016 年，由国务院办公厅发布的《关于印发〈老年教育发展规划（2016—2020 年〉）的通知》，提出要推动信息技术融入老年教育教学全过程、运用信息化手段为老年人提供各类学习支持。

表 8.1　2016—2019 年推动老年人数字技能提升的国家层面政策

序号	文本名称	发文部门	发文时间
1	关于印发《老年教育发展规划（2016—2020 年）》的通知	国务院办公厅	2016 年 10 月 5 日
2	关于推进老年宜居环境建设的指导意见	全国老龄办、国家发展改革委、教育部等	2016 年 10 月 9 日
3	关于全面放开养老服务市场提升养老服务质量的若干意见	国务院办公厅	2016 年 12 月 7 日
4	关于进一步加强和改善老年人残疾人出行服务的实施意见	交通运输部、住房城乡建设部、国家铁路局等	2018 年 1 月 8 日
5	关于推进养老服务发展的意见	国务院办公厅	2019 年 4 月 16 日
6	关于深入推进医养结合发展的若干意见	国家卫生健康委、民政部、国家发展改革委等	2019 年 10 月 23 日

资料来源：作者自制。

（2）政策文件与数字技能强相关阶段

以 2020 年国务院办公厅下发《关于切实解决老年人运用智能技术困难实施方案的通知》为元政策，同年间，包括人社部、商务部、交通运输部、民政部、体育总局等在内的多个直属部门相继发布了进一步落实该政策的通知，对解决老年人运用智能技术的实际困难提出系列举措。至 2021 年，国家层面对老年人数字技能提升的关注持续投入，政策发文机构扩面至教育部、卫健委、发改委、老龄办等部门，出台政策数量飙升至 30 项。

表 8.2　2020—2022 年推动老年人数字技能提升的国家层面政策

序号	文本名称	发文部门	发文时间
1	关于印发"十四五"国家老龄事业发展和养老服务体系规划的通知	国务院	2021 年 12 月 30 日
2	"十四五"国家信息化规划	中央网络安全和信息化委员会	2021 年 12 月 27 日
3	关于加强新时代老龄工作的意见	中共中央、国务院	2021 年 11 月 18 日
4	提升全民数字素养与技能行动纲要	中央网络安全和信息化委员会	2021 年 11 月 5 日
5	关于印发《智慧健康养老产业发展行动计划（2021—2025 年）》的通知	工业和信息化部、民政部、国家卫生健康委	2021 年 10 月 20 日
6	关于推介运用智能技术服务老年人示范案例的通知	国家发展改革委办公厅	2021 年 9 月 24 日
7	关于开展 2021 年全国"敬老月"活动的通知	全国老龄工作委员会	2021 年 9 月 23 日
8	关于广泛开展老年人运用智能技术教育培训的通知	教育部办公厅	2021 年 7 月 13 日
9	关于实施进一步便利老年人就医举措的通知	国家卫生健康委	2021 年 6 月 15 日
10	关于做好 2021 年"智慧助老"有关工作的通知	国家卫生健康委、全国老龄办	2021 年 6 月 10 日
11	关于印发《全民科学素质行动规划纲要（2021—2035 年）》的通知	国务院	2021 年 6 月 3 日
12	关于印发《深化医药卫生体制改革 2021 年重点工作任务》的通知	国务院办公厅	2021 年 5 月 24 日
13	关于服务"六稳""六保"进一步做好"放管服"改革有关工作的意见	国务院办公厅	2021 年 4 月 7 日
14	关于银行保险机构切实解决老年人运用智能技术困难的通知	中国银保监会	2021 年 3 月 26 日

序号	文本名称	发文部门	发文时间
15	中华人民共和国国民经济和社会发展第十四个五年规划和2035年远景目标纲要	全国人大	2021年3月11日
16	关于切实解决老年人运用智能技术困难便利老年人使用智能化产品和服务的通知	工业和信息化部	2021年2月10日
17	关于做好老年人冬春季新冠肺炎疫情防控工作的通知	全国老龄办	2021年2月4日
18	关于做好方便老年人在基层医疗卫生机构看病就医有关工作的通知	国家卫生健康委	2021年1月7日
19	关于落实《关于切实解决老年人运用智能技术困难的实施方案》的通知	体育总局	2020年12月30日
20	关于落实《关于切实解决老年人运用智能技术困难的实施方案》的通知	民政部办公厅	2020年12月29日
21	关于切实解决老年人运用智能技术困难便利老年人日常交通出行的通知	人力资源社会保障部、国家卫生健康委等	2020年12月28日
22	关于促进社区消费 切实解决老年人运用智能技术困难的通知	商务部办公厅	2020年12月28日
23	关于进一步优化人社公共服务切实解决老年人运用智能技术困难实施方案的通知	人力资源社会保障部	2020年12月25日
24	关于落实《关于切实解决老年人运用智能技术困难的实施方案》的通知	文化和旅游部办公厅、国家文物局办公室	2020年12月22日
25	关于促进养老托育服务健康发展的意见	国务院办公厅	2020年12月14日
26	关于开展示范性全国老年友好型社区创建工作的通知	国家卫生健康委、全国老龄办	2020年12月9日

续表

序号	文本名称	发文部门	发文时间
27	关于深入推进"互联网＋医疗健康""五个一"服务行动的通知	国家卫生健康委、国家医疗保障局等	2020 年 12 月 4 日
28	关于开展"智慧助老"行动的通知	全国老龄办	2020 年 11 月 30 日
29	关于切实解决老年人运用智能技术困难实施方案的通知	国务院办公厅	2020 年 11 月 15 日
30	关于推进信息无障碍的指导意见	工业和信息化部、中国残疾人联合会	2020 年 9 月 11 日

资料来源：作者自制。

（3）数字技能政策文件逐步下降阶段

在 2022—2024 年这三年间，国家层面政策发布数量有所下降，且零星分布于服务、消费、健康等领域，但对于老年人数字技能是否提升的政策目标与政策图景尚未明晰（见表 8.3）。

表 8.3　2022—2024 年推动老年人数字技能提升的国家层面政策

序号	文本名称	发文部门	发文时间
1	关于促进服务消费高质量发展的意见	国务院	2024 年 7 月 29 日
2	关于开展 2024 年全国"敬老月"活动的通知	全国老龄工作委员会	2024 年 7 月 13 日
3	关于进一步优化支付服务提升支付便利性的意见	国务院办公厅	2024 年 3 月 1 日
4	关于发展银发经济增进老年人福祉的意见	国务院办公厅	2024 年 1 月 11 日
5	关于依托全国一体化政务服务平台建立政务服务效能提升常态化工作机制的意见	国务院办公厅	2023 年 8 月 18 日
6	关于印发《"十四五"国家科学技术普及发展规划》的通知	科技部、中央宣传部、中国科协	2022 年 8 月 4 日
7	关于开展 2022 年全国敬老养老助老公益广告作品征集暨展播活动的通知	国家卫生健康委等	2022 年 7 月 15 日

序号	文本名称	发文部门	发文时间
8	关于深入开展 2022 年"智慧助老"行动的通知	国家卫生健康委、全国老龄办	2022 年 6 月 13 日
9	关于印发"十四五"国民健康规划的通知	国务院办公厅	2022 年 4 月 27 日
10	关于进一步释放消费潜力促进消费持续恢复的意见	国务院办公厅	2022 年 4 月 20 日
11	关于印发贯彻落实《中共中央、国务院关于加强新时代老龄工作的意见》任务分工方案的通知	全国老龄工作委员会	2022 年 2 月 3 日

资料来源:作者自制。

2. 政策发布主体分析

政策发布主体指的是直接或间接参与政策制定与出台的国家机关及其下属部门。从 47 个政策发文来看,与老年人数字技能提升相关的政策主要以单部门发文为主,发文数达到 32 份,而多部门发文量仅为 15 份;其中在单部门发文中,发文数量最多的主体是国务院及所属办公厅,发文数量占单部门总发文数量比例超过 50%。与此同时,通过各部门合作网络分析可以发现,全国老龄办、国家卫生健康委、国家发展改革委等国家部门之间联合发文次数较多,跨部门间合作较频繁,从效力级别和发文主体来看,呈现出一定的多部门协同政策效果(见图 8.3)。

(二) 政策文本 LDA 分析

1. 文本预处理

在进行文本分析之前,需要对文本数据进行预处理。先将 47 个政策文本保存为(.txt)格式,随后使用 Python 程序中的 jieba 中文分词词库对政策文本进行中文分词,借助常用中文停用词表和自定义停用词表删除重复词与部分无意义语气词,去除停用词、标点和停顿词后形成待处理政策文本。同时,对整体文本统计分析得到关键词及词频数据(见表 8.4)。

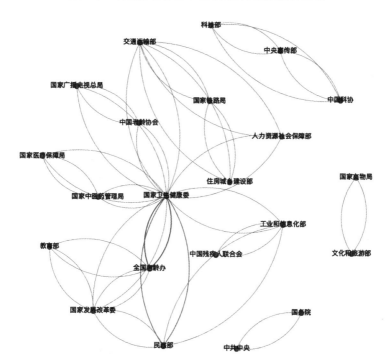

图 8.3　老年人数字技能提升政策的发文主体合作图谱

资料来源：作者根据发文数据导入 Gephi 软件自制。

表 8.4　老年数字技能政策文本高频词(前 20)

排名	关键词	词频	排名	关键词	词频
1	服务	2329	11	国家	675
2	老年人	1568	12	提升	616
3	发展	1350	13	推动	605
4	养老	1137	14	社会	580
5	健康	1045	15	工作	579
6	建设	1012	16	老年	579
7	加强	867	17	开展	579
8	机构	757	18	支持	554
9	完善	697	19	体系	458
10	推进	689	20	鼓励	453

资料来源：作者根据分词统计结果自制。

分析表 8.4 可知，"服务""老年人""发展""养老""健康""建设""国家"等词项表明老年人数字技能提升在国家宏观老龄化事业中的重要性；

"机构""完善""社会""提升""支持""鼓励"等词项进一步呈现了国家层面在推动老年人数字技能提升方面的工具性措施与重视程度。

2. 参数估计

在此基础上,采用 LDA 主题模型确定主题数量并分析词语之间的语义关系。该模型的有效性在很大程度上取决于主题数量 K 的选取[1],常用的两种方法包括困惑度(Perplexity)和连贯性(Coherence),前者用于测试模型在处理从未出现过的数据的效率。一般而言,困惑度值越低、准确率越高;后者用于估计 LDA 各个主题之间的关联程度,连贯值越高,则模型精确度越高。[2]基于已有文献对于困惑度的认可和广泛使用,本研究同样采用该值作为度量 LDA 模型准确率的指标。根据困惑度定义,其公式表达为[3]:

$$P = \exp\left\{\frac{-\sum_{d=1}^{M} \log pW_d}{\sum_{d=1}^{M} = N_d}\right\} \tag{1}$$

其中,M 为文档数目,N_d 为文档中的词语数目,pW_d 为词语出现的概率。本研究借助 Python 程序的 scikit-learn 工具包完成对文本分词的困惑度分析,得到如图 8.4 的困惑度曲线。

为确定合理的主题数量,本研究参考"手肘法"确定最佳主题数量,即在困惑度最低的"肘部"为最佳主题数。从图 8.4 可知,$K=5$ 时为困惑度最低点,但随后又有所波动。当 $K=7$ 时,曲线呈现平缓趋势,尽管其后有小范围的波动,但此时模型拟合效果达到最优。结合各个主题的实际解释力度,本研究最终选择 K 值为 7 作为政策文本聚类数量;在超参数 α 和 β 的选择上,采用 scikit-learn 工具包的默认值 $1/K$。

3. 主题聚类分析

经过模型处理得到的 7 个主题及归类的关键词如表 8.5 所示,将各个主题重新归纳为数字服务无障碍、数字素质建设、老年数字学习、数字

①③　D. M. Blei, A. Y. Ng, & M. I. Jordan, Latent Dirichlet Allocation, *Journal of Machine Learning Research*, 3(Jan.), 2003, pp.993—1022.

②　M. Hasan, A. Rahman, M. R. Karim, M. S. I. Khan, & M. J. Islam, Normalized Approach to Find Optimal Number of Topics in Latent Dirichlet Allocation (LDA). In *Proceedings of International Conference on Trends in Computational and Cognitive Engineering*: *Proceedings of TCCE 2020* (pp. 341—354). Springer Singapore.

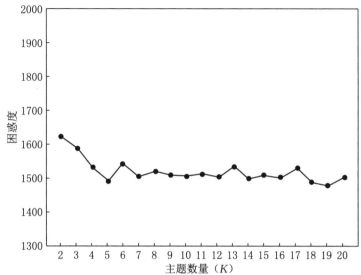

图 8.4　主题数量 *K*-困惑度曲线

资料来源:作者根据 Python 自绘。

表 8.5　老年数字技能政策文本主题聚类与关键词

主题序号	关键词		主题名称	支持类型
♯1	老年人　服务　数字　无障碍　社区　信息 工作　智能　提供　建设		数字服务 无障碍	政策支持
♯2	科普　科学　科技　发展　素质　创新 建设　提升　社会　开展		数字素质建设	社区支持
♯3	老年　教育　学习　老年人　发展　社会 宜居　服务　资源　支持		老年数字学习	社区支持
♯4	服务　健康　医疗　老年人　政务　部门 机构　提供　实现　工作		数字医疗健康	政策支持
♯5	养老　服务　机构　老年人　发展　健康 老年　支持　鼓励　加强		养老服务支持	政策支持
♯6	发展　建设　完善　推进　加强　体系 国家　推动　健康　提升		国家战略推动	政策支持
♯7	老年人　工作　活动　老龄　智能　全国 开展　技术　运用　助老		智能技术助老	技术支持

资料来源:作者根据 Python 自制。

201

医疗健康、养老服务支持、国家战略推动、智能技术助老。根据前文构建的分析框架及上述 7 个主题分别归并为政策支持、社区支持和技术支持三类数字社会支持。

在三类数字社会支持中,政策支持占比最高,包含了数字服务无障碍、数字医疗健康、养老服务支持和国家战略推动三项主题。结合 LDA 主题模型分析得到的文档—矩阵,在回溯政策原文时不难发现,政府在老年数字技能提升过程中通过建设信息无障碍、智慧医疗服务、智慧养老服务等国家层面政策发展老年数字包容环境,全国老龄办、国家发展改革委、教育部等于 2016 年就已出台《关于推进老年宜居环境建设的指导意见》,列出建立老年友好环境的数字支持要求与规划。社区支持包含数字素质建设和老年数字学习两项主题,通过科普活动、社区宣传和老年教育等途径发展老年人的数字学习能力。最后,技术支持包含智能技术助老一项主题,政策目标也往往将数字助老与老龄友好包容社会建设相结合,如全国老龄办于 2020 年发布的《关于开展"智慧助老"行动的通知》,强调通过技术助老提高老年人的数字运用能力。总体而言,现有政策对于老年人数字技能的关注与施策重点仍停留在政策支持与社区支持层面。同时,国家和地方政府逐步认识到技术支持的重要性。

第二节 智慧养老背景下技术推动老年人数字技能提升实践

互联网接入和信息技术普及改变了传统养老服务方式,人口老龄化的发展也推动技术在老龄社会的使用率,智慧技术正在渗透到老年人日常生活的各个方面。在英国生命信托基金提出智慧养老这一概念后,国内对于智慧养老的内涵形成技术运用、服务模式创新、产业组织管理模式创新三类观点。[1]本节探讨的智慧养老技术属于智慧养老的重要组成部分,是指利用互联网、生物医学和信息技术提高老年人生活质量、促进老年人获取养老服务的一种基础性和创新性手段。在人口老龄化驱动下,

---

① 廖喜生、李扬荻、李彦章:《基于产业链整合理论的智慧养老产业优化路径研究》,《中国软科学》2019 年第 4 期,第 50—56 页。

智慧养老技术呈现出两种发展趋势:其一是与积极老龄化相联系,强调通过使用智能家居和辅助机器人等创新手段来改善居家或机构老年人生活质量,协助老年人独立生活。①其二是与健康老龄化相结合,面对老年人日益增长的医疗保健需求,将物联网与大数据智能养老系统对接,为老年人提供智能化医疗健康资源。②综上所述,技术进步为养老发展提供了更有力的技术支持。在此背景下,本章首先探讨智慧养老技术在国内外的发展状况。其次,基于实证研究,分析社会认知对老年人数字技能提升的直接或间接影响,期望对理解养老技术实践与老年人数字技能提升之间的互动产生积极作用。

一、智慧养老技术的国内外应用实践

(一)智慧养老技术的国外应用实践

国外对于智慧养老技术实践的研究和应用起始较早。20 世纪 40 年代就已出现远程医疗。在老龄化与技术发展加持下,已经从第一代远程医疗发展到第三代远程医疗,通过信息和通信技术(ICT)将健康和护理直接带给终端用户,使家庭中的老人能够足不出户保持独立生活、改善健康和生活质量。③这一技术被引入西方国家政策实践,英国卫生部通过向需要者提供远程医疗服务的方式,减少不必要的住院医疗服务支出与医疗保健费用。④与此同时,老龄人口的快速增长带来日益庞大的老年护理需求,解决老年照料与护理问题引起广泛关注。随着科技发展,智慧

---

① D. Vergados, A. Alevizos, A. Mariolis, & M. Caragiozidis, Intelligent Services for Assisting Independent Living of Elderly People at Home. In Proceedings of the 1st International Conference on Pervasive Technologies Related to Assistive Environments, July, 2008, pp.1—4.

② Y. Zhu, Q. Yang, & X. Mao, Global Trends in the Study of Smart Healthcare Systems for the Elderly: Artificial Intelligence Solutions, *International Journal of Computational Intelligence Systems*, 16(1), 2023, p.105.

③ J. Hanson, J. Percival, H. Aldred, S. Brownsell, & M. Hawley, Attitudes to Telecare among Older People, Professional Care Workers and Informal Carers: A Preventative Strategy or Crisis Management?, Universal Access in the Information Society, 6, 2007, pp.193—205.

④ Department of Health, Our Health, Our Care, Our Say: A New Direction for Community Services. Department of Health, London, 2006.

养老技术催生出更加合理、经济的老年照护方案。2008 年,欧盟启动"环境辅助生活研究与开发计划",以环境智能的工具和手段降低社会医疗系统成本并促进健康老龄化。①智能家居应用不断发展,为老年人提供安全、健康、营养、体育锻炼、个人卫生和护理、社交活动和休闲等智慧服务。②2013 年,挪威启动"福利技术开发和实施国家计划(National Programme for the Development and Implementation of Welfare Technology)",鼓励将福利技术应用于护理服务中,为老年人、残疾人及护理人员提供技术福祉。

无独有偶,东亚地区的日韩两国很早就迎来老龄人口增多、照护劳动力短缺的现实问题。为此,日本在长期护理政策中选择引入机器人设备和信息通信技术,厚生劳动省和经济产业省于 2012 年制定《长期护理机器人技术使用优先领域》,通过使用护理机器人和 ICT 技术,提高护理服务质量,减轻护理提供者负担并维持和改善老年人生活质量。③2017 年,韩国实施以物联网为辅助的弱势老年人安全管理项目。2019 年,智能家居服务开始作为"社区护理"项目进行推广,并在疫情期间用来检查独居老人的安全④,智慧养老技术在国外实践中发挥出越来越强大的作用。

（二）智慧养老技术的国内实践

国内对于智慧养老及技术的研究起步较晚,但在政府主导和政策推动下,一系列智慧养老政策措施相继出台,智慧养老产业发展及智慧养老平台建构极大推动了养老服务技术化和数字化。2015 年,国务院发布《关于积极推进互联网＋行动的指导意见》,提出促进智慧健康养老产业发展。2017 年,国家三部委联合出台《智慧健康养老产业发展行动计划

---

① M. Becker, Software Architecture Trends and Promising Technology for Ambient Assisted Living Systems. Schloss-Dagstuhl-Leibniz Zentrum für Informatik, 2008.

② B. Kon, A. Lam, & J. Chan, Evolution of Smart Homes for the Elderly. In Proceedings of the 26th International Conference on World Wide Web Companion, April, 2017, pp.1095—1101.

③ 日本经济产业省, https://www.meti.go.jp/english/press/2024/0628_004. html。

④ S. Choi, K. Kim, C. Kamyod, & C. G. Kim, Ethical Use of Web-based Welfare Technology for Caring Elderly People Who Live Alone in Korea: A Case Study, *Journal of Web Engineering*, 21(4), 2022, pp.1239—1264.

(2017—2020年)》,作为第一部关于智慧养老的综合性、专业性国家政策[1],对于推动智慧养老技术研发、推广智慧健康养老服务模式提出系列举措。2021年,这一政策得以延续,《智慧健康养老产业发展行动计划(2021—2025年)》的出台,将夯实技术支撑力作为攻克智慧养老发展的新关口。与此同时,在物联网、大数据、人工智能的加持下,"互联网＋养老"成为提升智慧养老水平的重要方式。2019年,十一部委联合印发《关于促进"互联网＋社会服务"发展的意见》,依托互联网技术为老年人提供多样化的养老服务产品。2024年,国务院办公厅发布《关于发展银发经济增进老年人福祉的意见》,将智慧健康养老产业视为强化发展的重点领域。当前,国内智慧养老及技术正在逐步拥有良好的政策支持环境。

学术界对智慧养老技术及技术适老化的研究主要围绕着政策与理论视角展开。张丽雅、宋晓阳认为,信息技术在养老服务业发展中存在应用瓶颈,技术支撑作用发挥受限。[2]徐雨森等指出,国内适老技术整体水平不高,科技成果转化率不高,难以满足老年群体多层次需求。[3]张雷、韩永乐认为,智慧养老对于现代信息技术智能设备的开发与应用处于初级阶段,产品单一、利用率低、缺乏统一标准是国内智慧养老存在的主要问题。[4]陈友华、邵文君指出,学术界的研究多集中在理论层面的讨论,对于智慧养老服务工具、产品效用、老年人需求和感受的实证研究较为缺乏。[5]青连斌进一步提出"互联网＋"养老服务要首先解决供需脱节问题,充分考虑老年人"大众化"与"小众化"需求。[6]纪春艳在分析居家智慧养

---

[1]　H. Chen, A. Hagedorn, & N. An, The Development of Smart Eldercare in China. The Lancet Regional Health-Western Pacific, 2023, p.35.

[2]　张丽雅、宋晓阳:《信息技术在养老服务业中的应用与对策研究》,《科技管理研究》2015年第5期。

[3]　徐雨森、郑稣鹏、刘雨梦:《适老技术创新研究述评与展望》,《技术经济》2017年第11期。

[4]　张雷、韩永乐:《当前我国智慧养老的主要模式、存在问题与对策》,《社会保障研究》2017年第2期。

[5]　陈友华、邵文君:《智慧养老:内涵、困境与建议》,《江淮论坛》2021年第2期。

[6]　青连斌:《"互联网＋"养老服务:主要模式、核心优势与发展思路》,《社会保障评论》2021年第1期。

老服务时也指出，信息网络、智能产品和服务平台是发展智慧养老的技术保障。

由此可见，智慧养老技术在推动积极老龄化、健康老龄化过程中优势显著、需求强劲。然而，技术重视能否反过来促进老年人数字技能的提升？在大规模发展智慧养老产业、创新智慧养老技术的情况下，老年人能在多大程度获得技术红利？下文将从技术的社会认知视角对此展开理论阐述与实证分析。

二、基于社会认知理论的技术使用与老年人数字技能关系研究

（一）理论机制与假设

社会认知理论（Social Cognitive Theory，简称 SCT）是由班杜拉于1986 年提出的一个最为全面的人类行为解释模型。该理论模型强调个体的行为、环境和认知因素相互作用的动态过程，人的动机和行为受到预期控制机制的调节。[1]基于行为的三元互惠性，社会认知理论可以用这三个关键概念来描述，概念之间遵循相互决定论的调节原则，代表个体、环境和行为之间持续和动态的相互作用。[2]SCT 的自我效能概念被采纳为健康行为理论的一部分，C. A.雷丁等（Redding et al.）总结了 SCT 相关联的关键概念，主要有个人特征、情绪唤醒/应对、行为能力、自我效能感、期望、自我调节、观察学习和强化。[3]D. H.申克等（D. H. Schunk et al.）对该理论进行了最新的修正，从动机层面重新归纳社会认知理论的各个概念要素，其中个人因素包括目标和自我评估进步、自我效能、社会比较、价值观、结果期望、感知原因，行为因素包括选择、努力、坚持、成就和环境调节，环境因素包括激励、榜样、反馈、标准、奖励。[4]

---

① A. Luszczynska, & R. Schwarzer, Social Cognitive Theory, *Fac Health Sci Publ*, 2015, pp.225—251.

② A. Bandura, Social Cognitive Theory: An Agentic Perspective, *Asian Journal of Social Psychology*, 2(1), 1999, pp.21—41.

③ C. A. Redding, Health Behavior Models, *The International Electronic Journal of Health Education*, 3, 2000, p.180.

④ D. H. Schunk, & M. K. DiBenedetto, Motivation and Social Cognitive Theory, *Contemporary Educational Psychology*, 60, 2020, 101832.

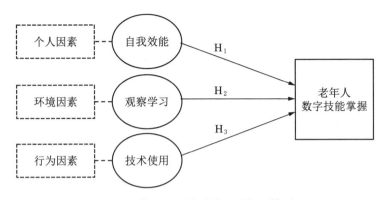

图 8.5　基于 SCT 构建的理论解释模型

资料来源：作者自绘。

在数字技术快速发展的社会环境中，SCT 已被众多学科视为理解人类行为的成熟理论框架，老年学研究领域也不例外。已有研究使用该理论解释了老年人健康行为①、健康素养②及其他生活方式③，这也为本研究提供了可供应用的理论视角。在探讨老年人如何通过技术手段提升数字技能时，首要的研究问题是个人因素和环境因素如何对行为产生影响，其中老年人对使用数字技术的信心是重要的个人因素，老年人对数字技能的使用是关键的行为因素，老年人从外界获得的支持与资源是环境因素。SCT 的行为因素包括个人能否完成某种行为，老年人使用数字技术的行为可能会反过来影响其对数字技能的掌握。本研究选择以技术使用这一行为因素作为核心解释变量，基于此，提出第一个假设为：H_1：技术使用对老年人掌握数字技能有着正向影响。

自我效能是一个人对自己执行某种行为的能力的信心，是影响个人成功的关键因素。数字技术使用的潜在障碍包括缺乏意识、信心、能

①　A. Abusalehi, M. Vahedian-Shahroodi, H. Esmaily, A. Jafari, & H. Tehrani, Mental Health Promotion of the Elderly in Nursing Homes: A Social-Cognitive Intervention, *International Journal of Gerontology*, 15(3), 2021.

②　沈彦琪、宋小康、朱庆华：《在线健康信息替代搜寻对老年人健康素养的影响研究——基于社会认知理论》，《现代情报》2024 年第 8 期。

③　F. Bakhshi, S. R. Safavi, & R. Sadeghi, Social Cognitive Theory and Healthy Lifestyle among Elderly: A Cross-Sectional Study, *Health Education and Health Promotion*, 2024.

力或技能①,对数字技术越有信心的老年人,越有可能在数字技术过程中消除心理障碍,从而有助于数字技术使用。由此,提出本研究的第二个假设:H₂:高自我效能可以调节老年人数字技术使用对老年人数字技能掌握的影响。

(二)研究设计

1. 数据来源

数据来源于本研究从 2023 年 11 月开始至 2024 年 5 月结束的东中西地区老年人数字技能问卷调查,使用成列删除法清理缺失数据后,得到有效样本 3754 个。样本人口特征为:男性占比 45.8%,女性占比 54.2%;年龄主要集中在 60—80 岁之间,占比超过 90%;教育程度为初中和高中的占比最多,分别占 30.4%和 23.5%。

2. 变量说明

自变量是老年人数字技术使用。使用"您目前每天上网时间(包括用手机、电脑、平板电脑等上网)大概一共有几小时?"测量老年人数字技术使用情况。时间越长,说明老年人数字技术使用频率越高。

因变量是老年人数字技能熟练度。借鉴现有文献数字技能测度方式,使用 15 个涵盖老年人数字技能运用的量表问题进行测量,从"不会/不能"到"熟练"分别赋值 1—5 分。15 个选项加总得到老年人数字技能熟练度变量,变量取值范围在 15—75 分,得分越高,说明老年人数字技能掌握越熟练。

中介变量是老年人自我效能感。使用老年人对互联网功能的信心程度进行自我效能感的测量,共计 14 个题项,从"很没有把握"到"很有把握"分别赋值 1—5 分。14 个选项加总得到老年人自我效能感变量,变量取值范围在 15—70 分,得分越高,说明老年人自我效能感越高。

控制变量涵盖老年人个体特征和健康特征,包括性别、年龄、受教育程度、个人收入、退休前工作类型、所处地区类型和自评健康状况。变量设置及描述性统计见表 8.3。

---

① T. P. Kunonga, G. F. Spiers, F. R. Beyer, B. Hanratty, E. Boulton, A. Hall, ... & D. Craig, Effects of Digital Technologies on Older People's Access to Health and Social Care: Umbrella Review, *Journal of Medical Internet Research*, 23 (11), 2021, e25887.

表 8.6　变量描述性统计

变量名称	变量定义	观察值	均值	标准差	最小值	最大值
数字技术使用	平均每天上网时长/小时	3754	2.73	2.16	0	14
数字技能熟练度	15 道题项加总	3754	38.19	15.8	15	75
自我效能感	14 道题项加总	3754	34.94	14.81	14	70
性别	男＝1 女＝2	3754	1.54	0.5	1	2
地区	东部＝1 中西部＝0	3754	0.39	0.49	0	1
年龄	实际年龄	3754	69.47	6.61	60	97
婚姻	已婚＝1 丧偶＝2 离婚＝3 从未结婚＝4	3754	1.26	0.55	1	4
教育	不识字或识字很少＝1 小学＝2 初中＝3 高中/职高/中专＝4 大专/本科＝5 硕士及以上＝6	3754	3.28	1.23	1	11
收入	2000 元及以下＝1 2001—3000 元＝2 3001—4000 元＝3 4001—5000 元＝4 5001—7000 元＝5 7001—10000 元＝5 10001 元以上＝7	3754	3.05	1.78	1	7
就业状况	完全退休＝1 退休但仍在工作＝2 农村务农＝3	3754	1.64	0.88	1	3
自评健康	很差＝1 差＝2 既不好也不差＝3 好＝4 很好＝5	3754	3.11	1.03	1	5
数字技术 学习与培训	非常少或没有＝1 比较少＝2 一般＝3 比较多＝4 非常多＝4	3754	2.22	1.11	1	5

资料来源:作者自制。

3. 模型设定

本研究采用 OLS 模型进行实证分析，具体表达式如下：

$$Proficiency_i = \alpha + \beta_1 skilluse_i + \beta_2 skilluse_i skilluse_i \times self_j + \gamma X_i + \delta_i \tag{2}$$

其中，$Proficiency_i$ 为老年人数字技能熟练度，$skilluse$ 为数字技术使用解释变量，自我效能是调节变量，$skilluse_i \times self_j$ 为技术使用和自我效能感的交互项，X_i 为控制变量，δ 为随机干扰项。

（三）结果分析

分析可知，核心解释变量数字技术使用在 OLS 估计中通过了 1‰ 显著水平下的检验，且系数显著为正，表明老年人数字技术使用对于其数字技能掌握具有正向作用。

模型回归结果见表 8.7(1)列。

表 8.7　老年人数字技术使用对数字技能熟练度的影响

变　　量	模型 (1)	模型 (2)
数字技术使用	1.716 ***	−2.855 ***
	(17.66)	(−15.58)
数字技术使用 * 自我效能感		0.103 ***
		(28.44)
性别	−0.145	−0.447
	(−0.37)	(−1.25)
地区	−0.940 *	0.136
	(−1.95)	(0.31)
年龄	−0.278 ***	−0.323 ***
	(−9.05)	(−11.56)
婚姻	−1.326 ***	−0.919 ***
	(−3.63)	(−2.77)
教育程度	1.666 ***	1.435 ***
	(8.16)	(7.75)
个人收入	1.002 ***	0.516 ***
	(6.42)	(3.62)
退休后工作情况	−0.940 ***	−1.186 ***
	(−3.57)	(−4.97)

变　量	模型 （1）	模型 （2）
自评健康	−1.815***	−1.058***
	（−9.27）	（−5.89）
数字技术学习与培训	4.706***	3.386***
	（23.42）	（18.01）
常数	43.296***	50.428***
	（16.40）	（20.95）
观测值	3752	3752
R-squared	0.443	0.542
adj_R^2	0.442	0.541
F	298	402.9

t-statistics in parentheses.

*** $p < 0.01$, ** $p < 0.05$, * $p < 0.1$。

在引入自我效能感进行数字技术使用和数字技能掌握的调节效应检验,实证检验结果如表 8.7 所示（2）列。自我效能感对数字技术使用和数字技能掌握路径存在显著的正向调节效应,交互项显著。即对于高自我效能感的老年人来说,数字技术使用和数字技能掌握的正向作用较强。

第三节　智慧养老社区实践推动老年人数字技能提升现状

一、社区智慧养老实践

社区养老是伴随着人口结构小型化、家庭养老与机构养老培育不足而发展起来的,社区智慧养老作为一种新兴的养老服务模式,以技术创新为驱动力,逐渐成为全球提升老年人生活质量和应对人口老龄化问题的重要举措。下文将对国内外社区智慧养老发展现状进行概述分析,以便更好地理解现有社区智慧养老服务模式存在的问题与改进思路。

（一）国外社区智慧养老实践

老龄化与环境交融催生出老年友好的城市与社区建设号召,在世界卫生组织成立全球老年友好型城市和社区网络后,人们对老年友好型环境概念也越来越重视。①在社区智慧养老兴起后,新的智能技术为支持老年人独立生活提供了另一种解决方案。当前,国外社区智慧养老在实践中发展出三种实践模式。

1. 以政府为主导的智慧养老模式

一般而言,政府机构扮演着社区智慧养老的主导角色,通过国家政策制定与资源调配,推动智慧养老体系的建立与完善。一方面,政府通过制定智慧养老国家战略和行动计划,明确智慧养老发展方向和目标。如日本政府在 2016 年发布的《智能化社会 5.0》战略中,将智慧养老作为应对老龄化社会的重要组成部分,通过大力推动物联网(IoT)、人工智能(AI)和大数据技术在养老领域的应用,提升老年人的生活质量。②政府不仅在政策层面提供指导,还通过财政补贴、税收优惠等措施,激励企业和社会组织参与智慧养老建设。另一方面,在政府主导型实践中,政府可以通过整合资金、技术、人才等资源实现高效率高质量的养老服务提供。新加坡提出"Smart nation 2025"计划,通过政府协作构建一个"智慧国家平台",确保包括老年人、低收入人群和残疾人等弱势群体都能获得数字技术使用机会。通过政府与企业合作,提高数字服务标准,并在社区建立类似的数字礼宾服务和数字诊所,以帮助弥合老年人数字鸿沟,促使老年人能够在社区中尝试更方便的数字生活方式。③

2. 以市场为主导的智慧养老模式

以市场为主导的智慧养老模式下,私营企业通常是智慧养老服务的主要提供者。尽管美国有着多种形式的养老模式,如就地养老、辅助生活、专业护理社区以及结合居家和社区的持续护理退休社区,但是市场在美国养老服务领域占据支配地位。许多科技公司和初创企业通过开发创

---

①　Suzanne Meeks, Age-Friendly Communities: Introduction to the Special Issue, *The Gerontologist*, Volume 62, Issue 1, February 2022, pp.1—5.

②　A. Deguchi, From Smart City to Society 5.0, *Society*, 5, 2020, pp.43—65.

③　M. Ni, Digital Participation for Inclusive Growth: A Case Study of Singapore's Collaborative Digital Governance Model, *In Design for Vulnerable Communities*, Cham: Springer International Publishing, 2022, pp.323—337.

新产品和服务,满足老年人的多样化需求。例如,谷歌旗下的 Nest 推出智能家居系统,通过语音控制和远程监控功能,帮助老年人在家中实现更高的安全性和便利性。此外,一些科技企业还利用大数据和人工智能技术,为老年人提供个性化的健康管理服务。在市场主导的智慧养老模式下,企业通过市场竞争推动技术的不断创新和服务的优化。由于老年人市场潜力巨大,许多企业将智慧养老视为新的增长点,纷纷加大研发投入,推出新产品和服务。例如,IBM 推出的"Watson Health"平台,通过人工智能技术为老年人提供个性化的健康监控和管理服务,已经在多个国家和地区得到应用。但由于市场具备本能的逐利性,智慧养老服务存在售价偏高、服务小众化等现象,部分经济能力较弱的老年人无法享受昂贵的市场服务。此外,市场化的智慧养老服务可能在初期更多关注技术和产品的创新,而在长期护理和人文关怀方面的投入相对不足。因此,如何在市场主导的模式下实现公平性和可持续性,是未来智慧养老发展的重要挑战。

3. 以社区为中心的智慧养老模式

社区组织和非营利组织在智慧养老中发挥着核心作用。这种模式往往以社区为中心,通过整合社区资源和力量,推动智慧养老的发展。以社区为中心的智慧养老模式强调老年人的参与和互动,往往会通过组织各种活动和项目,增强老年人的社会参与感。典型例子如荷兰的智慧养老社区通过建立老年人俱乐部、开展社区教育活动等,帮助老年人保持社交联系和心理健康。社区中的志愿者和邻里互助网络在这一过程中发挥重要作用,除了为老年人提供日常的照料和帮助,还通过组织活动促进老年人的社交互动。①

社区组织在智慧养老中往往扮演着技术支持和服务提供者的双重角色。许多社区通过与科技企业合作,建立智慧养老平台和应用,帮助老年人更方便地获取服务。例如,在加拿大的某些社区,社区组织与科技公司合作,为老年人提供基于智能手机的健康监控和提醒服务。老年人可以通过社区组织提供的设备和培训,轻松掌握这些新技术,从而更好地管理自己的健康。以社区为中心的智慧养老模式还强调资源的本地化和共享

① A. Tinker, J. Ginn, & E. Ribe, Assisted Living Platform: The Long Term Care Revolution: A Study of Innovatory Models to Support Older People with Disabilities in the Netherlands, King's College London, 2013.

性,通过将联网技术和养老服务相结合,形成独特的智慧养老服务网络。

(二)国内社区智慧养老实践的主要模式

在国内社区智慧养老实践中,政府在推动智慧养老方面发挥着至关重要的作用。通过制定和实施国家层面的战略规划,政府为智慧养老的发展提供明确的方向和框架。例如,《"十四五"国家老龄事业发展和养老服务体系规划》明确提出,到 2025 年,中国将初步建成覆盖广泛、服务高效、质量可靠的智慧养老服务体系。在这一指导下,地方政府积极响应,制定具体的实施方案,并通过资金投入、政策扶持等方式推动智慧养老项目的落地与发展。在这种政府主导的模式中,智慧养老的资源调配和项目实施主要依赖于政府的行政体系。各级政府通过财政拨款、专项资金等方式,集中力量推进智慧养老基础设施的建设与完善。例如,上海市政府在"智慧养老"专项行动中,投入巨额资金用于社区养老服务设施的智能化改造,推动智慧养老服务的普及和提升。这一模式不仅体现政府在资源配置中的主导地位,也反映出政府对智慧养老的高度重视。

与此同时,中国的社区智慧养老实践还呈现出多方协同参与的特征。尽管政府在智慧养老中占据核心地位,但社区组织、企业和非营利组织也在这一过程中发挥着重要作用。社区组织作为智慧养老的直接执行者,承担大量日常服务的提供和管理工作。通过整合社区资源,社区组织为老年人提供包括智能设备使用培训、健康管理服务在内的多样化智慧养老服务。这种社区参与的模式,不仅能增强老年人与社区的联系,还能提高智慧养老服务的精准性和有效性。此外,企业在中国智慧养老实践中也扮演着不可或缺的角色。通过技术创新和市场推动,企业为智慧养老的落地提供技术支持和产品保障。以阿里巴巴为例,其通过"智慧社区"项目,结合物联网技术,开发出智能居家养老平台。这一平台不仅实现老年人居家安全监控、健康数据实时采集与分析,还提供远程医疗、紧急呼救等服务,为老年人的日常生活提供全方位的智慧支持。这种企业主导的技术创新与应用,极大地推动了智慧养老服务的多元化发展。

然而,当前社区智慧养老实践中老年人的参与度仍有待提高。尽管智慧养老设施和服务逐步完善,许多老年人仍然对新技术持观望态度或感到不适应。这种情况反映出老年人在数字素养和技术接受度方面的挑战。为了应对这一问题,社区和政府正在积极采取措施,通过开展数字技能培训、提供技术支持服务等方式,帮助老年人更好地融入智慧养老体系。例如,北京市的一些社区通过定期举办老年人智能手机使用培训班,帮助老年人掌握智能设备的基本操作技能,从而提高他们对智慧养老服务的接受度。

正如一些学者指出,国内社区智慧养老发展面临着众多挑战。首先就是资源分配的不均衡问题。经济发达地区智慧养老设施和服务较为完善,老年人能够享受到高质量的养老服务。而经济欠发达地区智慧养老推进力度相对较弱,老年人可获得的服务资源有限。以贵州省为例,尽管当地政府在推进智慧养老方面做出了努力,但由于经济基础薄弱、技术资源匮乏,当地社区智慧养老的发展仍然面临较大困难。如何缩小城乡之间的智慧养老发展差距,成为未来中国智慧养老发展的重要议题。此外,技术标准不统一、数据安全风险等问题始终存在。随着越来越多的智慧养老产品和服务进入市场,不同企业之间的技术标准差异显著,导致互联互通困难,影响智慧养老服务的整体效能。同时,随着老年人个人数据的大量采集与使用,数据安全和隐私保护成为智慧养老发展中不可忽视的问题。如何建立健全的技术标准和安全保障机制,是未来中国智慧养老实践中需要重点解决的难题。

二、城市智慧养老社区实践与老年人数字技能提升案例

上海市是国内老龄化程度较高的地区之一,同时也是国内经济发展水平较高的地区之一。上海市在全国率先打造社区嵌入式养老服务体系,形成多层次养老服务供给模式,在数字化转型过程中积极开展智慧养老实践,并将推动养老服务领域数字化转型作为上海养老服务发展"十四五"规划的十大主要任务之一。本书选取上海市作为案例来进行深入剖析。

"智慧养老社区试点项目"是上海市智慧养老实践的重要组成部分。自2016年启动以来,该项目已在全市多个社区推广实施,取得显著成效。项目的核心理念是通过信息化手段,将社区内的养老服务、健康管理、社会关怀等资源整合在一个智能平台上,形成"线上线下"相结合的服务模式。例如,在长宁区的某智慧养老试点社区,政府与阿里巴巴合作开发社区智慧养老平台。该平台通过大数据和物联网技术,实现对老年人健康状况的实时监控,并根据数据分析结果为老年人提供个性化的健康管理建议。同时,社区中的养老服务人员可以通过这一平台,及时掌握老年人的需求和状况,从而提供更加精准的服务。值得关注的是,上海市在老年人数字素养提升方面做出了极大的努力,以推动老年人共享智慧养老实

践成果。尽管智慧养老设备和服务逐渐普及，老年人对新技术的接受和使用仍然是一个挑战。为此，上海市各社区积极开展老年人数字技能培训，帮助老年人适应和掌握智慧养老相关的设备和平台。例如，虹口区通过社区活动中心定期举办智能手机使用培训班，内容涵盖智能手机的基本操作、社交媒体的使用、在线医疗预约等。这些培训不仅提高了老年人的数字素养，也增强了他们对智慧养老服务的接受度和使用意愿。

在智慧养老服务的个性化方面，上海市通过分析老年人健康数据，由社区智慧养老平台为每位老年人量身定制健康管理计划和服务方案。例如，在浦东新区的一些社区，老年人可以通过智能健康监测设备，将自己的健康数据上传至社区养老服务平台。平台根据数据分析结果，为老年人提供个性化的健康建议，如饮食调整、运动计划等。同时，平台还可以根据老年人的健康状况，推荐适合的社区活动和服务，进一步提升老年人的生活质量。

上海市的智慧养老实践还通过探索"社区—医院—家庭"三位一体的服务模式，实现医疗资源与养老服务的有效对接。通过与市内多家医院的合作，社区智慧养老平台可以实时获取老年人的健康信息，并在必要时与医院共享这些数据，确保老年人在需要时能够及时获得医疗服务。例如，在杨浦区的一些社区，老年人通过智能设备监测到异常健康指标后，平台会自动生成预警信息，并通知社区医生和老年人家属，确保及时干预。这种社区、医院和家庭联动的模式，不仅提高了老年人健康管理的效率，也降低了突发健康事件的风险。在智慧养老基础设施建设投入和布局方面，上海市通过大力发展物联网和大数据技术，实现了智慧养老服务的广泛覆盖和深入应用。与此同时，各社区组织重视老年人数字技能的培养，通过系统化的培训和支持，帮助老年人更好地适应智慧养老服务。这种注重老年人参与和互动的做法，有助于提高智慧养老服务的效果和老年人的满意度。

三、乡村智慧养老社区实践与老年人数字技能提升案例

重庆市是中国西南地区的经济中心城市，其人口老龄化问题较为突出，第七次人口普查数据显示，全市 60 岁及以上人口为 701.04 万人，占 21.87%；其中，65 岁及以上人口为 547.36 万人，占 17.08%，人口老龄化程度排全国前列。在积极应对人口老龄化的过程中，重庆市着力于为老年人提供多层次、多元化的养老服务，结合社区智慧养老的创新与实践，

将大数据与智能技术融入老年人生活,尤其在乡村智慧养老社区建设中具有独特经验和做法。

重庆市作为中国西部地区的重要城市,近年来在智慧养老领域积极探索,特别是在乡村社区智慧养老实践中取得了显著成效。在重庆市乡村社区智慧养老实践中,政府通过财政支持、政策引导和项目推动,在智慧养老基础设施建设和服务提供方面发挥积极作用。例如,重庆市民政局在多个乡村社区开展了"智慧养老示范项目",这些项目在短时间内迅速推进,显著提升了当地老年人的生活质量。在基础设施建设方面,乡村社区智慧养老实践注重因地制宜,充分考虑到农村地区的地理环境和经济条件。由于农村地区的网络基础设施相对薄弱,重庆市政府与中国电信、中国移动等通讯公司合作,通过建设 5G 基站和光纤宽带网络,逐步改善乡村地区的网络接入条件。例如,在忠县的一些偏远村落,当地政府与通讯公司合作,成功将光纤宽带引入村庄,为智慧养老设备和服务的应用提供可靠的网络支持。这一举措不仅提升了老年人的信息接入能力,也为当地的智慧农业、远程教育等其他领域的发展奠定了基础。

在智慧养老服务的提供上,重庆市乡村社区结合本地实际,探索出一套适应农村特点的服务模式。以大足区为例,当地的智慧养老服务主要依托社区卫生服务中心,通过远程医疗平台和智能健康监测设备,为老年人提供健康管理、远程问诊等服务。社区卫生服务中心作为智慧养老的核心节点,通过智能健康监测设备实时获取老年人的健康数据,并将这些数据上传至远程医疗平台,由区内的医疗专家进行分析和指导。当老年人出现健康异常时,平台会自动生成预警信息,并通知家属和社区医生,确保及时干预。这种模式有效地弥补了农村地区医疗资源匮乏的问题,为老年人提供可靠的健康保障。

在老年人数字素养提升方面,重庆市乡村社区也做出积极努力。尽管农村地区的老年人普遍缺乏数字技能,但通过一系列针对性的培训和支持,当地政府逐步提高了老年人对智慧养老设备和服务的接受度。例如,在巫山县的一些乡村社区,当地政府联合村委会和志愿者组织,定期为老年人开展智能手机和健康监测设备的使用培训。巫山县的培训不仅涵盖设备的基本操作,还包括如何通过远程医疗平台进行健康咨询和预约挂号。重庆市巫山县在智慧养老和老年人数字技能提升方面的努力帮助老年人逐渐适应和掌握智慧养老相关技术,提高他们的自我健康管理能力。

　　值得一提的是，重庆市在智慧养老中的创新实践，尤其体现在社区互助模式的应用上。由于农村地区的人口相对分散，老年人居住地点较为分散，社区互助模式在重庆市的智慧养老中得到广泛应用。以石柱县为例，当地的"邻里互助智慧养老"项目取得显著成效。通过建立以村民小组为单位的互助网络，项目将智能健康监测设备分发给每个小组的负责人，由其负责定期检测组内老年人的健康状况。当发现异常情况时，负责人可以通过智能设备向社区卫生服务中心发出预警信号，并在必要时协助老年人前往医院就诊。这种邻里互助模式不仅增强了老年人的社区归属感，也有效解决了农村地区人手不足的问题。

第九章

智慧养老背景下我国老年人数字技能
提升实践存在的问题及归因分析

老龄化和数字化发展都是我国未来不可逆的发展趋势,但老年人在数字社会发展过程面临的数字难题已经严重影响其基本生活,并且随着老年人群体数量的增多和数字化的愈加深入,这一问题会愈加严重。如第八章所述,我国在政策、技术和社区方面均做出较大努力,来提升老年人数字技能。然而,智慧养老背景下我国老年人数字技能提升实践仍存在问题。本章对存在的问题进行深入剖析,并探讨其原因。

第一节　我国老年人数字技能提升
实践存在的问题分析

一、政策支持老年人数字技能提升存在的问题

各地政府为切实响应国务院印发的《关于切实解决老年人运用智能技术困难的实施方案》,就老年人智能技术问题出台许多实践项目,如"百万长者智能技术提升项目"等,用于帮助更多老年人提升数字技能。然而,在实际项目的运作过程中,推进主体多为政府机构人员与志愿者,老年群体的主体参与度不够。且现行的政策多集中于外部力量对于老年群体的干预,在群体内部未能形成自循环、可持续发展的沟通模式,政策在助力老年人克服数字鸿沟的持续性与渗透性方面,依然存在许多不足之处。

在现行的群体互助政策上,无论是"老伙伴"项目,还是"时间银行"项目,都未能和老年群体的数字鸿沟进行有效的融合,项目志愿者仅在提供其他生活类服务的同时,就部分受助者产生的问题进行解答,但志愿者自

身并未拥有较强的数字技术,因此无法对受助者进行系统的数字技术水平提升。因此,能够进行的互助范围十分有限。对于提供服务的志愿者,其本身的智能技术水平也需要政策的推动才能够进行有效地改进与弥补,以便于更好地服务于受助者群体。

二、技术支持老年人数字技能提升存在的问题

近年来智能技术快速发展,沟通软件层出不穷,传统的微信、QQ等沟通软件虽然获得广泛的使用率,然而,此类软件本身的适老化改造不足,各项依托于此类平台下的延伸功能,如小程序、视频号、直播等等都未能有效地针对老年人的需求进行改进,对于听觉及视力下降的老年群体十分不友好。老年人为了更好地使用沟通软件,只能通过智能设备本身的老年模式进行字体放大、声音放大等等,但是经过字体放大后的界面又会与原始界面形成差异,每台智能设备的适老化界面根据品牌不同亦不完全相同,因此对于老年群体的统一技术学习造成了较大的困难。

除了软件适老化支持不足以外,针对老年人需求的软件建设也存在很多问题。我们对于老年人使用智能设备的需求进行了调研。首先针对当下老年群体使用频率最高的软件做了分类:基础类:电话、短信;社交类:微信、QQ等;新闻类:百度、央视、今日头条新闻等;娱乐类:短视频、小游戏、视频剪辑等;金融类:支付宝、电子银行、扫码支付、微信支付、股票等;购物类:淘宝、天猫、京东、快团团、拼多多、叮咚买菜、饿了么等;生活类:拍照、天气预报、日历等;交通出行类:网购车票、健康码、乘车码等;就医类:网上就医挂号、线上门诊等;风险防范类:国家反诈APP。

通过对样本的调查发现,老年人使用频率最高的功能为社交类,大部分老年人每天都在使用。而基础类使用频率也较高,有8成左右的老年人2—3天至少使用一次。新闻类也占据着比较高的使用频率,大约有6成老年人选择了2—3天使用一次。使用频率最低的是就医类和风险防范类。但是在针对各项软件的使用难易程度的调研中发现,老年群体普遍认为就医软件最难掌握,因此无法顺利的使用。

虽然老年群体使用就医APP的频次很低,大部分人每月使用一次或是几乎不使用,但是后续对于就医APP的使用难易程度调研中显示,老年人是因为软件使用太过困难,所以导致无法正常使用。

有学者就北京某社区医院老年人的就诊频次做过调研,在127300份样本中,有51.1%的老年人每月就诊2次以上,频次最高的老年人一月就诊高达13次。[①]由此可见,老年人的就医需求旺盛,远高于调研中对于就医APP的使用频次。由于老年群体对于就医APP的使用困难,导致其无法正常通过智能设备进行预约、挂号、付款以及查询报告等。软件就医难成为老年群体最为迫切需要解决的问题。

在现行的各项就医APP中,各大三甲医院,如中山医院、瑞金医院、仁济医院、华山医院等都各自推出了微信公众号预约平台或是软件APP供患者使用。

其中,中山医院推出"中山医院APP",在线预约需要下载注册绑定社保卡后才可正常提交预约申请,同时,在助医网、微医、114名医导航及医联网上皆同步推出预约服务,各项网站也需通过注册绑定社保卡后才可进行预约。瑞金医院通过公众号绑定电子医保凭证或是社保卡(社保卡需在瑞金有就诊记录方可成功绑定)。仁济医院通过推出微信公众号提供预约服务,预约也需要提前绑定电子医保凭证。

虽然各大医院推出的公众号或是APP功能比较齐全,一般涵盖预约、挂号、付款、费用查询、报告查询等功能,但是各项服务都需要提前进行注册绑卡,而所有的注册绑卡界面都使用常规字体,并未进行有效的适老化改造,非常影响老年群体的使用感,对于视力下降的老年人十分不友好。各家医院各自为政,没有统一的预约平台,也没有统一的预约流程,导致老年人需要不停重复学习,一旦需要更换医院,则必须全部重来一遍。针对老年人最为需要的就医服务,却未能提供必要的技术支持,是导致老年群体无法顺利使用智能设备进行就医的最大问题。

三、社区支持老年人数字技能提升存在的问题

社区具有两方面的功能,一方面社区作为老年人进行社会活动的主要场所,有其自己独特的服务社区内居民的功能;另一方面社区又是作为一个政府进行基层治理的单元,具有整合政府和社会资源,起到一个承上启下,搭建桥梁的功能。但通过第三章问卷调查结果来看,社区满足老年人数字服务需求、与社区内居民的互动方面尚且还存在不足之处。

---

① 李乐乐、李怡璇、陈湘妤、高健哲、韦东豪:《社区家庭医生签约对老年人医疗服务利用影响的实证研究》,《社会保障研究》2022年第2期,第45—58页。

（一）社区与老年人及其家属朋辈互动不够

1. 社区与老年人之间的互动性不够

根据第三章的问卷结果显示，社区与老年人之间互动性不够一方面体现在老年人对社区提供数字服务的需求不高。大多数老年人还是偏向传统的家庭和朋辈支持模式，社区还未能激发老年人参与社区活动的兴趣和自主意识，所以就会导致后续社区开展的系列活动并不能取得良好的活动效果。另一方面体现在老年人对社区提供的活动和服务的利用率上面，根据问卷结果显示，不论是社区提供的数字培训还是数字化改造设备，社区的供给和老年人的利用率均存在不相符的情况，老年人对社区活动和服务的利用率并不高，就会导致社区支持的效果较低，社区资源出现浪费的情况。实地调查中，发现社区在组织老年人数字技能培训时，经常出现一些情况，如社区活动没有充分考虑老年人的需求，以及社区对活动的宣传力度不够等。

"遇到不会的问题我还是倾向于问家里人，家里人就没有那么多顾虑，而且也很方便，有什么不懂的就直接可以问，他们也不会不耐烦，我自己也不会有很大的心理负担，社区的话因为不熟，问多了怕别人嫌我麻烦，而且人家社区里的工作人员也很忙，不好意思去打扰别人工作。"（＃36）

"我在社区很少看见你说的那些智能设备，可能是我自己不太爱出门，也不太关注这些新型的设备，感觉关注了用处也不大，对我的生活产生不了什么大的影响，我觉得这些设备对我来说就是可有可无的。"（＃18）

"我倒是有听说过申程出行一键打车的，外面柱子上好像也有安装，但是我没用过，不太会用它，也没听说过有人专门来教我们怎么用。"（＃5）

2. 社区未能充分重视家庭和朋辈的作用

就目前而言，子女的数字反哺是老年人学习参与互联网最直接有效的途径，一方面老年人遇到相关问题可以在第一时间寻求家庭成员的帮助，另一方面老年人在家庭成员的帮助下也不用担心信息泄露、信息安全等问题。但是由于时间和工作的压力，这一支持往往是缺位的。许多老年人反映，因为孩子们工作忙，也不和自己住在一起，所以这种最直接有效的方式已经不像想象中那么有效,在很多时候都只能起到一个辅导的作用,解决老年人特定的问题,并不能真正帮助老年人熟悉智能手机的使用。而在数字技术的学习过程中,由于家庭成员工作较忙或者不在一起生活等原因,老年人接受来自代际的支持与帮助往往是滞后、间断甚至是缺失的。在这一情况下,代际支持的作用日渐减弱,但是在老年人群体之间兴起的朋辈互助却很有可能成为代替代际支持的一个选项,老年人在互帮互助之间实现数字技术接入。

社区作为我国老年人社会参与的重要平台以及获取社会支持的重要渠道,在应对老年数字鸿沟方面有着举足轻重的作用,尤其是当数字鸿沟逐渐成为一个社会现象时,社区的作用就愈加凸显。通过前文分析发现,社区的相关培训活动可以促进老年人智能手机的使用,对提升老年人数字技能具有积极意义,在家庭和朋辈的帮助下,这一作用会得到进一步的放大。但是在提升老年人数字技能的过程中,社区却未能充分重视家庭和朋辈的作用,事前没有动员家庭成员鼓励老年人积极参加社区相关的培训活动,扩大培训覆盖面;事后也没有鼓励家庭成员帮助和巩固老年人熟悉智能手机的使用,所以导致真正参与到社区培训的老年人群较少,且一直较为固定;而且由于社区的相关培训活动没有定期定时开展,活动内容和时间都不固定,所以也会导致培训效果较差。

　　"我最开始玩智能手机就是周围朋友带起来的,我们有次老同学聚会,聚完之后大家说可以拉微信群,方便以后联系,当时看着大家好像都在玩智能手机,后面我就自己也买了一个,现在就学会了玩微信,无聊的时候就在群里和老同学们聊聊天儿,逢年过节还可以抢抢红包什么的。"(#20)
　　"我们也想过呼吁年轻一辈的家庭成员来帮助老年人使用智能手机,但是年轻人白天都在上班,没什么时间去教老年人,而且我们社区大部分老年人和自己的孩子都是分开住的,能从年轻人那儿得到帮助的可能性就更少了,所以我们现在更多的是把精力放在刚退休的那部分老年人身上,成立老年人互帮互助小组。"(Sq44)

(二)社区支持老年人数字技能提升覆盖的内容供需失衡

由第三章问卷调查结果可知,虽然当前我国开始探索提升老年人数字技能路径,社区也在积极开展相关数字培训以及数字化改造工作,但是现有数字化服务的数量和质量都难以满足老年人的需求,社区支持内容呈现服务内容单一、供需不匹配等问题。

1. 服务内容充足性不够,未覆盖数字技能的十五个方面

随着数字化发展的深入,数字化应用层出不穷,其更新速度远远超过老年人掌握的速度。当前有关老年人数字技能提升的社区支持内容充足性不够主要体现在三个方面,其一是服务内容的单一性。社区为老年人提供的数字化内容多集中于智能手机的使用培训方面,而且主要集中于智能手机基础功能,如通话、视频、娱乐等方面,培训内容的充足性始终得不到保障;其二是服务内容的滞后性。自新冠疫情发生后,老年人所面临的数字难题才大面积爆发出来,但是政府和社区真正开始重视解决老年人面临的数字难题却在此之后,此时提供的服务重点是帮助老年人熟悉智能手机的使用以及进行一些高频办事场景的适老化改造。实践调查发现,目前上海市各社区为老年人提供的数字服务仍旧是以熟悉智能手机为主,其他功能的使用很少或是几乎没有提及。在这种社区培训模式下,数字化发展过快,导致老年人对数字化的掌握仍停滞不前,进一步加重老年人的心理压力与社区的培训压力,并不有利于数字技能提升。其三是服务内容的差异性。不同特征的老年人在接受智能培训时的需求不同,最终的培训结果也会因人而异。所以在开展相关培训活动时应考虑老年人在日常生活中智能手机的应用场景,同时也要考虑到由于性别、年龄、健康状况、对智能手机的掌握程度不同而导致的学习需求差异,实施差异化教学。但是就目前而言,大多数培训活动都没考虑到这一点,对所有老年人都一般化对待,在教学过程中也很少考虑办事场景的变化,导致培训效果参差不齐。

"我觉得现在的培训内容太单一了,感觉学不到什么东西,翻来覆去的就是讲微信,讲抖音,讲网络诈骗,其他的手机功能一点都没讲,我现在光会个抖音和微信用处也不大,照样不会用手机挂号,不会取钱,我就觉得现在的培训应该多教点实用的东西,基础的东西我们基本都会使用了。"(♯27)

2. 社区支持供需不匹配

第三章的问卷结果显示,社区支持的供需不匹配主要体现在两个方面。一方面,老年人对社区支持的需求以及社区支持供给之间的不匹配。

就目前而言,老年人对社区支持的潜在需求还未被激发出来,社区支持尚未得到老年人的重视和青睐,并且在已有的社区支持中,老年人的利用度也与社区支持的供给不相符,老年人对现有社区支持的利用度较低,未能充分利用到社区提供的所有支持;社区支持的供需不匹配还体现在社区供给的内容与老年人所需求的内容存在差异性方面。另一方面,随着数字化发展的深入,数字化对老年人生活的影响愈加深入,但是我国目前的老年人数字化服务却未能及时跟上发展步伐。当前社区所提供的数字化服务内容较少,主要集中于智能手机的培训以及一些简单的生活功能使用上,远远不足满足老年人适应数字化生活的需求。首先是数字培训方面,老年群体受个体收入、健康状况等差异的影响,对智能化服务的需求也各有侧重,以社区为例,社区开展的智能化教学服务教学内容针对性不强,且具有较强的以"供给为导向"的服务模式,多集中于智能手机社交软件的应用、抖音等大众化软件的使用,较少考虑真正困扰老年人的一些生活办事服务方面,如就医、出行、金融等。其次是数字化改造方面,社区进行数字化改造的设备和设施都与老年人自身的需求关联度不大,老年人进行相关智能设备的学习都是有什么设备就学习什么设备,老年人的真实需求未能得到充分体现。也是因为如此,许多老年人较少关注这些设备的存在,导致设备的利用率较低。

　　"我们也知道我们现在培训的内容过于单一,基本都是围绕智能手机的一些基础功能来讲,有些老年人听得多了,就觉得学会了,再听这个也没什么用,对他们出行、就医起不了作用,后面也就不会来听这个培训了。"(Sq47)

(三)老年人数字技能提升社区支持效果欠佳

由第三章调查结果可知,当前我国社区支持的利用率和参与率都较低,社区支持的效果还未能得到最大程度的显现,主要是在宣传力度以及资源分布方面存在较大的问题。

1. 社区支持宣传力度不够

根据第三章问卷调查结果显示,老年人对社区支持利用率不高的其中一个原因便是不知道这些活动的存在,这一部分的人群占到35%左右,说明社区支持的宣传力度欠佳。

目前有关老年人数字技能培训的活动主要集中在养老机构、老年大学以及社区老年活动中心。部分养老机构和老年大学的培训活动受众面较窄,只针对特定的人群,社区开展的相关智能培训活动是目前来说面向群众最广的方式,但是由于宣传力度不够,导致社区和老年群体之间存在信息差,且老年群体信息接受渠道单一,所以使得其活动覆盖面也较小;另外,社区开展的活动也较少考虑激发老年人主动学习的积极性,也使得社区开展的相关智能学习和培训活动参与度低,未能真正起到应有的效果;除此之外,社区开展的该类活动常常不具有周期性和固定性,活动之间的衔接性不够,未能形成一个固定性的活动,所以每次活动都需要进行宣传,而且主要靠仅仅几个社区工作人员进行人工宣传,或者在社区宣传栏贴大字报等,这些低效率的宣传手段都会导致宣传效果不佳,进而导致老年人社区活动参与度的降低。

"刚开始我每次培训课都会去参加,但是疫情期间好多培训课都被临时取消,很多时候我没注意到这个活动取消了,到了之后也没有人告诉我今天活动取消,慢慢地就没去了。"(♯17)

"我很少关注过这些活动,更不用说参加了。因为我整天也不怎么出门,社区举办的这些数字教育活动我都不知道,也不知道他们什么时候弄的,没有人通知我们,每次社区的活动都是在门口贴大字报告知,我们不留意的话是基本不知道有什么活动的。"(♯25)

2. 社区支持分布不均

社区支持分布不均主要体现在两个方面,第一个方面是数字化改造,以"为老服务一键通"为例,接受访谈的大部分老年人都说没有看见过这个智能设备的存在。本研究也通过走访调查发现,这类设备的分布极其不均,有的地方走几步就能看见,有的地方一直没有。资源配置不均的第二个方面是培训教学,包括培训频率以及培训专业性两方面的差异。其一,培训的频率,有的社区为老年人提供的智能化服务很多,几乎每周都会有相关的活动开展,但是有的社区确实很久才会有一次;其二,在培训的专业化程度方面差距也很大,以养老机构和老年大学为主的培训活动专业化程度明显比社区开展的培训活动要高,而社区与社区之间的专业化差异也存在,靠近大学的社区得到的大学生志愿服务明显比其他社区得到的大学生志愿服务要多。

　　"去年,我从新闻报道中了解到,上海推出了一个'申程出行'软件,在市中心设置了许多'一键叫车'的扬招杆,方便老年市民打车,但是我还没有见到过。"(#5)

(四)老年人数字技能提升社区支持的力量欠缺

　　社区支持主要是由社区主导、社区内居民参与的形式进行。通过第三章进行的调查可以发现,这些工作几乎全都压在社区工作人员身上,社区支持的力量存在严重不足的情况。

　　1. 社区志愿者队伍建设不足

　　社区志愿者队伍建设主要存在两个方面的问题:其一是队伍建设方面,目前社区开展的数字培训工作主要由两部分组成,一是由老年大学的老师专门负责的培训活动,二是以高校学生为主的志愿者队伍。由老年大学老师负责的课程存在时间较短、授课周期较长等问题,并不是当前主要的培训模式,反而是以高校学生为主力的志愿者队伍是当前主要的培训模式,手把手教学的效果往往好于课程教学。但是以高校大学生为主的志愿者队伍因为往往只能利用大学生的课余时间举办,所以其持续性和连贯性并不能得到保证。其二是志愿服务的内容方面,志愿服务的内容过于单一,例如由大学生主导的培训活动主要集中在智能手机的使用方面,未能涉及医院自助挂号、银行业务办理以及交通出行等生活办事方面;不仅是大学生志愿队伍,社区举办的很多培训活动也较少考虑老年人生活办事方面的智能培训。

　　"现在老年人对数字服务的需求越来越多,但是我们人手严重不足,所以现在我们的办法是组建社区志愿者队伍,主要有两支队伍,一支是由退休老年人组建的老年互助服务队,实现老年人之间的互助,另外就是接受外来的志愿队伍,主要是以大学生为主,但是大学生志愿者队伍不太固定,而且时间很有限。"(Sq48)

　　2. 社区支持培训的专业化人才队伍不足

　　当前老年人数字化培训方式主要分为以下三类:由老年大学开设的专业性数字培训班、由社会机构和公益组织引进的专业化培训以及由大学生志愿者主导的志愿培训。由老年大学开设的专业性数字培训班是其中专业性最强的培训方式,但是由于其师资力量缺乏、受众面较窄、资金不足等原因并未成为当前主流的培训方式;由社会机构和公益组织引进的专业化培训常常是与社区合作,定期或偶尔面向社区群众开展相关培训工作,但是这一模式也面临着授课时间较短且不固定的问题,不能系统性的教授相关课程,课程质量缺乏保障;由大学生志愿者主导的志愿培训是当前覆盖面最广的培训模式,以高校大学生为主力,解决老年人在智能设备使用过程中所遇到的问题和障碍。但是同样,以大学生为主体的志愿团队在时间方面受到较强的限制,因为只能利用大学生的课余时间进行志愿培训,所以很难保证服务的持续性和连贯性。综上所述,老年人智能培训专业化培训人才严重不足,还未形成一个完备的培训体系。

> "要从数字培训方面真正提高老年人的智能技术使用水平,光靠社区内老年人之间的互助是远远不够的,还是需要更多社会力量的参与,尤其是一些正式的社会机构和社会组织,我们为他们搭建进社区的平台……以往我们也是有一些社会组织进社区开展培训,但是因为疫情就中断了,后续等疫情结束,这方面的社会力量还是要利用起来。"(Sq49)

第二节 我国老年人数字技能提升实践存在问题的归因分析

一、个体层面:资源禀赋存在差距

(一)学习能力下降

在第三章的问卷调查中,老年人表示他们不愿意参加数字技能提升的第一个原因就是记性差,学了记不住。而老年人学习能力的下降主要受到以下几个方面的影响。其一是文化水平。互联网设备的操作需要较高的门槛,但对于我国老年人而言,由于大多都没有接受过较高的文化教育,并且技术和知识的发展日新月异,就导致适应和学习互联网相关的技能及操作对老年人来说难上加难。以信息获取为例,互联网知识日新月异,很多老年人无法轻易理解一些网络词汇,就会导致他们在信息获取过程中遇到阅读障碍;并且由于互联网信息繁杂,老年人也很难从中分辨出对自己有用且真实的信息。其二是受到健康状况的影响。老年人由于身体机能衰退,记忆力减弱,会导致其学习能力下降,记不住互联网繁琐的操作步骤。以生活办事为例,在疫情之后,许多办事场所,诸如银行、政务大厅、医院等地方,都需要在网上办理预约。对于老年人来说,不仅预约对他们来说存在困难,而且每个场所都有自己的预约途径,更为他们的网上预约增添繁杂。

"我上过一次这种培训班,听得迷迷糊糊,而且一个班就一个老师在那儿讲,下面坐了二十多个人,我上一个内容还没弄懂,就开始讲别的了,跟不上这个培训班的进度,而且每次培训的时间都太长了,学了没多久又会忘,记性就是差,后面就直接不去了。"(#23)

（二）心理障碍较大

大部分老年人对互联网存在较大的心理障碍,主要包括两方面。第一是老年人思想保守不愿接受新鲜事物。他们认为互联网是年轻人的事,习惯性地将数字化信息化默认为是年轻人的专属,将自己排离在数字化信息化的发展之外,认为智能技术的学习与他们的关联度不大,可以不用学习;同时他们也安于现状,觉得自己年纪较大,没有必要再去学习这些对他们来说"无用"的知识和技能;第二是对互联网的未知与恐惧障碍。其一是对互联网内容的未知。由于对互联网认识不深,许多老年人在使用互联网时总会担心其安全性,尤其是信息安全,互联网上的信息纷繁复杂,且真假难辨,对于认识不深的老年人来说这便成为他们使用互联网的一大难题,让他们对互联网望而却步;其二是对互联网诈骗的恐惧。有关老年人受到网络诈骗的新闻一直以来层出不穷,考虑到网络诈骗的风险,许多老年人害怕由于自己的操作不当或是其他原因造成自己的财产受到损失,所以对互联网使用存在较大的心理障碍。

"智能手机是年轻人玩的,我不想去学,我日常用老人机打打电话就够了,学那个干嘛呢?"(#3)

"之前听说手机支付很方便,本来自己也想试一下,但是我女儿说我们这个年纪的开通网上支付,绑定银行卡比较危险,我自己也经常在新闻上看到老年人被骗的新闻,所以后面我就不敢弄了,后来是我女儿给我开通了微信支付,说是亲属付,但是我也尽量不用,还是

怕不安全,能用现金就用现金。"(＃3)

二、家庭和朋辈层面:支持不到位

"初级群体"是美国社会学家库利在其著作《社会组织》中提出来的概念。所谓"初级群体",是面对面交流和合作,具有亲密的人际关系的社会群体,在现代社会中主要是指家庭和邻里朋辈伙伴。

(一)家庭代际反哺意识不强

代际反哺是老年人学习参与互联网最直接有效的途径,也是缩小数字技能提升最可行的路径。因为代际间的互动一方面会降低老年人对互联网的抵触心理,另一方面也会及时解决老年人在学习互联网过程中遇到的难题,从而提高老年人使用互联网的能力。但是这一代际反哺在当前是处于缺位状态,主要可以体现在两个方面:其一是代际反哺意识淡薄。代际之间存在一个文化隔阂,代际之间的思想碰撞会造成碰撞,如子代会认为亲代可以学习智能手机的使用,但是没必要学得过于深入,所以碰到一些比较复杂的使用问题或者亲代一直搞不懂的问题,他们便会失去耐心,所以这类子代的代际反哺意识是淡薄的和被动的。其二是代际反哺的缺位体现在行动上,有的子代虽然有代际反哺意识,但是困于时间和精力,加上并未和亲代住在一起,导致子代没有太多空闲的时间去进行代际反哺,代际反哺的效果便大打折扣,所以现如今的代际反哺渐渐不再是缩小数字技能提升最可行的途径。

(二)朋辈支持未受重视

对于老年群体来说,与他们接触交往最深的不一定是家庭成员,而是周边的邻居朋友们。相较于代际支持,朋辈支持具有其独一无二的特性。即空间上的邻近性以及心理上的接近性,都为朋辈支持打下了良好的基础。老年群体之间存在双向互动性,老年人与邻居朋友之间的交流是一个双向互动的场景,也即他们不仅可以从中学到相关智能设备的使用,并且在交往过程中,也会在一定程度上帮助老年人熟悉相关功能的使用,起到巩固学习的效果,这是任何其他支持都不具备的特点。朋辈支持的第二个特点便是其可以提供心理安慰,朋辈支持不仅可以吸引更多老年人参与到互联网的学习中,提高接入率;另外在学习过程中因为有相同经历的同伴,这样可以产生情感联系,缓解老年人面对互联网的恐慌感,减轻老年人使用互联网的心理障碍,从而帮助老年人更好的使用互联网。但是目前这一支持并未受到社区的重视,导致朋辈支持的效果不能得到有效发挥。

三、社区层面:社区服务建设不足

（一）社区服务建设滞后于技术发展

我国真正开始认识到老年人面临的数字化难题是 2020 年,由于疫情的影响数字化飞速发展,开始深入日常生活的方方面面。2020 年国务院颁布《关于切实解决老年人运用智能技术困难的实施方案》,成为弥合数字技能提升的纲领性文件,但是发展到目前为止,老年人数字技能提升难题还未受到各级政府充分的重视。首先是政策出台上,在弥合老年人数字技能提升方面的相关政策还存在很大的缺口,现有的法律法规不够完善,而且还缺乏具体的操作性文件。以老年人遇到的网络诈骗为例,随着老年人接入互联网的人数增多,老年人遇到的网络诈骗也越来越多,但是相关的保护政策也尚未出台,进一步加大了老年人的上网难度。其次是政策落实上也存在不足,存在供需不对等的问题,远远不能满足老年人适应数字化生活的需求。提升老年人数字技能的具体政策安排难以落实,社区数字化改造建设因为大多是在疫情之后才逐渐开始,数字培训则是受疫情的影响时断时续,未能起到应有的效果。又加上社区政策宣传度也不够,很多时候老年人根本不知道政府出台的相关政策措施,就导致许多服务的利用度较低,政策效果不好。

"现在我国整体提升老年人数字技能还处在探索阶段,虽然现在我国先后推出了数字伙伴计划和数字教育进社区计划,但是这些具体的计划并未完全得以落实,而且现在各个社区还都在摸索阶段,很多东西考虑并不全面,比较混乱,我们的社区工作任重道远。"(Sq55)

（二）社区服务不规范

社区作为提升老年人数字技能的主力,是政府和社会组织参与治理数字技能提升的桥梁,但是就目前而言,社区为老年人提供的数字服务还存在许多不足,包括组织混乱、培训活动开展不足以及培训效果不佳等。其一是组织混乱,尤其是社区组织的老年人数字培训活动,没有形成规章制度,容易出现培训内容重复、培训频率不稳定、覆盖范围较窄等问题。其二是培训活动开展不足。社区开展的老年数字教育活动通常来自两个部分：由社区自己举办的数字培训活动和由其他社会组织以及志愿者队伍组织举办的活动。前者由于人力物力有限，开展频率低，覆盖面不足，培训内容也较为单一，且主要的培训方式是组队式帮扶；后者虽然培训内容较多，也比较专一，但是很难保持其持续性和连贯性，对老年人来说培训效果也会大打折扣。总的来说，社区开展的数字化服务还未形成一个完整的规章制度，到目前为止还是一种以偶然性、被动性为主的工作机制，所以其培训效果也未能发生质变，效果不佳。

> "现在我们主要在抓的是基础设施改造这一块，数字培训这一块不确定性太大，我们人手不够，所以很多时候都是等外面的社会组织或者志愿者联系我们，我们给他们提供场地，我们在这方面还很被动。"（Sq48）

（三）社区数字培训队伍不足

老年数字培训现存的最大问题就是培训力量的缺失。其一是志愿性服务力量的不足。虽然现有的老年数字培训都是以志愿性服务和临时性服务为主，但是这类志愿性服务涉及的知识较为单一，几乎全集中在智能手机的使用方面，而且其开展频率没有一个持续性和稳定性，这就导致老年数字培训的专业性不足和教学质量的参差不齐，老年人在学习过程中就会出现基础不扎实，对智能设备的使用一知半解的情况，另外这一部分的培训人员大多以学生和社会组织工作人员为主，人员的稳定性不足。其二是专业培训队伍缺失。目前除了老年大学之外，专门为老年人进行数字信息化知识、技能培训的岗位以及人才队伍几乎是没有的，又由于我国的老年大学数量不多，覆盖面窄，所以在老年数字培训方面能起到的作用不大，老年数字培训人才队伍培养还存在很大的缺口。

> "现在老年人对数字服务的需求越来越多，但是我们人手严重不足，所以现在我们的办法是组建社区志愿者队伍，主要有两支队伍，一支是由退休老年人组建的老年互助服务队，实现老年人之间的互助，另外就是接受外来的志愿队伍，主要是以大学生为主，但是大学生志愿者队伍不太固定，而且时间很有限。"（Sq48）

第十章

智慧养老背景下老年人数字
技能提升对策建议

第一节　老年人数字技能提升政策设计和执行优化

如第八章所分析,智慧养老背景下,对于老年人数字技能提升的政策关注呈现三个特点:第一,政策实施力度在 2020 年达到顶峰,随后四年中,关注度有所下降,当前仍处于缓慢推进阶段;第二,积极老龄化、健康老龄化、银发经济和人工智能等相关议题涌现,为推动老年人数字技能建设提供了发展际遇。因此,老年人数字技能提升的发展目标在不少纲领性政策文件中都有体现;第三,政策主题之间具有较强关联性,但仍存在政策碎片化与统合性不足等问题,有待进一步形成统一明确的老年人数字技能提升发展规划。

第八章对于老年人数字技能提升的政策背景与政策内容进行了深入梳理和分析。研究结果表明,公共政策在推动老年人数字技能提升方面的支持作用巨大。通过完善公共政策,可帮助老年人提升数字技能,促进数字社会公平。老年人数字技能提升政策可在设计和执行方面持续优化。

一、应用老年数字技能框架,制定老年人数字提升政策

如第一章所述,国际社会和各国政府等对全民数字素养和技能构建了各有特色的框架。其中,国际电信联盟(ITU)将数字技能定义为使用通信技术的能力,包含三个层次:一是基本数字技能,针对的是普通个人,即使用数字应用程序进行交流以及在了解安全和隐患问题的情况下使用互联网搜索功能的技能。二是中级数字技能,适用于数字经济中的普通劳动力,包括所有基本的数字技能,同时能够在工作场所运用额外的 ICT

技能。三是高级数字技能,一般是 ICT 专业人士,能够进行应用程序及服务的开发、管理和数据分析。这一定义在技能深度上进行划分,为人们提供一种理解数字技能的共同标准。①欧盟数字素养框架、联合国数字素养框架和我国教育部公布的《教师数字素养框架》等均构建了不同维度和不同等级的评估框架。然而,第三章的调查和第六章、第七章的分析表明,老年人能否掌握基本数字技能,与其教育、认知和社会关系相关。尽管有些老年人已经表露出数字需求,但囿于互联网接入及技术易用等困难,数字文盲现象在老年人群体中更为常见。对于老年人而言,互联网时代的需求主要表现在娱乐、社交、学习、信息获取等方面②,因此公共政策在链接老年人与数字社会的关键在于为老年人提供能够负担的互联网接入,通过为老年人量身定制的数字扫盲计划与数字技能培训计划的实施,帮助老年人接受新技术和应用新技术。同时,准确评估老年人数字技能的新框架亟待议定与应用。公共政策在为老年人提供数字帮助与支持之前,需要使用一致的框架工具,评估老年人数字技能,并根据评估结果提供培训指南,开发老年用户友好性的教育与培训课程。本书构建的老年人数字技能评估框架可以为政策制定提供一定的参考和借鉴。

二、推动数字基础设施建设,构建数字社会包容政策

由于技术门槛长期存在、教育资源投入不足以及老年人个体障碍,老年人在数字社会的劣势地位明显。因此,构建数字社会包容政策对提升老年人数字技能极为重要。公共政策在推动数字基础设施建设方面一直发挥着引领作用。一方面,确保老年人能够平等地获得互联网接入和数字设备是实现数字包容的基础条件,通过宽带补贴和设备资助为老年人群体提供特定的宽带补贴和免费或低成本的智能设备、促进老年人平等参与数字社会。另一方面,利用社区资源与邻里交互圈,通过社区中心、图书馆等公共空间建立数字中心,提供免费或低成本的互联网接入和数字设备使用。推动数字基础设施建设不仅可以弥补老年人个人设备不足

---

① M. A. Perifanou, & A. Economides, The Digital Competence Actions Framework, 2019.

② J. Zhou, P. L. P. Rau, & G. Salvendy, Older Adults' Use of Smart Phones: An Investigation of the Factors Influencing the Acceptance of New Functions. *Behaviour & Information Technology*, 33(6), 2014, pp.552—560.

的问题,还可为他们提供学习和社交的平台。与此同时,加快铺开信息无障碍与适老化建设,为老年人融入数字社会提供可及机会。在老年数字友好的环境氛围下,构建数字社会包容政策,能更多地惠及不同地区与生活环境的老年人,也能惠及不同数字技能水平的老年人。

三、丰富数字支持政策,构建数字技能提升的政策反馈路径

本书第八章讨论了数字社会的政策、技术、社区三种支持方式。公共政策制定者可以通过提高政策效力、健全政策体系、突出政策优势等方式,推动老年人数字技能提升和普及。面对老年人的技术恐惧和需求异质性,政策制定者需要平衡老年人数字技能需求与数字社会支持工具之间的关系。一方面基于财政能力发展老年人数字技能培训项目,为老年人提供免费或低成本的培训课程和设备,确保老年人能够平等地享受数字社会带来的便利;另一方面,通过扶持和发展智慧康养服务产业,发挥技术聚能效应,盘活各类技术资源,提高社会支持政策、数字技术发展和老年人数字技能提升三者的契合度。

在推动老年群体学习数字技术、提升数字技能的同时,应建立起与之相对应的政策效果反馈路径,将教学者及学习者对于学习所使用到的适老化软件 APP 或是智能养老设备的使用效果与意见,通过统一平台反馈或社区收集整合意见建议的方式,第一时间反映给有关政府部门,为后续的软硬件适老化改造政策提供更直观和有力的参照与依据。

同时,政府应架设适老化供应商反馈路径,为提供服务的软件公司或者智能设备生产企业提供老年群体的使用建议,建设双向赋能互通桥梁,便于企业为适老化改造进行及时优化与提升。政府可通过协调与监管使用者与技术提供者双方的需求与反馈,从中获取最佳的政策支持路径,将适老化的各项设施更好地落实到老年人的生活中,加强老年人的技术参与性,使之充分享受到智能社会和数字技能提升带来的便利。

第二节　智慧养老技术推动老年人数字技能提升的对策建议

智慧养老技术的应用对老年人数字技能提升具有积极的促进作用,但技术使用本身也会受到老年人个体行为与外部环境的综合影响,从而影响其对数字技能的掌握程度。因此,技术具有两面性,其优势是,技术运用者对技术的认知与理解,能够增强老年人数字社会参与。而技术劣势也在伦理道德的审查下反复出现,智慧养老技术可能会在老年人不知情的情况下入侵私人领域泄露老年人生活隐私,导致信息安全风险。基于第四章的分析,老年人数字技能方面的重要维度是数字内容创造和数字安全保障。本章从技术视角提出增进老年人数字技能的建议。

一、开发面向老年人的友好型数字界面与应用

当前,许多数字设备和应用的设计主要针对年轻群体,他们拥有较强的学习能力和适应性。然而,老年人由于生理和心理等多方面的因素,通常难以适应复杂的数字界面。因此,开发专为老年人设计的友好型数字界面和应用成为提高其数字技能的关键。首先,友好型界面的设计应当简单直观,避免复杂的操作步骤和过多的功能选项。通过大字体、清晰的图标和简洁的布局,减少老年人在使用数字设备时的困惑和焦虑。其次,在应用程序中引入语音导航功能,能有效地降低老年人操作的难度,使他们能够通过语音指令完成操作。此外,考虑到老年人对隐私和安全的担忧,友好型应用还应提供简化的隐私设置界面,让老年人可以轻松掌握个人信息的管理方式。同时,界面和应用的友好化设计不仅限于技术本身,还应充分考虑老年人的心理接受度。许多老年人在面对新技术时,常常产生畏惧心理,因此在开发过程中,应注重通过用户测试和反馈来优化设计,确保老年人能够逐步适应和接受这些新工具。通过这一方式,老年人将能够在一个他们感到舒适和安全的数字环境中,逐步提高自己的数字技能。在技术方面,加大语音识别技术应用可以极大地改善老年人的数字体验。通过语音命令,老年人可以轻松完成拨打电话、发送信息、查找信息等操作。

二、提供个性化数字技能培训与数字支持工具

除了硬件和软件的改进外,针对老年人群体的数字技能培训也至关重要。与传统的教学方法不同,老年人的学习能力和学习速度通常较慢,因此需要量身定制的培训方案以满足其特定需求。首先,个性化的数字技能培训应当注重实用性,直接关联到老年人在日常生活中的具体需求。例如,可以通过在线购物、社交媒体使用、在线医疗服务等场景教学,使老年人更容易理解和掌握相关技能。其次,培训内容应采取循序渐进的方式,从基础操作开始,逐步过渡到更为复杂的技能。为此,培训课程可以

分阶段进行,每个阶段集中于一个特定主题,并通过实际操作练习来巩固所学知识。在提供个性化培训的过程中,数字支持服务也不可或缺。针对老年人在使用数字设备和应用时遇到的问题,社区或家庭中的技术支持人员可以提供一对一的辅导和帮助。这种支持服务应当随时可用,以便老年人在遇到技术难题时能够及时获得帮助,而不是因困难而放弃使用数字设备。最后,随着老年人数字技能的不断提升,培训和支持服务也应不断更新和调整,以适应他们的新需求。这一过程不仅能够帮助老年人保持对数字社会的参与度,还能够增强他们的自信心,使其更愿意尝试和接受新技术。

三、构建老年人网上线下相结合数字互助平台

为了进一步提升老年人的数字技能,有必要构建专门面向老年人的线上社区和互助平台。打造这一平台不仅能够提供技术支持和培训资源,还可以通过社交互动和知识共享,帮助老年人互相学习、共同进步。线上社区的构建应当注重老年人的使用体验,确保平台的操作简单易懂,同时提供丰富的互动功能。例如,可以通过论坛、聊天室或视频会议等形式,让老年人能够在线上与他人交流,分享使用数字技术的心得和经验。这种互动不仅有助于他们解决实际问题,还能够激发他们的学习兴趣,从而更加积极地提升自己的数字技能。

在互助平台方面,可以引入志愿者或技术专家,为老年人提供个性化的技术支持。例如,当老年人在使用某一应用时遇到困难,可以通过平台求助,由志愿者或专家远程协助其解决问题。与此同时,平台还可以提供各种教程和学习资源,帮助老年人自主学习和提高技能。此外,线上社区与互助平台的构建也应充分考虑到老年人的隐私和安全问题。在平台设计中,应设置严格的隐私保护措施,确保老年人的个人信息不会被泄露或滥用。同时,平台还应对潜在的网络风险进行提示和教育,帮助老年人建立基本的网络安全意识。通过构建专属的线上社区与互助平台,老年人不仅能够获得技术支持和学习资源,还可以通过与他人的互动,增强对数字社会的归属感和参与感。这一平台将成为他们迈向数字技能提升的重要助力,使其能够在日益数字化的社会中保持积极的生活状态。

四、改进网络基础设施,加强数据安全与隐私保护

首先,加大高速宽带覆盖率,夯实老年人使用各类数字服务的基础。

政府和企业应共同努力，推进高速宽带在城乡地区的普及，确保所有老年人都能享受高质量的网络服务。提高家庭宽带接入率，加大公共场所如社区中心和养老机构的免费网络覆盖，都能有效地提高老年人使用数字工具的积极性。优化移动网络服务也非常关键。提升 5G 网络覆盖范围和信号质量，确保老年人在外出时能顺畅使用网络服务。同时，推广适合老年人的移动数据套餐，降低使用成本，提高使用意愿。

其次，在使用数字技术的过程中，数据安全至关重要。通过采用数据加密技术，确保老年人的个人信息在传输过程中的安全性。使用安全协议和技术手段，防止数据在网络传输过程中被窃取或篡改。提供简单易懂的隐私设置选项，并进行定期的隐私管理培训，帮助老年人理解和使用这些功能，防止隐私泄露。与此同时，通过线上线下相结合的方式，开展防范网络诈骗的教育活动，提高老年人的安全意识和防范能力。提供易于理解的防诈骗指南和案例分析，帮助老年人识别和应对各种网络安全威胁。

五、人工智能技术赋能老年人数字技能提升

首先，生成式人工智能（Generative AI）技术可以为老年人提供丰富多样的在线课程。通过 AI 生成的实用性强且易懂易学的教学内容，提供个性化的数字辅导。面向老年人的数字技能辅导内容可以涵盖网络数据信息基础操作、网络安全知识、智能设备使用等多个方面，帮助老年人全面提升数字技能。

其次，利用生成式人工智能技术，可以制作高质量的教学视频和互动平台。利用 AI 生成生动形象的教学视频，帮助老年人更直观地理解和掌握数字技能。同时，互动平台可以提供实时的学习反馈和指导，增加老年人的学习兴趣和参与度。生成式人工智能还可用于在线辅导和技术支持。通过智能客服和在线助教，老年人可以随时随地获取技术支持和问题解答。根据老年人的提问，AI 提供即时帮助和指导，提高学习效率和效果。

再次，生成式人工智能对老年人数字个性化学习提供支持。一是进行学习评估与进度跟踪。生成式人工智能可实时评估老年人学习效果和进度。通过对学习数据的分析，识别出老年人在学习过程中遇到的困难和问题，并提供相应的改进建议。二是制定个性化学习计划。根据老年人的学习目标和需求，生成式人工智能可制定个性化的学习计划。根据

学习评估结果,推荐合适的学习资源和活动,确保老年人能够循序渐进地提升数字技能。三是提供一对一辅导与指导。通过智能助手,老年人可随时获取个性化学习支持和技术指导。

第三节　完善社区推动老年人数字技能的对策建议

2021年,中央网络安全和信息化委员会印发《提升全民数字素养与技能行动纲要》,指出到2025年,要初步建成全民终身数字学习体系,老年人、残疾人等特殊群体数字技能稳步提升,全民数字化适应力、胜任力和创造力显著提升,全民数字技能达到发达国家水平。①提升老年人数字技能,弥合老年人面临的巨大数字鸿沟,俨然已经成为我国数字化社会发展的一个重要目标与要求。在这个过程中,社区作为政府治理体系的基层触手以及养老服务的重要依托,必然要发挥出关键作用。

一、社区老年教育促进老年人数字技能提升

社区老年教育作为一种政府主导、公益性为主的教育形式,充分利用社区内丰富的人力资源、教育资源、场地资源和社会资源,为老年人提供优质的教育与服务,促进老年人身心全面健康的发展。②

2020年11月,国务院办公厅印发《关于切实解决老年人运用智能技术困难的实施方案》,指出要开展老年人智能技术教育。将加强老年人运用智能技术能力列为老年教育的重点内容,推动各类教育机构针对老年人研发全媒体课程体系,通过老年大学、养老服务机构、社区教育机构等,采取线上线下相结合的方式,帮助老年人提高运用智能技术的能力和水平。③

随着我国终身教育体系的不断完善,社区老年教育迅速发展。与其

---

① 中央网络安全和信息化委员会:《提升全民数字素养与技能行动纲要》,2021年11月。

② 万蓉、马丽华:《生态学视域下社区教育和老年教育的融合路径》,《成人教育》2020年第10期。

③ 中华人民共和国国务院办公厅:《关于切实解决老年人运用智能技术困难的实施方案》,2020年11月。

他形式的成人学习相比,社区老年教育的教学模式多采用开放式的快乐教育方式,拥有集中教学、网上教学和活动教学等多种模式,教学内容多以丰富老年生活的课程为主,且不少地区已经开设老年人智能技术运用能力提升课程;在教学场地上,社区的教学场地具有距离近、类型多等优势,不仅距离老年人的家更近,能减少老年人的行程,而且可以直接利用社区内部的场地资源,诸如老年活动中心、老年综合服务中心、老年健康中心等都可以摇身变为老年教育的学习场地,老年人更具亲切感,参与起来更加便利,且教学场地不仅可以满足教学及活动的需要,还可以为老年人提供多种服务。正因此,社区老年教育受到广大老年人的喜爱,拥有一定的老年群众基础。在开展数字技能提升的相关教学活动时,也更能得到老年群众的积极响应。利用社区老年教育的教学优势扩大影响,使更多的老年人参与进来,相互学习,共同提高数字技能。[1]

另外,社区教育开展多年来,已经融合社区内包括政府机构、各类学校、图书馆、博物馆、体育馆、各类公益组织和企业等单位的资源,拥有丰富的人力资源、教学资源、设施资源能有效支持针对老年人的智能技术运用能力提升相关活动的开展,凭借资源优势,可以为老年人提供多种形式的数字技能学习、培训、教育和交流活动等,以满足老年人在不同生活场景中对数字技能运用的需要。

二、社区智慧养老服务促进老年人数字技能提升

社区智慧养老是一种结合现代信息技术和传统养老服务的新型养老模式。它旨在通过利用互联网、大数据、物联网等技术手段,为老年人提供更加便捷、高效、个性化的线上线下相结合的养老服务。这种模式不仅能够提高老年人的生活质量,还能够有效应对人口老龄化带来的挑战。在为老年人提供更高质量的服务同时,社区智慧养老服务的发展也促进了老年人数字技能的提升。

一方面,智慧养老服务设施的发展为老年人提供学习数字技能的丰富机会。智慧养老服务设施通过智能化操作,如智能屏、语音控制设备等,为老年人提供了便捷的生活服务,同时也创造了学习新技术的平台,老年人有更多机会从社区的智慧养老服务设施中接触到数字技术,从而

---

① 刘彦:《社区教育助力老年人跨越"数字鸿沟"策略研究》,《成人教育》2021年第8期。

获得提升数字技能的契机。智慧养老服务设施还能够根据老年人的不同需求,提供个性化的服务方案和定制化的服务内容,满足不同层次老年人的服务需求,这能够激发老年人学习数字技能的兴趣。另外,社区在推广智慧养老服务设备诸如血压仪、摔倒检测仪、煤燃气报警器等智能设备入户时,也会向老年人教授操作这些智能设备的方法,这鼓励了老年人主动去学习相应的数字知识,提升数字技能。

另一方面,社区智慧养老服务发展过程中的数字适老化设计是促进老年人数字技能提升的重要方式。国务院办公厅 2020 年 11 月出台的《关于切实解决老年人运用智能技术困难的实施方案》以及工业和信息化部于 2020 年 12 月印发的《互联网应用适老化及无障碍改造专项行动方案》等政策文件中都明确指出,为了解决老年人等群体在使用互联网等智能技术时遇到的困难,必须对互联网应用以及其他数字产品、智能设备进行适老化改造。社区智慧养老服务设施的设计必须充分考虑老年人的生理和心理特点,通过简化操作界面、增大字体、增强语音交互功能等措施,降低老年人使用智能设备的难度,同时加强数据安全和隐私保护措施,确保老年人在使用数字服务时的信息安全,并建立有效的用户反馈机制,及时收集老年人的使用体验和建议,不断优化服务设施的设计和功能。这种智慧养老产品的适老化改造不仅能激发老年人学习数字技能的兴趣,还能增强老年人学习数字技能的信心,有利于促进老年人数字技能的提升。

三、社区推动家庭反哺和朋辈互助提升老年人数字技能

(一)家庭成员进行文化反哺

虽然代际反哺的效果随着社会的发展已经不如以往,但是受新冠疫情影响,人们居家办公时间增多,代际间的联系又重新变得密切起来,这为代际反哺提供了机会,让老年人能在家庭成员的指导下学习互联网的使用。首先家庭成员要树立代际反哺的意识,关注父母对互联网的需求并及时给予帮助和指导;其次家庭成员可以提供相应的物质支持、情感支持和行为支持。在物质支持方面,为老年人购买智能手机等相关智能设备以及相关上网所产生的流量费用,为老年人参与互联网学习提供媒介;在情感支持方面,鼓励老年人积极参与互联网的学习和使用,减轻老年人对互联网的顾虑,同时也积极关注和配合政府及社区的老年人数字化政策,向老年人传达,鼓励老年人参与政府和社区举办的相关活动;在行为

支持方面,通过面对面、手把手教学的方式指导老年人学习和使用互联网技术,并且可以通过实践进一步加深老年人的印象,使学习到的相关技能可以真正用到实处,解决实际问题。

（二）朋辈之间开展互助

朋辈群体之间由于年龄相仿、经历相似、爱好相同等特点会使老年人之间的交往更加容易,对老年人接入和使用互联网相关技术的态度、认知和行为产生影响。所以要重视朋辈影响,鼓励朋辈之间的交往,开展朋辈互助。首先是打造朋辈互助队伍。通过互助队伍,改变老年人对互联网的态度和认知,这是老年人接入和使用互联网的前提,然后通过低龄老人带动中高龄老人学习和使用智能手机,或者掌握程度较高的辅导掌握程度较差的等形式帮助老年人学习互联网使用,同时,在相互请教和学习的过程中,以及在事后的交流中进一步巩固学习成果;其次是提供朋辈互助场所,提高朋辈互助学习的固定性和可持续性;最后是通过奖励机制鼓励老年人参与朋辈互助。为了激发老年人的参与度以及互助的覆盖面,可以对主动参与教学的老年人提供奖励,满足老年人的心理需求和情感需求,提高自我认同感。

四、丰富社区开展的老年人数字提升内容

（一）满足老年人高水平信息获取需求

信息获取主要是指老年人利用互联网进行信息搜索的需求。对于大部分老年人来说,他们上网的需求除了日常的交流之外,最主要的需求就是观看新闻咨讯、百度搜索等。根据问卷调查结果,约有 80% 的受访老年人有获取信息的需求,但是仅 40% 左右的人群熟悉这一技能的使用,老年人的需求还远远没有得到满足。相关的数字教育培训还停留在智能手机基础操作以及简单的微信聊天层面。所以在老年数字教育培训过程中,针对老年人信息获取方面的需求,应增加对这方面技能的培训;另外在适老化改造过程中,在小区安装电子显示屏,收集老年人对新闻咨讯的需求,定点定时投放,满足部分使用智能设备困难的用户的信息获取需求。

（二）强化老年人日常生活办事服务培训

生活办事主要是指老年人利用互联网进行生活中相关办事的需求,其中主要包括购物、出行、就医、银行办事和政务办事等。因为在数字化时代,相关办事服务均逐渐开展智能化服务,尤其在疫情过后,线上预约

平台逐渐上线,非预约不能进行相关事项的办理,倒逼他们学习相关操作。根据问卷调查结果,约有 70％的受访老年人有生活办事的需求,但是仅 25％左右的人群熟悉这一技能的使用,需求满足程度仅为 1/3。考虑到这一需求的实现对老年人来说较为困难,以及对这一功能有需求的人群较广,所以本文建议,加快相关涉事场景的适老化改造,同时也跟进老年数字教育相关课程的培训,由相关场景的工作人员教会老年人相关场景适老化改造后设备的使用,由社区对有志学习相关线上操作的老年人进行培训,提高其独自处理相关办事服务的能力。

（三）鼓励老年人进行线上社会交往

社会交往主要是指老年人通过对微信、抖音等社交 APP 的使用,包括打微信电话、微信群聊天、发微信消息、陪说话、发朋友圈以及在抖音上上传相关视频等,以达到社会交往的目的。在疫情过后,线下交往频率大幅下降,人们对线上交往平台的需求也就随之增加。根据问卷调查结果,约 94％的受访老年人有进行线上社会交往的需求,其中约 85％的人群的需求已经可以得到满足,并且熟练程度也日益加深。所以在培训力量不足的情况下,可以适当减少这一内容的培训,将注意力转移到帮助老年人巩固学习、查缺补漏这一阶段,鼓励家庭之间、老年群体之间的互助学习,相互交流,以巩固学习成果;同时也以问题为导向,对老年人在使用过程中遇到的问题有针对性地进行解答,合理利用和配置培训资源。

（四）满足老年人多样化网络娱乐需求

生活娱乐主要是老年人利用互联网进行娱乐消遣的需求。老年群体在退休后存在大量的空闲时间需要消磨,除了日常的交流交往之外,大部分的老年人都会选择体育文娱活动进行消磨。但是新冠疫情的暴发使得老年人线下的娱乐活动几乎停滞,外出的娱乐活动受限,大把的时间空闲,从而线上娱乐活动的需求也就随之增加。根据问卷调查结果,约 75％的受访老年人对线上娱乐有需求,超过一半左右的需求得到满足,并且熟练程度日益加深。所以在培训力量不足的情况下,可以适当减少这一内容的培训,但是要关注互联网娱乐活动对老年人身体健康和心理健康的影响,避免有些老年人因过度沉溺于网上娱乐活动而减少生活社会交往的能力以及影响自身身体健康,所以社区应该重新开放或建立老年活动中心等场所,既可以满足老年人线下的娱乐需求,也为有线上娱乐需求的老年人提供群体监视,避免沉溺。

（五）提高老年人网络安全保护意识

安全保护是指老年人在使用互联网技术时对自己信息安全、财产安全的保护需求。网络安全隐患较大是老年人是否使用智能手机的最大考量，尤其是网络诈骗新闻屡见不鲜，网络诈骗手段层出不穷的背景下，容易导致老年人对互联网望而却步，而且互联网中存在的虚假信息、垃圾信息、网络谣言等具有误导性的信息，会在互联网使用过程中影响老年人对信息的判断，妨碍老年人的信息获取。所以要对老年人进行数字培训，安全培训内容必不可少。根据问卷调查结果，约 60％的受访老年人对安全培训有需求，所以本书建议，一方面政府及相关部门要加强网络监管与网络整治，严厉打击利用网络进行诈骗的行为；另一方面社区和家庭成员应该向老年人灌输网络安全意识，家庭成员可以在老年人使用的智能手机中安装国家反诈中心 APP 等相关防诈骗软件，以及帮助老年人正确区分网络真假信息，社区则是可以通过开展防诈骗讲座提高老年人的防诈骗意识，同时也积极将如何识别网络中的真假信息作为老年人数字培训的重要内容，提高老年人辨别信息真假的能力。

五、完善社区评估和反馈机制

在提升老年人数字技能的过程中，社区需要建立一套完整的评估和反馈机制，这不仅能够衡量老年人学习的效果，还能为他们提供必要的支持和建议。

（一）塑造社区协作治理结构

基于社区治理角度，多层次协作治理结构能够有效推动老年人数字技能的提升。这一策略的核心在于通过政府、社区组织、私人企业、非政府组织等多方协作，共同为老年人提供数字技能培训和支持服务。在合作治理结构中，政府应当发挥主导作用，制定和实施相关政策，确保各方资源的有效整合。例如，政府可以通过设立专项基金，支持社区组织和非政府组织在老年人数字技能培训方面的项目。社区组织作为政府政策的执行者，应该利用其对当地老年人群体的了解，设计和组织符合他们需求的数字技能培训课程。私人企业，特别是技术公司，可以通过提供技术支持和设备捐赠，帮助老年人更好地掌握数字工具的使用。

重庆市的一些社区已经在尝试这一多层次协作的治理结构。在政府主导下，当地的社区服务中心联合了多家企业和非政府组织，共同推出了"数字素养提升计划"，为社区老年人提供免费或低成本的智能设备，并定期开展数字技能培训班。这一计划取得了显著成效，老年人在参与社区活动和使用数字服务方面的能力得到了显著提升。这种多层次协作的治理结构不仅能够为老年人提供更全面的支持，也有助于在社区层面建立起一种可持续的数字技能提升机制。通过多方协作，可以确保老年人能够获得长期、稳定的支持，逐步提升他们的数字技能，使其能够更好地融入数字社会。

（二）完善社区对老年人数字技能的评估机制

社区在建立老年人数字技能评估机制时，首先要明确评估的目的是确保老年人能够独立、安全地使用数字设备和网络服务，提升其生活质量和社会参与度，这也是社区开展老年人数字技能提升工作的基本目标。

在评估内容方面，社区应对老年人的数字意识、数字技能掌握程度、数字学习态度、数字应用能力、网络安全意识等进行评估。首先要对老年人的数字意识进行评估，包括老年人是否积极看待数字时代的发展，主动了解数字社会的价值，从容面对数字应用上的困难，并勇于跨越数字鸿沟的意识、习惯与态度等；然后要重点评估老年人数字技能的掌握程度，主要是老年人通过数字工具和技术获取、使用、加工、分享数字信息的实际能力；其次，还需要对老年人的数字安全意识进行评估，包括老年人保护个人设备和数据的意识，对数字信息的鉴别、批判和思考能力等；还可以对老年人的学习意愿与态度进行评估，了解他们学习的积极性以及学习新技术的信心与毅力等。

为了开展评估，社区可以采用问卷调查、实际操作测试、访谈等多元化手段，确保评估结果的全面性和准确性。同时，评估应该具有周期性，如每三个月或半年进行一次，以便及时了解学习进展和需求变化。

评估的过程主要包括三个阶段。首先是初始评估：在社区老年人开始学习数字技能前，进行一次全面的初始评估。这包括评估他们的基础知识水平、学习兴趣和预期的学习目标。通过问卷调查、面对面访谈或简单的技能测试等方式进行；其次是过程评估：在学习过程中，定期进行过程评估，以了解老年人的学习进度和困难。这可以通过课堂观察、作业检查、小组讨论等方式进行；最后是终结评估：在学习结束后，进行终结评估，以衡量老年人的学习成果。这可以通过技能测试、项目展示、问卷调查等方式进行。终结评估的结果可以作为老年人数字技能提升的重要参考。

（三）构建社区内老年人数字技能提升反馈机制

反馈机制是评估机制的重要组成部分，它要求社区工作者和教育者根据评估结果，及时调整教学策略和内容。

社区在对老年人进行了线下数字技能培训与线上教学后，要先进行反馈收集工作，可以通过设立意见箱、开展座谈会、在线调查等方式，收集老年人及其家庭成员的意见和建议。在收集到反馈意见后，要对收集到的反馈进行分类和分析，识别共性问题和个别需求。根据反馈结果，社区需要相应地调整课程内容、教学方法、学习材料等，以更好地满足老年人的学习需求。在整个反馈流程中，社区还必须建立长效的沟通机制，确保老年人及其家庭能够随时提出问题和建议，参与到教学改进过程内。

反馈形式主要包括三种：及时反馈。在学习过程中，教师或辅导人员应及时给予老年人反馈，指出他们的优点和不足，并提供改进的建议。这有助于老年人及时调整学习策略，提高学习效果；个性化反馈。社区要针对不同老年人的学习特点和需求，提供个性化的反馈。例如，对于基础较差的老年人，可以重点强调基础知识的学习和掌握，对于学习兴趣浓厚的老年人，可以鼓励他们深入学习并探索更多相关领域；集体反馈。社区要定期组织集体反馈活动，让老年人分享自己的学习心得和体会，相互学习、相互借鉴。这不仅可以增强老年人的学习动力，还可以促进社区内的交流与合作。

此外，社区还可以为每个老年人建立学习档案，记录他们的学习历程、评估结果和反馈意见。举办数字技能竞赛或活动，激发老年人的学习兴趣和积极性。

（四）健全社区驱动支持网络

建立多方参与的支持网络，有助于增强公共服务的效能。在智慧养老实践中，建立一个社区驱动的支持网络，可以为老年人提供持续的数字技能支持，并形成一种互助学习的氛围。社区中的数字志愿者和邻里互助小组将发挥关键作用。数字志愿者可以由社区内的年轻人或具备一定数字技能的中年人组成，他们可以定期或不定期地为老年人提供一对一的数字技能指导和帮助。例如，志愿者可以上门帮助老年人设置智能手机、解释如何使用各类应用程序，或者帮助他们解决在使用数字设备时遇到的技术问题。通过这种面对面的互动，老年人能够在熟悉的环境中，轻松地学习新技能，并且感受到社区的关怀和支持。与此同时，社区还可以通过邻里互助小组，促进老年人之间的互助学习。对于那些已经掌握了某些数字技能的老年人，可以鼓励他们在邻里互助小组中分享自己的经验和技巧，帮助其他老年人共同进步。这种老年人之间的相互学习，不仅能够增加他们的数字技能,也有助于增强社区的凝聚力和老年人之间的社交互动。

此外,社区还可以通过组织各类数字技能竞赛、交流会等活动,激发老年人的学习热情,并为他们提供展示和交流的平台。例如,社区可以举办"智慧老人"评选活动,鼓励那些积极学习和使用数字技能的老年人分享他们的学习经历和成功案例。这种活动不仅能够提升老年人的自信心,还能够在社区中营造一种积极向上的学习氛围。通过建立这样一个社区驱动的支持网络,老年人不仅能够在数字技能方面获得持续的帮助,还能够在学习过程中建立起与社区其他成员的紧密联系,增强他们的社会参与感和归属感。这种网络化的支持模式,能够有效弥补老年人在数字技能学习中的短板,帮助他们更好地融入数字社会。

参 考 文 献

［1］程萌萌、夏文菁、王嘉舟等：《全球媒体和信息素养评估框架（UNESCO）解读及其启示》，《远程教育杂志》2015 年第 1 期。

［2］迟恩羽：《小组工作介入城市空巢老人数字技能提升研究》，青岛大学 2023 年博士学位论文。

［3］《第七次全国人口普查公报（第六号）》，国家统计局官网，http://www.stats.gov.cn/tisi/tigb/rkpcgb/qgrkpcgb/202106/t202106281818825.html。

［4］顾华芳：《数字素养教育——数字时代图书馆新职能》，《江西图书馆学刊》2012 年第 1 期。

［5］郭一弓：《欧盟数字素养框架 DigComp 2.1：分析与启示》，《数字教育》2017 年第 5 期。

［6］韩云杰：《网络媒介环境下数字鸿沟演进态势与突破路径》，《今传媒》2021 年第 10 期。

［7］何春：《国际数字素养研究演进、热点与启示——基于知识图谱的可视化分析》，《世界教育信息》2022 年第 1 期。

［8］金佳子：《弥合上海老年人数字鸿沟的朋辈互助方式研究》，华东师范大学 2022 年博士学位论文。

［9］李晓静、胡柔嘉：《我国中小学生数字技能测评框架构建与证实》，《中国电化教育》2020 年第 7 期。

［10］刘奕、李晓娜：《数字时代老年人数字技能提升何以跨越?》，《东南学术》2022 年第 5 期。

［11］卢欢欢：《老年数字鸿沟弥合的社区支持研究》，华东师范大学 2023 年博士学位论文。

［12］罗强强、郑莉娟、郭文山、冉龙亚：《"银发族"的数字化生存：数字素养对老年人数字获得感的影响机制》，《图书馆论坛》2023 年第 5 期。

［13］任友群、随晓筱、刘新阳：《欧盟数字素养框架研究》，《现代远程教育研究》2014 年第 5 期。

[14] 王敏芝、李怡萱：《数字反哺与反哺阻抗：家庭代际互动中的新媒体使用》，《广州大学学报》（社会科学版）2022 年第 1 期。

[15] 王润珏、张帆：《老年群体数字素养提升意愿及影响因素研究——以吉林省安图县为例》，《传播创新研究》2021 年第 1 期。

[16] 王晓慧：《智慧社区养老协同治理的理论逻辑与实践进路》，《江汉学术》2023 年第 4 期。

[17] 王佑镁、胡玮、杨晓兰等：《数字布鲁姆映射下的数字能力发展研究》，《中国电化教育》2013 年第 5 期。

[18] 肖俊洪：《数字素养》，《中国远程教育》2006 年第 5 期。

[19] 余丽芹、于晓旭、马丹：《高职学生数字技能评价指标体系构建与应用研究》，《黑龙江高教研究》2024 年第 7 期。

[20] 张晴：《数字素养：新媒体联盟地平线项目战略简报研究》，《图书馆工作与研究》2017 年第 5 期。

[21] 中国互联网络信息中心：《第 53 次〈中国互联网络发展状况统计报告〉发布》（2024-03-22），https://www.cnnic.net.cn/n4/2024/0321/c208-10962.html。

[22] 中国政府网：《中共中央国务院关于加强新时代老龄工作的意见》，https://www.gov.cn/gongbao/content/2021/content_5659511.htm。

[23] 中华人民共和国国家互联网信息办公室：《提升全民数字技能行动纲要》（2021-11-05），https://www.cac.gov.cn/2021-11/05/c_1637708867754305.htm。

[24] 周凤飞、王俊丽：《天津市高校图书馆学科馆员数字能力现状研究》，《图书情报工作》2015 年第 19 期。

[25] 朱思苑、卢章平：《人文学者学术研究的数字能力现状分析》，《图书情报工作》2019 年第 17 期。

[26] K. Munger, I. Gopal, J. Nagler, et al., Accessibility and Generalizability: Are Social Media Effects Moderated by Age or Digital Literacy?, *Research & Politics*, 2021, 8(2).

[27] L. Pagani, G. Argentin, M. Gui, et al., The Impact of Digital Skills on Educational Outcomes: Evidence from Performance Tests, *Educational Studies*, 2016, 42(2): pp.137—162.

[28] P. Gilster, *Digital Literacy*, New York: Wiley, 1997: 25—48.

[29] UNESCO, UNESCO ICT Competency Framework for Teachers, 2018.

[30] Y. Eshet-Alkalai, Digital Literacy: A Conceptual Framework for Survival Skills in the Digital Era, *Journal of Educational Multimedia and Hypermedia*, 2004, 13(1):93—106.

后　　记

党的二十大和二十届三中全会均指出,要加快建设数字中国,以信息化推动中国式现代化。2022年,中央网信办等四部门联合印发《2022年提升全民数字素养与技能工作要点》,提出到2022年底要使提升全民数字素养与技能工作取得积极进展。2023年,中共中央和国务院印发《数字中国建设整体布局规划》,提出要构建覆盖全民、城乡融合的数字素养与技能发展培育体系。党中央、国务院高度重视数字中国建设,把提升全民数字素养与技能建设提高到国家战略高度。数字中国建设离不开全体人民数字素养与技能的提升。而相对于其他人群,老年人可能是全民数字素养与技能提升进程中,最难和最后迈入数智时代的群体。2020年发布的《国务院办公厅印发关于切实解决老年人运用智能技术困难实施方案的通知》中指出,老年人面临的"数字鸿沟"问题日益凸显。可见,老年人融入数智时代存在更大的困难。因此,在全民数字素养与技能建设国家战略中,加快老年人数字素养与技能的培育,具有紧迫性、必要性和重要性。

本书在数字中国建设国家战略背景下,响应党中央和国务院积极探索"智慧养老中国模式"号召,呼应高质量高安全智慧养老服务建设国家战略,在国内较早地开展大规模中国老年人数字素养与技能现状调查。借鉴联合国和欧盟全民数字素养框架,构建五个一级指标和十五个二级指标的老年人数字技能评估指标体系,运用AHP方法进行权重计算,形成中国本土化的老年人数字技能评估模型并对老年人数字技能进行全面评估,弥补我国当前老年人数字技能评估框架缺失的不足。本书从政策设计、智慧技术和社区实践三大维度提出提升我国老年人数字技能的框架和策略。

华东师范大学公共管理学院、华东师范大学老龄研究院、华东师范大学公共政策研究中心、国家智能社会治理实验基地(养老)和中国老龄协会老龄科研基地(华东师范大学)以及华东师范大学人文与社会科学研究院对本书的出版给予大力帮助。本书得到中央高校基本科研业务费项目华东师范大学精品力作培育项目（批准号：2023ECNU-JP001）和华东师范大学新文科创新平台资助项目"智能养老社会治理专题数据库建设"（2022ECNU-XWK-SJ05）资助。

　　本书由华东师范大学公共管理学院劳动与社会保障系主任曹艳春教授团队撰写。曹艳春教授负责全书提纲制订和整体框架设计，撰写第一章（与华东师范大学公共管理学院师玉丽共同撰写）、第三章（与华东师范大学公共管理学院常继元共同撰写）、第四章、第五章、第六章、第七章、第九章（与华东师范大学公共管理学院卢欢欢和金佳子共同撰写），并负责全书的章节设计和统稿工作。中国人民大学叶怡君博士生负责第八章、第十章（与华东师范大学公共管理学院卢欢欢共同撰写）的撰写，并参与全书的提纲设计和校对工作。华东师范大学公共管理学院劳动与社会保障系牛鹏皓撰写第二章。

　　本书成果形成过程中，得到许多部门和团队成员的大力帮助。在调研过程中，得到长宁区民政局沈昕局长、沈海燕副局长、养老服务科尹健科长、顾致远副科长、曹佳敏老师、邱月老师和长宁区养老服务发展中心社区养老管理科施忠超科长等大力支持。在湖南省调研过程中，得到湘潭教育学院彭代英副院长、湖南省湘潭市老干部局王秋香副局长、湘潭经开区行政审批局欧阳悦悦局长、湘潭江声中学刘辉校长、刘金程副校长、湘潭经开区行政审批局刘江红等领导的大力支持和帮助。在湖北调研过程中，得到湖北长江教育传媒集团有限公司刘艺编辑的大力支持。

　　在上海以及长三角调研过程中，东华大学刘奕老师团队，包括王燕、袁媛、朱伊莹、李盈盈、鹿文雅、张雯婕、刘梦珂、吴嘉怡、谢雨轩、倪梦琦、李鑫昱、蔡欢晨等；戴建兵老师团队，包括李鸿芸、黄敏、罗倩楠、张宁、皮冉和王雨路等；以及华东师范大学的团队，包括孙玉灵、常继元、师玉丽、牛鹏皓等，积极参与调查，在此一并表示感谢！

　　最后，感谢上海人民出版社编审徐晓明副总监认真细致的编辑工作！徐老师多次提出富有建设性的意见，对本书的出版付出了辛勤的劳动！

　　国内学术史与政策演进史表明，现有研究成果一是主要聚焦于全民和教师、学生、公务员和图书馆员等数字技能较高的特定人群，对数字技能提升最困难的老年群体的研究不足。二是缺少对老年群体数字技能评估和提升的深入调查和研究，国内尚无相关大型调查成果。三是研究视角上，现有对老年人数字技能不足的研究大多基于宏观视角，探讨社会环境和政策环境的作为和影响，较少立足于老年主体视角，探讨老年人数字

后　记

素养和技能的评估。四是当前国内尚无对老年人的数字技能评估框架和指数。本书聚焦"数字中国战略",通过构建老年人多维数字素养指数模型,有助于推动老年人数字技能的提升,有助于完善老年人数字技能培育的政策体系构建。在党的二十大和二十届三中全会提出数字中国战略背景下,本书力求提出一些创新性的观点和政策建议。对被引用和借鉴资料的有关部门和相关作者表示衷心的感谢!由于时间仓促,错误在所难免,敬请各位读者批评指正。

曹艳春

2024 年 10 月

图书在版编目(CIP)数据

智慧养老与数字技能 / 曹艳春,叶怡君著. -- 上海 : 上海人民出版社,2024. -- (智慧养老治理研究丛书).

ISBN 978-7-208-19183-9

Ⅰ. C913.6

中国国家版本馆 CIP 数据核字第 20245P9B33 号

责任编辑　徐晓明
封面设计　周剑峰

智慧养老治理研究丛书

智慧养老与数字技能

曹艳春　叶怡君　著

出　　版　上海人民出版社
　　　　　（201101　上海市闵行区号景路 159 弄 C 座）
发　　行　上海人民出版社发行中心
印　　刷　上海商务联西印刷有限公司
开　　本　635×965　1/16
印　　张　16.75
插　　页　2
字　　数　260,000
版　　次　2024 年 11 月第 1 版
印　　次　2024 年 11 月第 1 次印刷
ISBN 978 - 7 - 208 - 19183 - 9/C · 729
定　　价　68.00 元